中国社会科学院
日本研究所
INSTITUTE OF JAPANESE
STUDIES,CASS

"登峰战略"系列研究成果

JAPAN'S REGIONAL ECONOMIC
COOPERATION IN EAST ASIA
IN HEISEI PERIOD

平成时期日本的
东亚区域经济合作

白如纯 著

社会科学文献出版社
SOCIAL SCIENCES ACADEMIC PRESS (CHINA)

前　言

日本平成时期（1989～2018）的30年间，世界政治经济形势发生了深刻变化。1989年日本平成（明仁）天皇即位之时，正值冷战结束、东西方两大阵营剑拔弩张局面得到缓和的历史转折时期。发展经济、改善民生、睦邻友好成为各国政府的优先政策选择和民心所向。全球化与区域经济一体化逐渐成为并行不悖的潮流，东亚地区的经济合作获得了整合、加速发展的历史机遇。

东亚区域经济合作涵盖了包括东北亚和东南亚在内的诸国与诸经济体，即东北亚的中国（包括港澳台）、日本、韩国和东南亚的东盟（ASEAN）10国。2005年东亚峰会启动以后，澳大利亚、新西兰、印度成为新成员。与欧洲、北美等地区的区域合作相比，东亚区域经济合作起步较晚，发展也较为缓慢。1967年成立的东盟，在很长时间内是东亚地区唯一的政府级地区经济合作机制。

随着东亚地区经济实力的壮大以及相互依赖程度的加深，东亚各国的贸易合作和经济一体化进程取得了长足的进展，主要表现为：（1）各有关国家的地区主义意识普遍增强，地区认同正在逐渐形成，有关建立"东亚经济圈""东亚共同体""亚太自贸区"等概念与构想相继涌现；（2）地区国家对地区经济合作采取积极态度，成为地区合作的根本保证；（3）各个层次和领域的区域经济合作进展迅速，东盟内部的经济一体化进程加速推进，以东盟为中心的各种双边合作机制相继启动；（4）以东盟为平台的东亚系列峰会规划并引领东亚区域经济合作不断调整并取得新进展，"10＋1""10＋3"等合作框架运作多年，在推动以东盟、中日韩为主体的东亚经济合作取得进展的同时，也为今后东亚新的合作框架的建立和推进打下了基础。

从东亚区域合作展开的脉络来看，日本一方面充当了独特而积极的角色，即凭借其经济大国的实力以及与美国为首的发达国家的特殊关系而成为连接东西方的桥梁。另一方面，由于日美同盟的限制及自身因素的束缚即自身的定位问题始终未能很好解决，日本未能充分发挥这种"独特的纽带作用"，更多是作为一个协调者的身份发挥作用。在日美同盟关系的限制下，对美国态度的过多考虑成为日本难以施展其独特作用的原因之一。在 20 世纪七八十年代，日本在探讨区域合作方面做出了积极的努力，也取得过一些成果，但日本在区域合作方面一直受美国因素的影响，当谈及区域经济合作时，日本言必称"美国""亚太"，唯恐引起美国对日本是否有意主导东亚的疑虑。

同样是在平成时期即 20 世纪 90 年代以后，随着冷战的结束，日本国内出现了关于日本是否应该"脱美入亚"的辩论。这也是一场关于日本是否应该改变以日美"双边主义"为根基的对外政策而支持"地区主义"的辩论。但辩论的结果显示，日本仍把日美关系作为其对外政策的主轴，并希望能以日美同盟为依托，在亚太乃至全球范围内扮演更加重要的角色。尽管民主党执政初期力推"东亚共同体"，一度呈现"脱美入亚"势头，但美国的紧箍咒作用依然有效，号称实现"历史性政权更迭"的民主党黯然退场。安倍晋三二次执政后，着力拉近与东盟国家关系，积极配合美国"亚太再平衡"战略，显示浓重的亲美色彩和遏制中国崛起的意图。特朗普执政白宫后兑现竞选承诺，宣布退出一度热炒的"跨太平洋伙伴关系协定"（TPP）。即便如此，在经历短暂的挫折之后，日本一方面期待美国有朝一日能回心转意，另一方面则自扛大旗，力图在这个新的跨太平洋贸易自由化协议方面占据领导地位，以抗衡中国日益上升的势头。

亚洲金融危机发生后，尤其是进入新世纪以来，中国经济发展势头强劲，对区域经济合作的态度也日趋积极和成熟，对东亚区域合作表现出坚定的信心。中国明确表示支持东盟在东亚区域合作中的主导作用，并以实际行动积极地配合东盟发挥作用。东盟作为共同体已经从与中国的商业贸易拓展中得到了实实在在的利益。近十余年中，中国与东盟关系几乎每年都有一项以上的重要进展。由于中国多年来持续不断地积极推动东亚合作，尤其是近年来力主推进亚太自贸区建设、提出构建"人类命运共同体"理念，东盟各国对中国的认识及评价越来越正面，中国在区域合作中的地位日益彰显。东盟如今把中国而不再是日本视为带动该地区未来经济发展的引擎，因而中国在日本对东盟政策中所占的位置也自然大幅提升。

2012 年 11 月 20 日，在柬埔寨举行的东亚领导人系列会议期间，东盟十国与中国、日本、韩国、印度、澳大利亚、新西兰的领导人，共同发布《启动〈区域全面经济伙伴关系协定〉（RCEP）谈判的联合声明》，正式启动了这一覆盖 16 个国家的自贸区建设进程。2015 年 11 月 21 日举行的东盟与中日韩（10＋3）领导人会议上，李克强总理发言时强调区域经济融合与发展是不可阻挡的时代潮流，也是地区各国的共同利益所在。指出中方愿与各方共同努力，力争 2016 年结束 RCEP 谈判，努力建成世界上涵盖人口最多、成员构成最多元化、发展最具活力的自贸区。2015 年末东盟共同体宣告成立，东亚区域经济合作又出现了新的契机。

2017 年 11 月 14 日，在马尼拉举行了 RCEP 磋商开始 5 年多来的首次领导人会议。在谈判中，尽管要求在较高程度上撤销关税和制定贸易规则的日本及澳大利亚等国与希望保护本国产业的印度等国之间存在分歧，但会后发表的联合声明则强调 RCEP 有助于经济一体化和实现包容性增长，敦促各国代表加紧磋商以早日达成协议。这表明本区域国家将进一步加强合作，逆全球化思维难以阻挡东亚区域经济一体化进程。

东亚合作应是实现地区共同发展与繁荣、促进国家之间和谐相处、尊重社会制度和文化多样化与多元化的合作。东亚合作应坚持开放性，欢迎域外国家和组织参与，致力于共同构建一个政治上互信、经济上互利、安全上互济、文化上互鉴的和谐东亚。

回顾区域合作历程，从其他地区一体化的实践经验来看，基本上没有哪个国家能单独引领区域合作，而是由地区内主要国家共同发挥核心作用。美国学者卡尔·多伊奇在《国际关系分析》中指出："一体化进程往往起源于某一个核心地区，由一个或若干个较强、较高度发展以及在一些重要领域比其他地区更先进、更具吸引力的政治单位构成。"欧洲联盟的德国和法国，以及北美自由贸易区的美国在推动区域合作中发挥了决定性的作用。中日两国都有推动东亚区域合作的意愿，并有较强的综合实力。中日两大国通过协调相互关系，将在东亚区域经济合作的进程中发挥积极的推动作用。

本研究应用国际关系学与国际政治经济学相关理论与方法，从回顾战后日本地区外交政策的制定及日本东亚区域合作的进程入手，梳理平成时期即 20 世纪九十年代亚洲金融危机后日本东亚区域经济合作政策的变化；通过对亚洲金融危机后日本区域经济合作政策与实践的分析，总结其政策变化的历史背景、制约因素、战略意图；根据经济与外交目标的实现程度，对日本的东亚区域经济合作政策做出评价。

本书由绪论、本论与结论三部分组成。

绪论部分是对本研究内容的总体概括。包括目的与意义，国内外研究状况以及本研究的创新点等。

本论部分主要内容如下。

一是对区域合作与区域经济一体化的产生和发展做理论阐释，借鉴并总结对区域经济合作进行研究、探讨的基础理论：相互依存（依赖）理论、地区主义与新地区主义理论、建构主义的区域合作理论、国际合作理论、国际政治经济学理论等。

二是通过对东亚地区主义发展情况的介绍，比较欧洲、北美洲以及东亚的地区主义的区别。尽管日本地区主义成为新东亚地区主义的重要组成部分，但具有日本独自的个性特征。

三是论述了20世纪九十年代亚洲金融危机后日本东亚区域合作政策的转型。突如其来的亚洲金融危机对日本区域合作政策的转型具有决定性意义，并一直影响至今。

四是选取日本区域合作政策实施过程中的几个案例，总结日本在东亚区域合作政策实施过程中各阶段的特点。

结论部分对日本东亚区域经济合作政策的调整与实施效果做出评价。通过日本经济与政治目标的实现程度，以及日本的区域合作政策对东亚区域经济合作进程的正反两方面影响，对东亚区域经济合作的前景及今后将会影响日本东亚区域经济合作政策的相关问题做前景分析，并概述了本研究主要学术观点，笔者对日本东亚区域合作政策研究的体会以及今后需要继续关注的课题。

笔者认为：危机推动了东亚区域经济合作，也是日本区域经济合作政策调整、变化的主要促进因素。进入平成时期以来，对日本区域经济合作政策的制定和调整以及东亚区域经济合作进程产生重大影响的"危机"主要有三次。

第一次是1997年后半年发端于泰国、之后波及整个东南亚和亚太多国的亚洲金融危机。该危机促进了东亚区域经济一体化的快速发展，也是日本积极推动区域经济合作的契机。

第二次是2009年前后由美国次贷危机引发的全球性经济危机，显示美国主导世界能力的衰落趋势，以及中国崛起的必然趋势。这两个趋势是日本东亚区域合作政策因包括日本在内的各方经济实力的对比以及国际情势变化再度调整的重要动因。

第三次危机在表象上也许不是世界经济或者区域经济的因素所致，更多是基于日本民族特有的"危机意识"，特朗普执政带来的冲击如退出 TPP 等，直接给希望联美抑中的日本执政当局泼了一盆冷水。因为制约未来日本区域合作政策的最主要因素是日美同盟关系的走势以及中国崛起带来的挑战。

东亚区域经济合作的进展很大程度上取决于日本区域合作政策的调整，中日和解、合作并主导东亚区域经济合作，仍然是理想的选择。鉴于中日关系的严峻局面以及东北亚地区互信的缺失，包括东亚区域经济合作在内的地区一体化将是一个曲折发展的进程。

目　录

绪　论

东亚区域合作肇端于区域经济合作，因而区域合作问题首先体现为区域经济合作的议题。东亚地区主义和作为其表现形式的东亚区域经济合作，是20世纪后半期出现并得到迅速发展的地区主义新尝试。在经济全球化时代，尤其是1997年亚洲金融危机之后，东亚区域经济合作尤其是金融领域的合作成为东亚地区抵御金融风险，维护本地区国家经济发展与政治安定的重要平台。东亚各国及地区组织面对不断变化的国际与地区政治经济形势，逐步转变观念，加强联系与沟通，积极调整各自的区域经济合作战略与外交政策，共同融入东亚区域经济合作的潮流。

研究日本东亚区域经济合作的政策与实践，离不开对东亚地区主义形成、演变过程以及目前状况的理解与把握。而地区主义特别是新地区主义理论及其实践，成为东亚区域经济合作理论形成与东亚区域经济合作实践探索的基础和前提。关于地区主义的理论研究曾在20世纪60年代中期到70年代中期的10余年间形成一个高潮。与此同时，地区主义实践也扩展到了世界各地。但是由于当时所处的冷战背景，使得东亚区域经济合作与一体化前景黯淡，因而相关研究自然不能得到深化。

美苏冷战结束后的日本平成时期，东亚地区主义获得发展契机，日本有关地区主义的理论研究也突破了基本上以欧洲一体化为主要对象的局面。包括中国在内的发展中国家组成的区域组织在地区主义实践中取得了可喜的进展，改变了以往主要由美、英等发达国家学者以欧共体为研究指标的局限。关于东亚地区主义、新东亚地区主义、东亚区域经济合作等研究一度成为关注的热点。本书关于平成时期日本东亚区域经济合作的梳理和探讨，是在借鉴先学对相关理论研究的基础上，结合新东亚地区主义的发展历程，以日本在区域经济合作中的政策制定、调整，日本在区域合作各阶段的具体措施等相关问题为视角，即理论基础、政策选择、实践经验几个方面做归纳分析。

第一节　日本探索区域经济合作起步较早

鉴于战后日本的特殊身份，长期以来，在不同时期与不同国际背景之下，日本遵循"日美同盟、国际协调、重视亚洲"的外交三原则，这三个外交原则之间既有联系又有侧重。决定与实施地区合作政策的关键是日本将区域经济合作置于外交全局的何种位置，以及如何把握日本当前利益与长远利益的有机结合。

一　日本政府层面对区域合作的态度

在区域经济合作方面，日本较早进行了探索性实践。自 20 世纪 60 年代起，日本就提出过建立"泛太平洋合作"、"亚洲经济合作机构"和"太平洋自由贸易圈"、"东亚自由贸易圈"、"环日本海开发"等设想。冷战结束特别是亚洲金融危机爆发后，日本重新认识到东亚地区在日本外交中的重要性，成为东亚区域合作积极的参与者和推动力量。同时，东亚各国也普遍意识到加强区域经济合作的紧迫性与现实性，关于地区主义的研究得到重视，陆续展开了各层面的区域与次区域经济合作。日本作为东亚区域经济合作的先行者，加之其作为"东西方桥梁"的特殊身份，其区域合作政策的制定和调整，为东亚各国所关注。

1989 年成立、1993 年首次召开的亚太经合组织（APEC）首脑会议，将中国、日本、韩国以及东南亚各国的领导人与美国、澳大利亚、新西兰等太平洋国家的首脑聚集在一起，构成东亚国家与太平洋国家合作的重要框架。东亚地区合作机制实际在 20 世纪 90 年代初就已提出，当时的马来西亚总理马哈蒂尔为促进东亚国家合作，抗衡全球化和地区经济一体化发展趋势，提议建立"东亚经济集团"（EAEG），但遭到美国反对。随后，东盟国家又提出集团化概念相对淡化的"东亚经济论坛"，仍被美国视为一个分割太平洋的构想，并予以否决。而日本当时正与美国发生激烈的贸易摩擦，担心日美关系恶化，也采取了消极的态度。由于新加坡等国担心影响与美国的关系，该构想在东盟内部也没有得到有力的支持。但此后，由新加坡总理吴作栋于 1994 年提议、1996 年召开的亚欧会议（ASEM），以另一种方式在一定程度上促进了东亚国家的合作。1997 年 1 月，日本首相桥本龙太郎访问东南亚，照例提议举办东盟和日本首脑会晤。东盟担心引起其他国家猜忌，提议邀请中国与韩国的首脑共同参加，得到日本同意，真正的东亚合作机制随之诞生。1997年年中，泰国发生金融危机，很快蔓延到多数东南亚国家，日本提出建立亚洲货币基金的设想，中国表示不会令人民币贬值，以避免金融危机的进一步深化。相反，美国没有帮助泰国，而且反对日本建立亚洲货币基金的建议，引起东南亚国家愤慨，更加激发了它们促进东亚合作的决心。1998年金融危机在东南亚深化，东盟国家希望进一步加强与中、日、韩的合作，以摆脱金融危机。接替桥本龙太郎的日本新首相小渊惠三对"10＋3"提案表示支持，中国也以积极的姿态参与地区多边合作。1998年第二届"10＋3"首脑会议召开，并自此确定为定期会议。1999年第三届"10＋3"会议发表了正式文件《有关东亚合作的共同声明》。从2000年开始，与会各方转入具体领域的合作。

进入平成时期，特别是亚洲金融危机后的1997年以来，一年一度的东盟峰会、东盟"10＋3"（中日韩）首脑会议、"10＋1"首脑会谈以及东亚峰会等走向机制化。2016年9月召开的第十一次东亚峰会，连同东南亚系列首脑会议及高级别论坛，标志着东亚区域经济合作已进入全面推进的新阶段。尽管日本在区域经济合作方面起步较早，也在不同阶段提出了相应的政策与措施，但从总体上看，日本对区域合作的态度并非一贯积极，呈现忽冷忽热的矛盾状态。这与日本战后独特的国家身份、东亚地区复杂的国际政治环境、东亚地区多样性的文化结构有一定的关系。其中一个不容忽视的方面是日本在地区认同方面的摇摆与游移，即没有解决好"日美同盟"与"亚洲一员"的平衡问题。

日本起初对东亚区域合作态度消极的更主要原因是战后以来日本对外经济战略一直以全球化为依托，且主要是以欧美地区为对象。日本企业在欧美的投资回报率更高，风险系数更小，因而对推动发达经济体之间的合作也更为积极。即便是面向地区的合作，日本也一直以"亚太"或"亚洲"为主要概念，似乎很忌讳论及"东亚"。初期日本在区域经济合作方面所表现出左右摇摆的态度，对东亚区域合作的进程造成了一定的负面影响。

日本东亚区域经济合作态度发生显著变化的分水岭是1997年爆发的亚洲金融危机。亚洲金融危机造成了美、日在东亚地区影响力的消长。美国对危机袖手旁观的态度激起了东亚受危机影响国家的强烈不满，使其在东亚地区的声誉和影响力下降。相反，日本推出了建立"亚洲货币基金"的构想和"新宫泽计划"，并对受危机影响的国家给予紧急援助。尽管日本的援助行动"雷声大、雨点小"，但在一定程度上消除了东亚国家对日本领导区域经济合作的疑虑。随着日本在东亚地区影响力的上升，其感到东南亚国家出现了希望由日本而非美国来领导区域经济合作的意愿。

另外，由于金融危机削弱了东亚的经济实力，似乎不再构成对美国的直接威胁，美国对东亚区域合作采取了默许的态度。加之泡沫经济崩溃后，日本经济衰退并持续萧条，在东亚地区建立经济霸权的野心有所收敛，使得美国能够适度"松绑"，允许日本试图主导东亚区域经济合作进程。总之，美国既不愿意东亚经济过分强大，与欧美分庭抗礼，对其构成威胁；也不愿意东亚经济过于衰弱，使其得不到利益。亚洲金融危机正好给了日本在美国默许下对东亚区域合作施加影响力的绝佳机会。①

日本东亚合作政策调整的另一个重要因素是中国经济的迅速崛起以及东盟一体化的迅速推进。亚洲金融危机爆发后，中国与东盟的经济与政治关系发展迅速。在2001年的中国与东盟首脑会议期间，双方就建立自由贸易区达成了一致意见。2002年11月，在第六次中国—东盟领导人会议上，朱镕基总理和东盟10国领导人签署了《中国与东盟全面经济合作框架协议》，决定到2010年建成中国—东盟自由贸易区，中国—东盟建立自由贸易区的进程正式启动。

中国与东盟双边关系改善与发展之迅速，显然大大超出了日本方面的意料。中国与东盟于2002年签署《全面经济合作框架协议》，启动了中国与东盟自由贸易区建设进程，并于2003年10月率先加入《东南亚友好合作条约》，构成对日本以竞争方式来谋求地区主导权意图的挑战。

日本决策层深感来自中国的压力，加紧了对其传统势力范围东盟的外交攻势。2002年1月，时任首相小泉纯一郎访问东盟，在新加坡发表了题为《东亚中的日本和东盟——寻求坦诚的伙伴关系》的演说。小泉首相在演讲中，不仅提出了要建立日本与东盟全面经济伙伴关系，还提出了建设"共行共进共同体"的主张，并为这个共同体定下基调：以日本和东盟的合作

---

① 陆建人：《日本区域合作政策》，《当代亚太》2006年第6期，第14~18页。

关系为基础再行扩展。① 该设想的出台，显然是急于要在东亚区域合作中争得主导权。

2003 年 12 月，首届"日本—东盟特别首脑会议"在东京举行。这是东盟国家领导人首次齐聚域外举办首脑会议，日本朝野高度重视并引以为豪。这次特别首脑会议通过了一项《东京宣言》及《行动计划》。宣言呼吁与会国加强在政治、经济、安全、社会和文化等领域的合作。同时，日本提议在宣言中写入建立"东亚共同体"的设想，日本在此次首脑会议上也签署并加入了《东南亚友好合作条约》。

2005 年 8 月，具有浓厚政府背景的日本"东亚共同体评议会"明确提出了日本推动的"东亚共同体"战略原则。在名为《东亚共同体设想的现状、背景与日本的战略》的政策研究报告中，该评议会认为日本的"东亚共同体"战略必须以增加日本的国家利益为最终目标，并具体列举了"安全保障"、"繁荣"、"价值"这三个关键词。在"安全保障"方面，设想建立一个作为"不战共同体"的"东亚共同体"，但其前提应是坚持日美同盟。在"繁荣"中，提出"为了日本经济的成长，要创建一个人员、货物、资金、信息都能自由且灵活进出的环境，与成长潜力巨大的该地区建立密切的关系"，提出实现建立"东亚自由贸易区"的目标。② 在"价值观"方面，长期逐步形成的东亚共同体必须符合日本人所持有的价值观。具体地说，自由和民主主义、基本人权的尊重、法制等价值在东亚共同体中也必须得到实现。③

2005 年 10 月，日本政府发表了《关于东亚共同体建设的看法》，明确阐明了日本关于"东亚共同体"的基本理念，即"开放的地区主义"、"以促进功能性合作为中心"和"尊重一般价值、遵守全球规则"。2006 年 4 月初，日本经济产业大臣二阶俊博提出了建设"东亚经济伙伴协定构想（EPA）"，主张自 2008 年起的 10 年内，通过与东盟、中、韩及澳、新、印度等国家和地区全面签订经济伙伴协定，建立日本主导的超越东亚范围的经

① 把澳大利亚、新西兰拉入由日本与东盟为基础的共同体即为小泉首相当时的提议。
② 政策报告书：「東アジア共同体構想の現状、背景と日本の国家戦略」、東アジア共同体評議会 2005 年 8 月，http://www.ceac.jp/。
③ 〔日〕西口清胜：《东亚共同体的构筑与日本的战略》，《南洋资料译丛》2006 年第 6 期，第 3 页。

济伙伴协定。① 日本政府曾强调东亚合作不能成为一个排他性机制，在结构上应该是开放的而非封闭的，并大力推动"10＋6"模式，希望东亚共同体不仅包括东盟、中国、日本和韩国等核心成员，还应吸收澳大利亚、新西兰和印度等国参加，并试图把美国拉入东亚区域合作框架。其目的是建立一个日本主导下的"开放的东亚共同体"，这样既可以缓解美国对日本经营东亚共同体的疑虑，又能靠美国等西方国家的介入，增加日本在共同体中的分量以稀释中国的存在感。

2012 年东盟提出"区域全面伙伴关系协定"（RCEP）倡议，2015 年末东盟共同体宣告成立，东盟主导东亚区域经济合作的愿望和实力进一步增强。面对东盟壮大和中国崛起带来的挑战，日本加紧在地区外交领域的布局，以争夺区域合作的主导权。2013 年 12 月安倍现政权执政以来，日本利用东亚峰会、日本与东盟首脑会谈（10＋1）以及东盟与中日韩首脑会谈（"10＋3"）为平台，加大首脑外交的力度，希望扩大日本在区域经济合作中的影响力。在双边层面，以"日本—新加坡经济伙伴协定（JSEPA）"为模式，积极发展与泰国、菲律宾等东南亚各国的双边经济合作。在东北亚，日本曾倡议成立日韩自由贸易区，企图在此基础上，逐步扩展到相邻的国家和地区，建立由其主导的东北亚经济圈。日本在各种场合，强调东亚区域经济合作必须是开放的、包容的，要建立在与区域外国家紧密联系的基础上并充分照顾到美国等其他区域外国家在东亚地区的利益。

二　日本学界对区域经济合作的认知

日本学者关于区域合作政策的研究，主要集中在日本区域合作政策的制定过程、日本学界对区域合作政策的理论探讨、政官学各界对该问题的不同见解与争论以及日本东亚区域合作政策的制约因素等。尽管对诸领域已多有研究，但联系东亚区域经济合作的最新发展，做出全面深层次的分析还有待进一步实现。同时，日本学界以及国外其他研究机构和学者对日本区域合作政策的研究也存在与中国国内研究相似的情况。正因为日本是最早对东亚区域经济合作进行探讨的国家，所以研究成果也最为丰富。但鉴于东亚地区主义起步较晚，东亚区域经济合作开展初期，国内对该领域的介绍相对不多或不够全面。

---

① 宋国有：《试析日本的东亚地区秩序战略》，《国际论坛》2007 年第 6 期，第 61～65 页。

日本学界关于东亚区域经济合作以及实现"东亚共同体"目标存在不同的见解与主张。研究东亚区域经济合作的日本著名学者、立命馆大学西口清胜教授总结了日本对于东亚区域合作政策即构建"东亚共同体"的几种主要见解：一是重新审视日美同盟基轴论，主张强化与中国的合作，在中日和解与合作基础上，构筑东亚共同体，代表人物是岩手大学校长、曾任OECD事务局次长的谷口诚教授。二是坚持日美基轴论。认为由于中日政治制度、价值观念不同，中日联手推动东亚区域合作存在困难与不现实性。东亚地区经济发展阶段不同、中日韩三国政治见解各异，已成为阻碍东亚区域经济合作与构建"东亚共同体"的关键因素。同时该见解认为，中国有意通过区域合作谋求地区霸权，代表人物为日本拓殖大学校长、经济学家渡边利夫教授，前日本贸易振兴会理事长田山襄以及前日本驻美大使栗山尚一等。三是相对"中庸"的见解，认为既要坚持传统的日美同盟，又要加强与中国合作共同推动东亚区域合作的主张。在日本前首相、著名政治家中曾根康弘为会长的"日本东亚共同体评议会"发表的政策报告中，阐述了日本的战略原则以及日本的基本理念。支持该见解的日本学界代表人物是东京大学田中明彦教授及日本国际论坛理事长伊藤宪一教授等。①

著名中国问题专家、早稻田大学天儿慧教授从中、日、美三国互动的角度出发，曾经对东亚区域合作的前景做了两种推演。第一种推演是所谓"零和"游戏型的地区权力政治。认为无论"中国崛起"，还是北美（NAFTA）＋欧盟（EU）＋东亚共同体（EAC）三个区域中心的结构，本质上都会对美、日甚至亚太地区秩序产生威胁。因此，美国和日本都期待东亚共同体能够成为一个牵制中国的组织；中国自然也相当清楚美日的这些猜疑。在同样的考量下，中国对于日美同盟的安全防卫体制也倍感威胁。第二种可能是，接受"零和"政治的现实，认识到现今潮流就是国际社会的相互依存，"新东亚秩序"才是重要的议题，因此现在的"东亚共同体"也要放在这样的现实中来理解。经济上的趋势已经越来越走向相互依存的结构。然而，在安全防卫上，除了现有的如朝鲜核武器问题六方会谈、日中印等加入《东南亚友好合作条约》之外，诸如反恐、能源、粮食、环境等生活空间的安全保障也都需要缔结新的合作机制。中国从不讳言"美国的威胁"，

---

① 《西口清胜教授退职纪念讲义》，日本立命馆大学经济学部主办，2010年1月14日。

对美日安保自然也心存芥蒂，因此第一项推演的可能性将会一直存在；目前可见的则是中国对第二项推演"东亚共同体"展现出强烈促成的意愿。显而易见，"和平崛起"的说法是在努力拂拭"中国威胁论"，一再重申中国无论如何不会成为政治军事上的威胁。①

尽管日本学界乃至政界因为角度不同，对东亚区域合作的见解各异，但总的来说，学界对东亚区域合作持支持的态度，同时，日本也在积极探索最大程度符合日本国家利益的区域经济合作途径。

关于地区主义与东亚区域合作较早期的日方研究成果主要有：山本吉宣（1987）的《国际相互依存》，小林进（1992）编著的《寻求世界新秩序：崛起的地区主义》，山极晃（1999）编撰的《冷战后的国际政治与区域合作》，名古屋大学国际经济动态研究中心（1999）的《亚洲的区域合作与日本》，皮特·史密斯和西岛章次（1995）的《环太平洋圈：走向开放的地区主义》，大内秀明（1998）的《东亚区域一体化与日本》，等等。②

进入 21 世纪以来的研究成果，笔者参考的著述有：寺田贵的《东亚地区主义与日本》，中村民雄的《东亚共同体宪章草案：为开拓可能实现的未来而论》，马田启一和木村福成的《检证东亚地区主义与日本》，伊藤之雄的《20 世纪日本与东亚的形成：1867～2006 年》，山影进的《东亚地区主义与日本》，添谷芳秀的《日本的东亚构想》，石川幸一和清水一史的《东盟经济共同体：会成为东亚一体化的内核吗》，等等。另有大量论文与报告发表，显示了日本学界对区域合作理论研究与实践的参与热情，而最新的研究成果也将成为包括中国在内的相关各国和地区理论研究与政策制定的参考。（笔者

---

① 2006 年 2 月 20 日《中国经济时报》，转引自 www. china. org. cn。
② 参考的日文资料主要有：山影進編『東アジア地域主義と日本外交』、日本国際問題研究所 2003。添谷芳秀『日本の東アジア構想』、慶應義塾大学出版会 2004 年。末広昭・山影進「アジア政治経済論——アジアの中の日本をめざして」、ピーター・スミス、西島章次編「環太平洋圏と日本の選択：オープン・リージョナリズムへの道」、『新評論』、NTT 出版、2001。谷口誠：《如何重建面临危机的亚洲外交》，〔日〕《中央公论》2006 年第 4 期。小林進編著『新秩序を求める世界　台頭する地域主義』、サイマル出版 1992。名古屋大学国際経済動態研究センター叢書『アジアにおける地域協力と日本』、御茶の水書房、1999。山極晃編『冷戦後の国際政治と地域協力』、中央経済社、1999。谷口誠：『東アジア共同体—経済統合のゆくえと日本—』、岩波新書、2004。寺田貴：《建立真正"并行并进"的地区主义》，《外交论坛》2005 年 10 月号。

参考的其他相关日文成果详见脚注)① 另外，从东亚区域经济合作角度进行研究的成果最多。尤其是近几年来，东亚区域合作进程加快，区域经济合作中的自由贸易区建设与金融合作迅速推进，使相关研究不断取得新进展。② （近年来日本在东亚区域合作方面的部分研究成果见引文注释。）

① 石川幸一：「ASEANと中国のFTAは効果があるか」、『東亜』2007年9月号、24頁；外務省：「平成十九年度わが国の重点外交政策」、『新国策』、2007年2—1号、18頁；鈴木美彦：「新戦略宣言：自由と繁栄の弧考」、『外交フォーラム』2007年4月号、28頁；岡崎久彦：「外交史における価値観」、『外交フォーラム』2007年4月号、32頁；宮城大蔵：「日本外交に内在する価値とは何か」、『外交フォーラム』2007年4月号、10頁；宮城大蔵：「戦後日本とアジア主義」、『外交フォーラム』2007年4月号、57頁；小原雅博：「東アジア共同体論議にどう関わるか」、『外交フォーラム』2007年4月号、64頁；特集：「40歳を迎えるASEAN」、『外交フォーラム』2007年9月号、18—34頁；若月秀和：『戦後アセアンをめぐる歴史的見取り図』、18頁；山影進：『ASEANはどう変わるか—40年に節目に』、23頁；中北徹：『日本がアジアと世界の架け橋に—アジアゲートウェイ構想とは』、28頁；岡部達味：「日本のアジア外交を考える」、『東亜』2007年12月号、20頁；小倉和夫：「わが国のアジア外交と日中関係」、『東亜』2007年12月号、10頁；井上淳：「グローバリゼーションと経済外交」、『外交フォーラム』2007年10月号、16頁；浦田秀次郎：「日本の将来像から経済連携協定（EPA）政策を考える」、『外交フォーラム』2007年10月号、22頁；柴田明夫：「エネルギー資源をめぐる世界の新たな動き」、『外交フォーラム』2007年3月号、24—29頁；対談：「日本のエネルギー資源外交政策を考える」、『外交フォーラム』2007年3月号、12—20頁；石川幸子：「ASEAN統合からみえるアジア共同体の姿」、『外交フォーラム』2008年4月号、76—91頁；伊藤剛：「アジア政策の語られ方」、『外交フォーラム』2008年4月号、30—33頁；ギルバート・ロズマン：指導者交代期のアジアにおける日本外交、2008年4月号、71—75頁；白石隆：「日本のアジア外交を考えるために」、『外交フォーマル』2008年4月号、61—63頁；青木保・近藤栄一：「アジア・アイデンテイテイの模索が始まった—文化から東アジア共同体の可能性」、『外交フォーラム』、2008年4月号、64—69頁。
② 中遠啓示：『東アジア共同体という幻想』、ナカニシヤ出版、2006；塩地洋：『東アジア優位産業の競争力』、ミネルヴァ書房、2008；村瀬哲司：『東アジアの通貨・金融協力』、勁草書房、2007；玉村千治：『東アジアFTAと日中貿易』、アジア経済研究所、2007；服部民夫：『東アジア経済の発展と日本』、東京大学出版会、2007；東茂樹：『FTAの政治経済学』、アジア経済研究所、2007；小塩隆士：『公平性と政策対応』、勁草書房、2007；野口旭：『経済政策形成の研究』、ナカニシヤ出版、2007；林華生、浜勝彦、澁谷祐：『アジア経済発展のアキレス腱』、文真堂、2008；寺西重郎、福田慎一、奥田英信、三重野文晴：『アジアの経済発展と金融システム』、東洋経済新報社、2008；阿部一知、浦田秀次郎：『日中韓FTA』、日本経済評論社、2008；柳寛栄：『日中韓FTAの産業別影響予測』、ビスタピー・エス発行所、2006；谷内満：『グローバル不均衡とアジア経済』、晃洋書房、2008；経済産業省：『グローバル経済戦略』、ぎょうせい、2006；上川龍之進：『経済政策の政治学』、東洋経済新報社、2006；保住敏彦：『東アジア社会・経済制度の現状と課題』、御茶の水書房、2007；石川滋：『国際開発政策研究』、東洋経 （转下页注）

第二节　日本因素影响中国的区域合作政策

日本区域经济合作政策的制定与调整，也影响着中国区域合作方针的制定与实施。在冷战时代，由于特定的国际环境与国际地位，中国对参与地区性组织不甚积极。严峻的国际与地区安全形势，使中国在一段时期内基本保持了观望和防范的消极态度。20世纪80年代以来，由于改革开放政策的实施以及世界范围内全球化大潮下地区主义的兴起和发展，中国与东亚主要国家以及地区性组织的关系不断紧密。20世纪90年代，随着中国成为亚太经合组织（APEC）的成员，在东亚区域经济合作框架内发展对日关系成为中国外交的重要关注点。

随着东亚各国相互依存关系不断发展，中国在经济方面与其他国家特别是东亚地区国家的利益相互交织。东亚区域内贸易量不断增加，相互投资日益频繁，经济关系不断紧密。相互依存关系导致中国以国家积极的姿态参与双边与多边国际经济制度的构建。尽管中国一再重申自己是发展中国家，但中国在东亚区域经济合作中越来越显示出卓越的领导素质与负责任大国的作用。如果说中国在全球层次多边制度中扮演的主要角色在于"参与"，那么中国在区域层次制度建设中则更可能发挥核心的作用。经过长期磨合，中国与本地区的国家建立了一系列的制度安排，从而形成了"区域治理中的中国路径"①。

中国的经济、政治、外交、军事等硬实力不断得到巩固，在"和谐外交"与"双赢"理念推动下，软实力也在不断得到增强。日本认为，中国不断提升的国际地位和外交影响是使其陷入"外交寒冬"的主要因素，而东亚峰会更被认为是中国试图"称霸亚洲"的重要途径，因此，日本要想走出"寒冬"，就必须采取措施来遏制中国。日本主动要求邀请美国以观察

（接上页注②）济新报社、2006；白井早由里：『マクロ開発経済学』、有斐閣、2005；山本武彦，天児慧：『新たな地域形成』、岩波書店、2007；梅津和郎，中津孝司：『北東アジアの危機と新成長戦略』、晃洋書房、2007；ジェトロ：『新時代における日中の貿易・投資協力』、海外調査シリーズNo.370、2007。

①　田野：《中国参与区域经济合作的制度形式选择》，《教学与研究》2008年第9期，转引自中国国关在线http://www.irchina.org/news/。

员身份参与东亚峰会，正是希望通过美国的参与来牵制中国，但遭到美国的拒绝。而后，日本又将澳大利亚、新西兰和印度拉进东亚峰会，以扩大日本在峰会中的同盟。尽管日本与东盟签订了《东盟与日本全面经济伙伴关系框架协议》，但从总体来看，中国与东盟各国的关系取得突飞猛进的发展，而日本则瞻前顾后，被中国甩在了后面。

在中国的积极推动下，中国—东盟自贸区在 2010 年如期正式运作，在取得"黄金十年"成果之后，新的"钻石十年"业已开启。起初自贸区建设就大致设定了三个阶段性目标。

第一阶段（2002～2010 年），启动并大幅下调关税阶段。自 2002 年 11 月双方签署以中国—东盟自贸区为主要内容的《中国—东盟全面经济合作框架协议》始，至 2010 年 1 月 1 日自贸区正式启动，中国对东盟 93% 产品的贸易关税降为零。

第二阶段（2011～2015 年），全面建成自贸区阶段，即东盟越、老、柬、缅四国与中国贸易的绝大多数产品实现零关税，与此同时，双方实现更广泛深入地开放服务贸易市场和投资市场。

第三阶段（2016 年之后），自贸区巩固完善阶段。

回溯走过的历程，在中国和东盟各国共同努力下，各项预定目标如期或提前得以实现。在中国积极推动下，经过不断的探索与磨合，东亚区域经济合作已经成为本地区的基本共识，并取得了一些经验。

（1）东亚区域合作以经济合作为中心和先导

东亚各国社会制度不同，文化背景各异，历史恩怨与现实利益交织，因而合作的愿望往往被合作中出现的难题所束缚。在这样一个充满多样性的地区，推进区域合作必须切合实际，从各方共同关心的经济领域入手方为良策。

（2）尊重东盟国家在区域整合中的主导作用

通过支持东盟发挥主导作用，中日韩三个地处东北亚的国家在"10 + 3"框架内发挥助推作用，使东亚区域经济合作在缺乏大国主导的现实情况下，得到有效维护并逐步取得进展。支持东盟推进其自身一体化，使其在经济、安全、社会共同体建设方面领先于东亚共同体。在东盟提升整体自信的前提下，尽可能减少地区小国对自己可能在区域合作框架中被边缘化的疑虑。

（3）区内外各种机制同时并存，多轨运行、良性互动、取长补短

东亚区域经济合作涵盖了东盟峰会、东南亚加东北亚（除朝鲜外）的"10＋3"领导人会议、东盟与中日韩分别举行的三个"10＋1"首脑会议、中日韩三国领导人会议以及东亚峰会"10＋8"等机制。加上区域内的大湄公河、图们江、环日本海、环黄海等多个次区域合作机制与构想，使东亚区域经济合作呈现缤纷多彩的局面。

既然东亚区域合作是以区域经济合作为先导，作为世界经济大国、东亚唯一的发达国家，日本区域经济合作的实践经验便成为东亚区域经济合作的借鉴，日本东亚区域经济合作政策的制定与调整需要予以关注。

如何立足东亚、走向世界，成为具有真正世界性影响的大国，在东亚区域经济合作中加强对日本的研究与交流合作，无疑已成为并将继续成为中国无法回避的客观现实。

第一章
区域经济合作的理论基础

东亚地区作为世界经济三大中心之一，在区域经济一体化方面与欧盟、北美相比较，起步晚且进展缓慢。区域经济合作与一体化的理论研究和实践探讨，对东亚地区各国来说是一个重大命题。欧盟（EU）一体化的推进以及北美区域经济合作（NAFTA）的拓展，对东亚国家构成了巨大挑战。

在东亚地区，对区域合作与经济一体化的理论研究和政策实践，起初基本上借鉴了西方关于经济一体化的成果。在此背景下，进入日本平成时期即20世纪90年代中期以后，东亚地区主义被重新激活，区域经济合作取得了令世人瞩目的发展成果。

日本是东亚地区最早进行地区主义实践的国家。其背景是作为"东西方桥梁"的特殊国家身份以及所拥有的作为世界经济大国的实力。从区域经济合作的视角考量，东亚与欧美的情况不同，地区主义发展也具有自身的独特性。东亚国家需要有一个可以依托的地区平台，以维护自身的政治经济利益，提高在国际上的地位。日本曾在20世纪七八十年代成功引领了东亚区域经济合作，创造了"东亚奇迹"，其东亚区域经济合作政策成立的背景与理论依据是为可鉴。

对区域合作与区域经济一体化的产生和发展的理论解释，不同学科从不同视角做了大量的研究和探讨。其中从国际关系学角度对区域经济一体化进行研究和探讨的基础理论主要有：相互依存理论、地区主义理论、建构主义理论、国际合作理论、国际机制理论、国际政治经济学理论等。

第一节 相互依存（依赖）理论

国家间处于相互依存的状态，是现代国际体系的重要特征之一。相互依存理论也被认为是国际关系的重要原则。受市场经济的法则驱动，随着国家间相互依存关系的发展，到 20 世纪 60 年代后期相互依存理论应运而生。20 世纪 70 年代达到了相互依存理论发展的兴盛期。关于理论产生的主要背景，可归纳为如下几点：第一，美苏争霸的两极格局开始出现松动，东西方阵营之间的交流和合作不断增加；第二，在西方阵营，由于西欧、日本在经济上的崛起，美国经济霸主的地位发生动摇，世界经济对美国经济霸权的"从属性一致"被"相互依存论状态的不一致"所取代；第三，新技术的发明与迅速推广，带动了相互依存关系的发展，并促使各国之间的经济联系不断增强；第四，国际组织的作用日益加大，国际制度日趋完善。

自 20 世纪 70 年代以来，"相互依存"一词成为国际关系领域使用最广泛的概念工具之一，被誉为"国际政治经济学中理论上最精致完美、政治与经济结合得最好的理论"。"相互依存"概念最早由美国著名经济学家理查德·库珀提出，随后，著名国际政治学者罗伯特·基欧汉和约瑟夫·奈在其合著的《权力与相互依赖》一书中为其建立了"一个清晰的理论框架"。其后，不断有学者在深化、丰富、引用和求证该理论。今天人们所谓的"全球化"也可以被理解为相互依赖在程度和范围上的深化和拓展。①

相互依存理论也称相互依赖理论②，它以国家间关系、世界政治经济关系的相互影响和相互制约为研究对象。理查德·库珀在 1968 年出版的《相互依赖经济学》中曾指出，研究国家间的关系特别是经济关系，关键是要了解一国经济发展与国际经济发展之间的敏感反应关系。相互依赖是指一个国家的经济运动双轨的、相互作用和影响的程度。这种依赖是双方面的传递或相互依赖，而不是单向传递或片面依赖。在一个相互依赖的世界里，单个国家无法对整个世界经济的进程施加多大影响，合理的或理性的国内、国际经济政策调整就在于顺应世界经济相互依赖发展的现实。

其实，相互依存作为一种政治经济现象，是早已存在的客观现实。在 19 世纪中期，马克思、恩格斯就已经注意到世界的相互依存现象。他们指出随着工业资本的扩散和商业经济在全球范围的伸展，"过去那种地方的和民族的自给自足和闭关自守状态，已被各民族、各方面的相互依赖所代替

---

① 余万里：《相互依赖研究评述》，转引自中国社会科学院美国所网站：http：//ias.cass.cn/show/show_ project_ ls.asp？id＝422。

② 关于此理论，国内学界有"相互依存"与"相互依赖"两种译法，本书统一使用较为多见的"相互依存"译法，以下除著作与论文名称做特殊处理外，不再做特别提示。

了。物质生产是如此，精神的生产也是如此"①。

进入 21 世纪，整个世界发生了巨大而深刻的变化。国家间的相互依存无论在广度还是深度上都超过了任何历史时期。相互依存不仅发生在发达国家与发展中国家之间，而且发生在发达国家之间以及发展中国家之间。在广度上，相互依存不仅存在于经济领域，而且扩展到政治、文化等领域。目前，已经形成了一个纵横捭阖、覆盖全球的相互依存的网络。在相互依存的深度上，不断发展的生产和资本国际化已把世界上不同生产方式和发展水平国家的经济活动紧密地联系在一起，并置于全球范围的国际分工与合作体系之中，形成了既有分工又有协作的相互依存关系。

经济领域的相互依存如此，政治、文化领域的相互依存也不例外。在政治领域，不断发展的经济依存关系增进了以追求经济利益为目的的政治交往；日益严重的全球性气候变化问题促使各国政府间进行政治协调；作为非国家行为体的国际组织与民间机构推动着协调国际争端、平衡各种利益的国际机制的建立。各国之间政治交往频率的提高，政治依存程度的加强，形成了一国政治与他国政治，国内政治与国际政治既相互联系、相互渗透又相互制约、相互影响的局面。

较早对相互依存现象做分析和研究并进行理论探索的是美国经济学家理查德·库珀。他在 20 世纪 60 年代末期关于经济相互依存关系的论述涉及了经济问题政治化、国际行为体多元化、全球政治经济一体化等。经济问题政治化表明经济上的相互依存关系的发展使国家主权不可侵犯性大打折扣。他提出经济上的相互依存及其后果有三种表现：一是经济结构上的相互依存，即采取高度开放的经济体制的各国之间，如果一国发生的经济事件，必然对其他国家产生影响；二是经济目标和经济手段上的相互依存，即各国经济政策和经济目标受到共同制约，即各国的经济目标和经济政策可能为他国所左右；三是经济问题重要性上升，从经济领域进入外交领域，提出外交政策多元化的理论。

卡尔·多伊奇在《国际关系分析》中指出，研究国际关系不能仅仅以国家为中心，更要重视国家间相互联系和相互依存。霍夫曼认为相互依存意指社会的相互渗透，世界经济中不同国家政策的相互联系。相互依存既是一

---

① 马克思、恩格斯：《马克思恩格斯选集》（第一卷），人民出版社，1995，第 276 页。

种条件也是一个过程，但它不是目标。相互依存凸显了国内政治在国际关系中的重要性，它对国家的利益和目标既提供了限制，又提供了机遇。

这一时期研究相互依存的主要成果还有格哈特·马利的《相互依存——全球环境下的美欧关系》和米里亚姆·坎普斯的《相互依存的管理》，理查德·罗斯克兰斯和亚瑟·斯坦恩的《相互依存——神话还是现实》，肯尼思·华尔兹的《相互依存的神话》，爱德华·莫斯的《相互依存的政治学》，等等。

罗伯特·基欧汉和约瑟夫·奈的《权力与相互依赖》（1977、1989、2001）是最具代表性的新成果。两位学者从理论上总结了相互依存的两个明显发展趋势：一是从单一型到复合型，即从研究经济上的单一相互依存到研究包括政治、经济、外交在内的复合型相互依存；二是从区域型到全球型，即从研究仅限于发达资本主义国家范围内的相互依存，到研究包括发展中国家在内的全球范围的相互依存。基欧汉和奈把相互依存定义为"彼此之间的依赖"，并认为相互依存具有"敏感性"和"脆弱性"特征。他们认为相互依存是指国际社会中不同角色之间互动的影响和制约关系，这种互动影响和制约关系可以是对称的也可以是非对称的，其程度取决于角色对外部的"敏感性"和"脆弱性"的大小；战后，国际社会中国家间和超国家关系的发展促使人们更加注重研究对国际层次诸角色的研究，注重对超越国界的国际组织相互联系和相互依存的研究。相互依存理论以国家间关系、世界政治经济关系的相互影响和相互制约为研究对象。他们将现实主义学派的权力政治理论和行为主义学派较早提出的相互依存论有机地结合起来进行考察，进一步剖析了两者之间的内在联系。[①]

格哈特·马利则将相互依存定义为"一种复杂的跨国现象，它包含国家之间多层次、多方面的互动模式，并产生明显的相互敏感性和脆弱性"。他指出，相互依存是一个妥协的概念，它位于孤立主义和超国家主义之间。他还把相互依存分为四类：安全相互依存、生态相互依存、经济相互依存和政治组织相互依存。前两类关系称为"人类的生存"，后两类的重点是国家的福利和政治的互动。

---

① 罗伯特·基欧汉、约瑟夫·奈：《权力与相互依赖》，门洪华译，北京大学出版社，2002，第9~38页。

倪世雄教授将相互依存论的基本内容归纳为十个方面：（1）强调国家之间的相互易摧性和敏感性，虽然美苏是世界上最强的国家，但在军事上它们却是脆弱的，在核时代条件下互为"人质"；（2）国家所面临的许多问题趋于全球化，即类似能源、人口、环境、粮食、裁军、发展等问题已成为"全球性问题"，单靠个别国家的努力已无法解决；（3）"高级政治"（指国家利益、国家安全、军事战略等）逐步向"低级政治"（指经济发展、人口与粮食问题、社会福利等）过渡；（4）各国再也不能闭关锁国，越来越多的国家实行对外开放政策，缓和与开放占据国际关系的主导地位；（5）随着缓和形势的发展，国际合作趋势逐步超过国际冲突趋势；（6）武力在解决国际争端上的作用日益减弱；（7）谈判逐步取代冷战，均势逐步取代遏制；（8）研究对象从第一世界和第二世界国家转向第一世界和第三世界国家以及跨国组织；（9）主张在国际体系中以平等关系取代等级制；（10）相互依存趋势将对国家主权和民族利益起到溶解作用，推动全人类利益的形成，最终将成为通向未来没有国界的世界国家的"中途站"。①

斯坦利·霍夫曼认为，国际社会相互渗透增强，世界经济中不同国家政策的相互联系，既是一种条件，也是一个过程，凸显了国内政治在国际关系中的重要性，它对国家利益和目标既提供了限制也提供了机遇。

基欧汉和奈的相互依赖理论认为，国家之间存在着多种社会联系的渠道，其中包括经济渠道，各问题之间不存在等级之分，各国政府彼此不使用武力。相互依赖理论也强调相互依存并不必然导致合作，在一定的国内与国际条件下，它也可能产生冲突。连接不同社会的渠道是多种多样的，经济相互依存本身就是通过社会之间的渠道多样化来实现的。

相互依赖理论对区域合作与一体化问题提出了如下重要启示。

第一，在世界经济一体化发展趋势日益增强的时代，各国各地区经济相互依赖程度将日益加深，各国在参与区域经济合作和一体化的进程中，既要维护和发展本国的利益，又要考虑到其他国家的利益并做出适当的妥协安排，以达到互惠互利之目的。

第二，实现区域经济一体化，需要成员的共同努力，相互间应该平等互利、相互协调，先易后难、逐步推进，可在有利于推进一体化进程的某个行

---

① 倪世雄：《当代西方国际关系理论》，复旦大学出版社，2004年，第七章第三节。

业部门首先进行合作。

第三，相互依赖会给区域乃至世界经济发展带来诸多好处，可以促进国际贸易发展和国际资本流动的自由化，促进生产要素更有效的配置，即经济利益的驱动力量是巨大的。

第四，世界是一个大市场，各国在经济方面的相互合作、相互依存和相互竞争日益增强。

第二节　地区主义与新地区主义理论

在经济全球化背景下，区域经济一体化相继展开并迅速推进。任何国家如不想被边缘化，只有通过参与区域经济合作增强自身的竞争力，以应对全球化带来的挑战。东亚地区不断深化的区域经济合作既增强了区域经济的整体实力，也促进了本地区的和平、稳定与繁荣。

一　地区主义理论

地区主义亦称区域主义（regionalism），是指同一地区内的各行为体，包括政府、政府间组织、非政府组织、民间团体或个人等，是基于共同利益而开展地区性合作的全部思想和实践活动的总称。[1] 一般认为，地区主义总体上是一种强化各种联系的趋势，是地理位置临近的国家，为了发展它们共同的政治、经济和战略利益与目标所进行的互动与合作。[2]

很多学者将地区主义等同于地区经济一体化，这些在相邻的或者特定地理范围内的国家，为了维护共同的经济、政治利益，通过签订某种政府间条约或协定，制定和规范共同的行动准则和协调一致的政策，通过建立各国政府授权的共同机构，进行长期和稳定的超国家的经济调节，达成和实现经济联盟乃至政治联盟。地区主义有多种表现形式，最高形式是以欧盟为代表的超国家组织，而主要表现形式为各种地区性合作安排，尤以自由贸易区为基

---

[1]　地区主义也称区域主义，与此相同，区域合作也称为地区合作。在本书中除特例外，统一称为"地区主义"和"区域合作"。参见耿协峰《新地区主义与亚太地区结构变动》，北京大学出版社，2003，第 37 页。

[2]　肖欢容：《地区主义及其当代发展》，引自肖欢容主编《和平的地理学》，中国传媒大学出版社，2005，第 2 页。

本形式。①

地区主义理论的形成与发展离不开所处的时代、所涉及的地域、所设定的目标等多方条件的制约。研究地区主义理论的形成背景，探讨地区主义的实践活动，确立区域范围内的合作方式，对化解区域内的政治摩擦、实现区域内的共同发展具有重要的现实意义。

尽管对于地区主义的定义有多种版本，但综合来看，地区主义是指地理位置相邻或相近的国家或地区为了寻求政治、经济和安全方面的共同利益，基于双边或多边合作的方式，在达成某种共识的基础上，建立功能性乃至制度性的安排。它承认各国政府在区域合作过程中的主导作用，尤其强调各国间在经济合作乃至政治协调方面的制度性建构，因此比单一的区域经济一体化具有更高的层次。

一般认为，地区主义发轫于20世纪50年代，发展于20世纪60至80年代，加速于20世纪90年代并一直延伸至21世纪，迄今为止已成为世界性潮流。区域经济一体化作为地区主义的主要载体，经过半个多世纪的历练与磨合，已经拥有较为系统的理论，其与经济全球化并行不悖，改变着世界经济及国际政治关系的传统版图，昭示着未来世界政治经济格局的发展趋势。同时，地区主义又是一个涉及共同价值、规范、认同和抱负的规范性概念，更多时候是指一国政府有意识地驱动地区合作的行为。

地区主义的出现有着深厚的经济、社会、历史、文化和政治根基，受到内部国家间关系和外部国际环境的深刻影响，但无论以何种形式体现，地区主义产生的基本条件都是共同的。首先，地理位置的毗邻。地理接近的国家、群体或社会有着共同的历史经历、文化渊源和共同承受同样问题的感受，容易产生亲近感和群体意识，这是属于同一地区国家的基本特性。其次，政治经济的相互依存。只有在地区内的国家间存在着比它们与外部世界更强的相互依存、相互作用关系时，地理接近的意义才能反映到它们的实际关系中，由此产生出有共同利益、挑战或憎恶的可能，具有政治经济政策接近与合作的诉求。再次，政策的协调与合作。地区主义的核

---

① 关于区域经济一体化的形式，学者的分类不尽一致。有的根据生产要素流动程度的级别划分，有的按经济政策一体化发展情况划分，等等。综合生产要素的流动和政策双重作用的结果来看，区域经济一体化的形态从低级到高级大致可划分为关税同盟、自由贸易区、共同市场、货币同盟、经济与货币联盟、完全经济一体化等几种形态。

心是对合作有意识地进行设计与提出政策，通过这种选择使所有的参与国均能平等地获益。协调与合作一般是以一系列的目标、原则、规则和谈判程序为基础，借助某种组织形式，从法律与制度意义上塑造地区的一体性，为地区内各种相互作用关系提供"游戏规则"。地区主义并不意味着某个地区的所有国家都有共同的认知并相互接受，必须参与同一个框架内的协调与合作，地区主义的最低标准是三个以上国家间有较深的相互依存关系，并有合作的愿望与行动。上述条件结合在一起构成了地区主义的基本概念与内容。地区主义在范围与程度上有着很大的维度与伸展性，包容的地域既可以是整个地区，也可以是次地区。相互依存、作用与合作的事务领域既可以是全面的，也可以是单一的，政策的接近与合作既可以是高度组织的，也可以是松散的。①

二 国家主义、地区主义与全球主义

地区主义作为缩微版的全球主义与主权国家应对经济全球化负面影响的中间环节，在全球化条件下的国际合作领域充当着桥梁的角色。全球主义与国家主义、地区主义与全球主义、地区主义与国家主义之间，既存在矛盾又彼此直接或间接相联系，地区主义表现了这些矛盾和联系的对立统一关系架构。

地区主义与全球主义存在密切的联系。地区主义是全球主义的有益补充。全球主义拓展的前提是国内和地区内资源的优化配置，即最大限度地发挥国家和地区内部的规模效益和分工效益。"全球化"条件下，市场存在盲目性、无控制性特点。在特定条件下，经常会酿成一个国家或一个地区的金融危机与经济危机。区域经济一体化往往会通过采取与成员国经济发展水平、承受能力相适应的策略，因而有望成为遏制上述劫难的灵丹妙药。自20世纪80年代以来，世界经济发展的基本特征体现为地区主义与全球主义的并行不悖。全球主义横向上日益表现为地区主义。世界各国在努力推动全球多边贸易进程的同时，也更加注重地区内各个经济体之间紧密而有效的合作。其特点是以区域内各个经济体为基本协调单位，通过签署多边、双边协

---

① 王学玉：《论地区主义及其对国际关系的影响》，《现代国际关系》2002年第8期，第29～35页。

议的方式来实现地区经济的一体化，提高整个地区的国际竞争力。目前区域性国际组织日益成为不可忽视的力量，成为民族国家走向全球化进程的媒介。

毋庸置疑，地区主义与全球主义更存在着一定的区别。地区主义表达的是地区国际制度的建构，而全球主义表达的是世界市场的扩张。在一定程度上，"全球化"是经济国际化的量变过程，而地区一体化则是经济国际化的质变结果。① 换言之，地区主义是经济全球化的必经阶段，是打破狭隘的国家主义，走向全球治理的必由之路。

与全球化相抵触的并非地区主义，而是排他性的狭隘的国家主义。地区主义满足了国家走向合作与开放的愿望，抵消了国家对"全球主义"负面影响的恐惧，也提供了开放主义的经验和走向全球主义的中间站，从而起着联结国家主义与"全球主义"的桥梁作用。②

目前，东亚地区是经济充满活力、区域合作蓬勃发展、合作机制有待完善的地区。同时也是政治体制与社会文化最具多样性的地区。该地区仍旧遗留着冷战留下的安全隐患，但这个地区也面临着共同的机遇与挑战。

三　新地区主义理论

冷战后，地区主义呈现了新的发展，出现了新地区主义。新地区主义不再局限于冷战时代狭隘的军事安全和经济目标，它所关注的内容和要求实现的目标与地区主义相比，具有明显的差异性。

（1）形成背景具有差异性。地区主义形成于两极冷战格局之下，并由此决定。新地区主义发端于多极化的世界秩序，霸权衰落成为一个重要的背景。东亚"地区主义"的一个重要特点就是其决策方式体现了明显的不干涉主权的特征。冷战结束后，美国采取单边的外交和军事政策，给世界各国带来了很大的冲击。以俄、法、中为代表的国家，倡导世界多极化。其他国家也在多极化的思维下，寻找自己的多极思维和地区主义思想。所以，新地区主义和多极化体现了许多国家的共同意识。

---

① 田素华：《经济全球化与区域经济一体化》，《上海经济研究》2000 年第 4 期，第 46 ~ 50 页。
② 关于国家、地区、全球三方关系的阐述，参见门洪华《国家主义、地区主义与全球主义——兼论中国大战略的谋划》，《开放导报》2005 年第 3 期，第 23 ~ 30 页。

（2）内涵具有明显的差异性。冷战时代的地区主义大多关注特定的目标，如以具有安全和政治、经济倾向的组织为具体目标。而新地区主义内容具有多样性及开放性。不仅包括贸易与经济一体化，而且包括诸如环境、人权、社会政策、安全与民主等可持续性与合法性等所有议题在内的更综合性的课题，其发展趋势与世界政治和经济结构的转型紧密地联系在一起。

（3）主导的主体具有差异性。地区主义是大国从外部和自上而下的构造过程，即由大国主导，按大国的思想意识，把不同的国家联系在自己的周围，建立起以自身为核心的区域。新地区主义是来自内部的、自发的过程，即主要是地区内部国家自愿和自主的进程，具有明显的自我独立性和扩张性。

（4）在保护主义与开放主义方面截然相反。在经济一体化方面，地区主义是内生的、保护主义的，新地区主义是开放的并与世界经济相一致的。新地区主义是在世界不同的区域出现的新思维，具有全球性。欧盟、北美自由贸易区和未来即将出现的东亚区域经济合作，已极大地改变了全球政治和经济结构。

（5）关注的主体对象不同。地区主义仅仅关注正式的主权国家之间的关系，新地区主义关注到非主权国家，是全球体系各层次的非国家行为体活动明显的全球性结构变革的新的组成部分。[①]

由此可见，新地区主义作为当今世界的一种普遍现象，已成为一种强烈要求地区秩序的流行的思想意识。新地区主义通常同一种计划和策略联系在一起，并可以产生正式的制度建设。

第三节　建构主义区域经济合作理论

以美国学者亚历山大·温特为代表的社会建构主义学派在西方国际关系理论界已赢得主流地位，并与新现实主义和新自由制度主义形成了"三方论战"的局面。温特借用了罗伯特·基欧汉和约瑟夫·奈的"相互依存

[①] 郑先武：《区域研究的新路径："新区域主义方法"述评》，《国际观察》2004年第4期，第65~73页。

（赖）"概念，并把相互依存诠释为客观相互依存与主观相互依存两个概念。建构主义有关区域合作的理论启示主要有以下几点。

一是认为"客观相互依存"存在的前提，才是形成集体认同的原因。主观上的相互依存和集体认同之间是建构关系而非因果关系。因此，关键是使客观相互依存转化为主观相互依存，把"给定"的效用结果转化为"有效"的效用结果。认为"有效结果"是一种心理转化，可以把客观相互依存再现为主观的集体身份。也就是说，客观上的相互依存促进区域经济合作集体认同的形成，必须是客观存在的。地区内一国的经济发展与其他国家经济发展之间存在着敏感的反应关系；或者说，一国的经济状况将会受到其他国家发生事态的影响；一国能够或愿意做的事在一定程度上将取决于其他国家的行动和政策。

二是共同命运。指每个国家的生存、发展取决于整个集体的状况。共同命运与相互依存的不同在于，相互依存指行为体的选择会影响相互面临的结果，所以包含互动内容。而共同命运是由把双方作为一个集体以共同对待的第三方而建构的。而且只有当共同命运是客观条件的时候，才能成为集体身份形成的原因。

三是同质性。同质性指国家的类别身份，即国家内部政治权威组织形式，亦即政权类型的相似性。社会建构主义认为集体身份的先决条件是：群体成员根据群体特征把自己归为相似的行为体，因而认为同质性认知对建构集体身份是有利的；认为"主观"同质性与客观归类之间存在着因果关系，客观同质性的增大可以使行为体重新认定其他行为体是自己的同类；主观同质性会以适当的方式促进认同的产生。

四是自我约束。自我约束被社会建构主义视为促进集体身份形成的最关键变量。国家通过三种途径进行自我制约：首先，国家通过不断服从文化规范，逐渐将多元安全共同体的制度内化到第三等级即同质性。持续的服从会造就身份和利益的概念，这种概念预设了制度的合法性，这样一来，服从就变成一种习惯或第二本性，外部制约因素就变成了内部制约因素。在这种情况下，相互性很重要，因为正是通过相互性的机制，国家才会懂得遵守制度是值得做的事情。这解释了国家是怎样成为自我约束的行为体的。其次，国内内化了的自我制约机制，通过其对外政策展示给其他国家。最后，通过自我约束即单方行为减轻他者关于自我意图的担心。自我束缚不要求具体的回报，它是在对自我的安全有自信的情况下，从道义上对他者做出的单方面承诺。①

第四节　国际合作与政治经济学理论

国家间相互依存的直接结果是国际合作。国际关系中关于合作的理论是20世纪70年代以后，随着世界政治经济格局的变化而产生的。该理论的主要代表是罗伯特·基欧汉和奥伊等人。

基欧汉所提出的国际合作理论可概括为四个主要观点：第一，利益追求是合作的出发点。在一定条件下，合作能在利益互补的基础上发展起来，而国家间的共同利益只有通过合作才能实现。国家间的相互合作是实现国家利益的手段而不是最终目的。相互间的合作是相互依存的必需，而相互依存能给合作各方带来利益。权力是财力的必需条件，财力则是权力的主要手段。第二，国家间的合作与国家行为密切相关，在单位层面上发生的国家行为是"由里往外"，在体系层面上发生的国家行为则完全相反。第三，国际制度影响国家行为。第四，合作可促进和谐，但合作不等于和谐。通过政策调整积极处理冲突，可以使合作成为可能。

奥伊等人提出的无政府状态下的合作论强调多层次博弈，主张以问题联系的方式促进各方联系，加强纽带，为合作打下基础。策略上进行反霸权斗争，认为它是国际无政府状态下实现合作的先决条件。未来国际关系将以相互影响、相互依存、相互竞争为主要特征。在机制上要求国际合作制度化，使之有助于国家之间的交互作用。在无政府状态下，合作不是没有可能而是会过于松散。因此，需要抓好以下环节：一是利益的一致性，二是参与者的数目调整，三是健全国际机制、协调冲突。通过以上努力，使合作成为国际关系的主要形式。②

国际合作理论为区域合作与经济一体化提供了五点启示：一是相互依存日益密切，只有通过合作才能避免冲突，达到相互间的利益最大化；二是合作愿望的强烈程度对合作范围和合作水平影响较大；三是合作必须遵守一定

---

① 亚历山大·温特：《国际政治的社会理论》，秦亚青译，上海人民出版社，2001，第430～453页。

② 国际关系论坛：http://bbs.newslist.com.cn/thread-5970-1-1.html。

的规则，在规则形成过程中要处理好国内政策与超国家组织的制度安排；四是为促进区域合作的顺利进展需要有核心大国发挥主导作用；五是区域经济一体化不但在发达国家间可以建立，在发达国家和发展中国家之间、发展中国家之间也完全可以建立起来。

另外，进入 20 世纪以来，西方国际关系理论研究中一个新领域——国际政治经济学，也对国际合作理论提供了补充。国际政治经济学理论对区域合作与经济一体化问题的研究可概括为以下几点：一是区域经济一体化在相当程度上表现为一种政治活动，领导者的政治意愿直接影响到区域经济一体化的进展；二是参与区域经济合作的国家及地区组织，将获取政治利益作为重要目标，而最直接的表现则是对经济利益的追求；三是发展区域经济合作需要有效的制度做前提和保障。因此，区域经济合作的进展在一定程度上取决于区域合作的制度化建设。

石油危机、西欧一体化运动及布雷顿森林体系崩溃等一系列经济事件对国际政治经济格局产生了深刻的影响，世界开始步入政治、经济相互依存时代，一些学者开始以政治经济学方法研究国际问题，通过对国际政治与国际经济相互作用的研究，探讨权力与财富的关系。同一时期，受到美苏关系缓和与世界多极化的影响，国际合作日渐频繁，并由双边主义向多边主义发展，由政治领域向经济、文化领域延伸，区域合作渐露端倪，并向一体化方向发展。国际政治学定义下的区域合作通常指基于一定地理范围内的几个国家由相互分离状态融合成具有相当程度相互依赖性和协作性的复合体，其特征是通过政治协调构建共同的经济、政治和其他方面的协定或制度。但由于区域合作多数以经济合作为主，多数学者对它的研究也经常与经济一体化、世界经济区域集团化混为一谈，往往视之为单纯的国际经济行为，而忽视背后的政治动机。

随着世界政治经济格局的发展和变化，国际社会越来越明显地表现出国际政治关系经济化和国际经济关系政治化的趋势。不同流派的观点因其关注视角不同，得出的结论自然也不尽一致。自由主义流派强调政府在政治经济活动中作用的有限性，认为政府的主要职能是为市场提供必要的政策保障，主张通过建立国际机制来促进国际经济合作。现实主义流派则认为民族国家是政治经济社会活动主要的甚至是唯一的行为者，民族国家是理性的国际关系角色，民族国家在对外关系中最大限度地追求政治权力和经济利益，而国际机制则制约了民族国家的政治志向及对经济利益的追求。

第二章
区域经济合作在东亚的发展

作为地区主义与区域经济合作的先行者，始于 20 世纪 50 年代的西欧一体化实践已被普遍认可并被广泛借鉴。有关区域经济合作理论的研究也主要是以西欧经济一体化为基础展开的。现实主义与新现实主义、功能主义与新功能主义、自由主义与新自由主义以及作为分支的新自由制度主义、社会建构主义等都不同程度地从各个角度涉及国际与地区合作的问题。诸论互有短长，中外专家、学者的评价也见仁见智。

战后尤其是 20 世纪七八十年代以来再次掀起并在 90 年代后迅速推进的区域经济一体化合作，使得国际政治中的政治经济领域的相互依存具有了新的特点。尽管如此，本研究的目的并非以探讨区域经济合作的理论问题为重点，而是着眼于日本东亚区域合作的政策取向，着眼于东亚区域经济合作中出现的新情况，着眼于现象背后影响日本东亚区域合作政策的要因。针对有关区域合作理论，特别是区域经济合作中的相互依存理论进行总结与分析，是进入本课题研究的基础和前提。亚洲金融危机后，东亚地区主义取得了新的进展，各国在经济及政治安全等领域的相互依存不断加深，对相关理论及政策的关注与研究得到了学界、经济界乃至决策者的重视。

第一节　地区主义在东亚的产生与发展

东亚区域经济合作的加强以及东亚地区主义的发展，使作为地区大国的中日两国有机会更多地在区域合作框架内处理相互关系，并以开放的地区主义为特色，处理与美、欧等外部世界的关系。

一　东亚区域的界定

探讨东亚地区主义，有必要先明确作为基本概念的东亚区域范围，即其所包含的国家与地区范围。关于东亚地区范围的概念，应该说是有争议的。因为迄今为止，有关东亚所指范围出现过多种版本。除了自然地理学的概念外，随着社会、政治、经济的发展，区域经济合作的兴起，在人文社会科学领域又赋予了东亚概念以新的内涵。

传统地理学把亚洲分为东亚（中国、朝鲜、韩国、蒙古国、日本）、东南亚、南亚、西亚、中亚和北亚。从自然地理学范畴来看，广义的东亚是指欧亚大陆太平洋岸边缘和半边缘地带，包括亚洲东部的大陆、半岛和海岛。狭义的东亚是指中国大陆、日本列岛、朝鲜半岛和台湾岛。然而，就东亚在战后特别是亚洲金融危机后的重新崛起而言，东亚的界定主要指大中华圈、日本、朝鲜半岛以及东盟十国，这大体上是汉字文化圈影响所及的地区。[①]

如以 2005 年首届东亚峰会与会国计算，东亚的范围进一步扩大为"东南亚 + 东北亚 + 大洋洲 + 南亚的印度"，这使得东亚国家的数量陡然增至 16 个。由此推断，随着东亚区域合作的进一步深化，成员数量似乎也会进一步增加。[②]

概而言之，自然地理学概念和人文社会学视野中的东亚概念，正随着社会、经济和政治的发展而不断改变，涉及范围相应发生了很大变化。目前，在学术研究领域和国际经济与国际政治视野下，东亚的范围一般限定为包括东北亚和东南亚两部分的面临西太平洋的亚洲国家，因日本极力谋求"扩大版"东亚范围内的合作，2005 年 12 月，日本提出让澳大利亚、新西兰、和印度三国参加首届东亚峰会。本论文阐述的东亚即指东北亚和东南亚这一范围，另外还包括南亚的印度及大洋洲的澳大利亚和新西兰等国家。

二　东亚地区主义的产生

东亚的地区意识最早可以追溯至 20 世纪初期。日本是最早提出东亚地

---

① 关于东亚范围的概念，国内有关辞书归纳如下（按时间顺序）：《辞海》（1979 年版）：指亚洲东部，包括中国、蒙古国、朝鲜（包括南朝鲜）和日本；《世界地理词典》（上海辞书出版社 1980 年版）：指亚洲大陆的东缘，东濒太平洋，边缘多群岛、半岛，通常指中国、蒙古国、朝鲜半岛；《现代汉语词典》（商务印书馆 1983 年版）：指亚洲东部，包括中国、蒙古国、朝鲜和日本；《中国百科大词典》（华夏出版社 1990 年版）：指亚洲东部地区，包括中国、蒙古国、朝鲜和日本，等等。

② 首届东亚峰会于 2005 年 12 月在马来西亚首都吉隆坡举行，除 16 个正式与会国首脑外，俄罗斯总理普京也作为嘉宾出席，并表示俄罗斯希望成为东亚峰会成员。

区主义的国家。明治维新后，日本为追求政治和经济利益，扩大势力范围，曾鼓吹"亚细亚主义"、"东亚同盟"等主张，① 试图以此对抗西方的强势。1930 年，日本众议院议员松冈洋右撰写的，欲"挽救人类"的《兴亚大业论》一书出版，该书鼓吹"振兴亚洲"，并提出日本应是"东亚新秩序的领导者"、"大东亚共荣圈实际上的盟主"。② 冈仓天心在《东洋的思想》中论及"亚洲一体"的主张，孙中山也提出过"大亚洲主义"说。甚至二战时期臭名昭著的"大东亚共荣圈"也被某些研究者认为是东亚地区主义的早期萌芽。③ 对这些概念与事件的考证，历史学家也各执一词。本书认为日本所谓的"大东亚共荣圈"等主张，因为是建立在侵略弱国、独霸东亚的野心之上，所以即使作为以区域联合对抗西方强权的幌子，也终将以失败告终。

及至 20 世纪 60 年代以后，日本学者关于东亚区域合作的主张再次被提起。出现了 70 年代的"环太平洋经济合作设想"，80 年代的"环日本海合作"构想等。鉴于战后的特殊身份，主要是迫于对美国因素的顾忌，日本的区域合作主张大多局限在泛亚太范围，因为实现了经济复苏与高速发展的日本，首先需要建立同美国、西欧等发达经济体的联系。随着亚太经济合作逐步得到区域内澳大利亚、韩国等国响应并得到美国等主要经济体的支持，进而促成了 20 世纪 80 年代末从太平洋经济合作委员会（Pacific Economic Cooperation Council，PECC）向亚太经合组织（APEC）的转变，以及此后一系列机制的建立。

二战后，东亚地区主义大致经历了两个阶段：一是东亚地区主义的产生时期（从 20 世纪 60 年代中期至 90 年代初），二是东亚地区主义的发展时期（从 20 世纪 90 年代初期至今）。东亚地区主义产生时期具有两个显著特点：一是以东盟成立为标志的东南亚次区域合作的发生与发展，也可以称为"东南亚地区主义"的发展阶段；二是日本在完成战后经济恢复，进而实现高速增长后在区域经济合作方面的探索与实践，主要是以其与东南亚国家的

① 1943 年，大川周明的代表作《大东亚秩序建设》一书出版，该书主张由日本建立"亚细亚秩序"。〔日〕大川周明：《大亚细亚秩序建设》，日本第一书房，1943，第 23～24 页。
② 《日本历史人物传》（近现代篇），黑龙江人民出版社，1987，第 710 页。
③ 〔日〕青木保・近藤荣一：「アジア・アイデンテイテイの模索が始まった―文化からみた東アジア共同体の可能性」、『外交フォーラム』2008 年 4 月号，64—69 页。

经贸关系为起点。

"东南亚地区主义"最早出现是在战后初期，菲律宾、新加坡等多个东南亚国家与美国建立了双边军事同盟关系。与此同时，部分东南亚国家开始了地区合作的尝试。1961年，在东南亚地区先后出现了"东南亚联盟"和"马菲印（尼）"两个地区组织。前者成员为菲律宾、马来西亚和泰国，后者成员为马来西亚、菲律宾和印度尼西亚。但前者终因菲律宾和马来西亚由沙巴问题引发外交关系的紧张而解体，后者也因印尼对邻国采取对抗政策以及马来西亚的撤出而告终。这两次地区合作的尝试虽然均告失败，但其在管理机制和磋商机制建设方面所积累的经验却为今后的合作打下了基础。毕竟，作为国际体系中的小国和弱国，要想在美苏大国争雄的夹缝中生存和发展，东南亚国家只有通过结盟或集团的方式才能最大限度地维持自身的安全，才能利用有限的资源和实力去最大限度地实现自己的国家利益。[1]

尽管覆盖整个东南亚的地区主义在20世纪80年代最终没能形成，但以1967年的东盟成立为标志，"东南亚地区主义"仍然取得了一定的发展，并形成了不同于欧美地区主义的鲜明特征。首先，"东南亚地区主义"是一种囿于主权的地区主义，以主权平等为核心的国际法基本原则成为东盟成员的行为规范，尊重主权、不干涉内政、和平解决争端等原则在地区合作中得到切实遵循和维护；其次，"东南亚地区主义"的基本内容是进行政治经济上的合作，尤其是安全上的合作，但这种合作并不以政治经济一体化为目标，它是一种开放式的地区主义；最后，东盟奉行灵活、非正式的决策方式，表现出"东南亚地区主义"低组织化、低制度化的特征。[2]

三　东亚地区主义的发展

从20世纪90年代中期开始至今是东亚地区主义的发展时期，该阶段的东亚地区主义由东南亚发展到整个东亚，东盟在东亚区域合作中发挥着主导作用。东北亚的中日韩三国在东盟主导的框架内强化了合作关系，在推动东亚区域经济合作中的态度日趋积极。区域内各国不同程度参与到构建东亚认同

---

① 杨丹志：《东南亚地区主义的政治基础》，参见张蕴岭主编《亚太地区发展报告2005》，社会科学文献出版社，2006。

② 韦红：《冷战时期东南亚地区主义的特征》，《世界历史》2004年第5期，第17～23页。

的进程之中。自 20 世纪 90 年代以来，各种形式的区域、次区域合作不断涌现，逐渐形成了宽领域、多层次、广支点、官民并举的态势。中国社会科学院张蕴岭研究员称之为"新东亚地区主义"。"新东亚地区主义"特征可概括如下。

（1）以保证各国主权和利益为基础，不搞"主权让渡"，平等参与和协商。同时，合作内容从务实需要开始，循序渐进。因此，合作进程更多地体现为一种"功能主义建构"特征。在很大程度上说，东亚地区主义的组织基础来自于这种功能性机制的发展。

（2）以局部区域合作为基础，东盟地区的合作是东亚地区合作的基础和驱动器。东南亚地区本来是一个分裂的、不发达的地区，大多数国家为中小规模。但作为一个联合起来的地区力量与中、日这样的大国进行交涉就可以体现出很大的平衡，避免为大国所操控。东盟最宝贵的经验是通过建立地区合作机制将各个社会文化与政治制度不同、发展水平不同的国家纳入一个地区合作框架之中，从而实现国家关系的改善与地区的稳定与和平，东盟的这一经验延伸到东亚具有重要意义。

（3）不采取"东亚至上"的内向方略，而是承认利益差别，鼓励多层努力，实行"开放的合作主义"，即在东亚地区各国进行合作努力的同时，允许和鼓励各国与地区外国家进行合作。因此，区域合作不带有封闭性和对抗性。在经济上，表现为多层的自由贸易区协定。在安全上，承认和保持了现有的双边合作或结盟关系。

（4）合作的目的主要是推动本地区的发展、稳定与和平，重在功能性发展，包括区域组织建设。从经济上说，东亚发展了市场导向的区域联系与利益机制，但是缺乏稳定的区域制度化安排。从国际关系角度来说，东亚国家还没有完全从历史与现实的分割中摆脱出来，需要通过发展新的地区主义学会如何和平共处。因此，新的东亚地区主义不将反西方作为地区合作的出发点与动力机制，而是寻求自己内在的逻辑。①

"新东亚地区主义"阶段可以分为两个时期，第一个时期是 20 世纪 90 年代初，时任马来西亚总理马哈蒂尔提出了建立"东亚经济共同体"（East Asian Economic Community，简称 EAEC）的设想，被称为当代新东亚地区主义的先驱之作。由于美国的反对、日本态度的暧昧，该设想未能付诸实行。

①　张蕴岭：《探索东亚区域主义》，《当代亚太》2004 年第 12 期，第 3～7 页。

1997 年，肇始于泰国的亚洲金融危机在东南亚某些国家迅速蔓延，并波及东北亚。以韩国为首，日本、中国以及其他地区经济体均不同程度地遭到此次亚洲金融危机的冲击。亚洲金融危机使东亚地区各国普遍认识到，只有依靠区域内国家的联合，才能有效解决危机带来的难题，一厢情愿依靠美国以及西方国家的援助并不能从根本上解决问题。

东亚区域合作正是在这种新的意识即"新东亚意识"基础上产生的，其主要推动力量是东亚"新地区主义"思维的出现。东盟国家提出并推动了"东亚新地区主义"的构想。为加强与东北亚国家之间的关系，东盟主动将自身当作东亚的一部分，而不再像以前那样突出东南亚的整体性。由此促成了东盟自贸区的进一步发展和东盟与中日韩的合作。1997 年 12 月，东盟与中、日、韩三国建立了"10＋3"会晤机制，并于 1999 年 11 月 28 日在马尼拉召开的"10＋3"第三次会议上发表了《东亚合作联合声明》，提出将在各个领域寻求合作。同时，东盟与三国也分别开始了三个"10＋1"的对话与合作进程。在 2000 年的新加坡会议上，经与会国家协商同意将"10＋3"首脑非正式会议升格为正式的东亚首脑会议。东亚 13 国就成立"东亚自由贸易区"达成了共识并准备进行具体实施。由此，"10＋3"峰会成为东亚目前极其重要的地区合作制度框架。

"新东亚地区主义"的第二个时期是 2000 年以后，以中国—东盟自由贸易区的提出、谈判及签署为标志，以东盟为中心建立双边自由贸易区成为东亚区域合作的一大景观。2005 年 12 月，参加首届东亚峰会的东盟十国、中国、日本、韩国以及印度、澳大利亚和新西兰等共 16 国首脑在吉隆坡签署了《东亚峰会宣言》，标志着东亚经济一体化进程进入一个新的发展时期。东盟—日本、东盟—韩国、东盟—印度等也相继开始谈判、签署双边自由贸易协定。其中，中国—东盟自由贸易区已于 2010 年 1 月 1 日正式建成，使中国与东盟经济合作进入新的发展阶段，并将推动包括日本在内的各国更积极投入东亚自由贸易区建设。

第二节　欧、美、亚地区主义的比较

西欧、北美和东亚地区作为世界经济的三大中心，尽管发展程度不同、形式各异，但区域经济合作与一体化均取得了显著的进展。从进程、模式及特点等方面对三者加以比较，对于发现东亚区域经济合作中存在的问题，探讨东亚区域合作的最佳途径，预测未来走势具有现实意义。

一 欧洲联盟（EU）

欧洲联盟（European Union，EU）是迄今为止一体化程度最高的区域经济合作组织，并已从区域经济一体化发展到政治、安全领域。经过半个世纪的磨合与扩张，业已成为在国际政治与国际经济领域发挥重要影响的力量。

1957 年 3 月，法国、西德、荷兰、比利时、卢森堡及意大利六国政府签署了《罗马条约》。次年，欧洲经济共同体正式成立。1967 年 7 月，欧洲经济共同体、欧洲煤钢联营和欧洲原子能共同体三大机构合并为欧洲共同体。1973 年，英国、爱尔兰和丹麦三国加入欧共体。1981 年希腊正式加入，1986 年接纳西班牙和葡萄牙。至此，欧共体成员扩大为 12 国，成为当时世界上最大的地区主义组织。2004 年 5 月，由欧共体演变成的欧盟（EU）接纳非西欧的波兰、捷克、斯洛伐克、匈牙利、斯洛文尼亚、立陶宛、拉脱维亚、爱沙尼亚、塞浦路斯和马耳他 10 个国家，实现了其历史上规模最大的一次扩大。保加利亚、罗马尼亚于 2007 年正式入盟，欧盟成员发展到了目前的 27 个。土耳其也有望很快成为欧盟的第 28 个成员。

根据《罗马条约》，欧洲经济共同体的建立是为了加强各成员的经济联合，制定共同的经济政策，消除关税壁垒，逐步实现商品、人员、劳务和资本的自由流动，以保证各成员经济的稳定增长。但是，随着一体化的逐渐推进，政治领域的合作成为可能，1972 年欧共体首脑会议明确提出了建立欧洲政治联盟的目标。

目前，欧盟共有 5 个主要机构，即欧洲理事会、欧盟理事会、欧盟委员会、欧洲议会、欧洲法院。其他重要机构还有欧盟审计院、欧洲中央银行、欧洲投资银行、经济和社会委员会、地区委员会、欧洲警察局和欧洲军备局，等等。

2009 年 11 月 19 日，比利时首相赫尔曼·范龙佩当选欧洲理事会首届常任主席（也称欧盟总统），成为欧盟发展史上又一个重要事件。

从欧洲经济一体化的进程中可以得出欧盟模式具有如下特点：（1）以单一产品的自由化为起点。欧盟的一体化进程是从欧洲煤钢共同体开始的，其一体化程度是一个逐渐加深的过程。（2）以主要成员为核心与动力。在欧洲一体化进程中，以法德两国为核心的凝聚、示范作用。（3）封闭性的区域一体化组织。目前，欧盟不仅形成了区域内生产要素自由流动的统一市场，而且推出了单一货币"欧元"，建立了超国家机构作为保障，正在迈向政治经济一体化。（4）欧盟是一个超国家的组织，既有国际组织的属性，又有某些邦联的特征。在机构组成和权利分配上，欧盟强调每个成员的参与，成员自愿将国家部分主权转移至欧盟，其组织体制以"共享"、"法制"、"分权和制衡"为原则。

然而就在欧洲一体化乐观追求目标的同时，内部危机也不期而至。先是2009年的债务危机，使欧盟在漫长时间里取得的成就有烟消云散之忧。危机不仅表现为现实的债务问题，更在深层次上表现为心理层面上，即以希腊为代表的"穷欧洲"和以德国为代表的"富欧洲"的差距，希腊脱欧的传言一时甚嚣尘上。更让人惊讶的是2016年6月英国公投脱欧的结果，引发欧盟向何处去的疑问。之后荷兰也表示会举行脱欧公投，作为一体化支柱之一的法国，其右翼代表人物国民阵线领导人玛丽娜·勒庞也呼吁法国退出欧盟。

毫无疑问，一体化不仅在欧洲出现倒退，甚至波及全球。究其原因，一是自2008年美国始发金融危机以来，全球范围内的贫富差距凸显。发达国家的中下层民众因为自己生活水平的下降，迁怒于来自外部的竞争。而对全球化倾注心血和情感的传统精英们没有对危机的到来做好充分准备，一时拿不出有效的解决办法。导致对全球化颇有微词的政客们得到煽动民粹的机会。直接的后果就是加剧了民众的排外情绪，形成了不利于区域经济合作和一体化的局面。

二 北美自由贸易区（NAFTA）

在1989年1月1日签署的《美加自由贸易协定》的基础上，经由美国、加拿大及墨西哥三国的一系列谈判，1992年12月美、加、墨三边自由贸易协定——《北美自由贸易协定》签署，1994年1月1日，该协定正式生效，表明北美自由贸易区（North America Free Trade Area，NAFTA）正式成立。

北美自由贸易区的组织机构包括自由贸易委员会、秘书处、专门委员会、工作组、专家组、环境合作委员会、劳工合作委员会、各国行政办事处、北美发展银行，等等。

北美区域经济合作的特点是：（1）依靠集团内强国的主导。北美自由贸易区的建立与美国区域经济合作政策转变密切相关。正是在美国的强力推动下，美、加、墨三国的贸易自由化进程才会不断加快。在北美自由贸易区的构建和运行过程中，美国始终起着中心和主导作用；（2）属于封闭型区域经济集团。北美自由贸易区是一个区内、区外差别对待的区域一体化组织。它在产生贸易创造效应的同时①，也产生了较大的贸易转移效应；②（3）以单一产品一体化为起点。美加汽车自由贸易协定的签署，成为北美全面自由贸易的起点。美国和加拿大两国正是以此为基础，实现了两国间贸易的全面自由化，在此基础上，一体化范围又扩大到墨西哥。

目前，北美自贸区由于特朗普政权的上台面临新的危机。竞选过程中特朗普就曾对北美自由贸易区提出异议，称其为单边协议，因而严重损害了美国的利益，只对墨西哥有利。就职后，特朗普甚至威胁要退出北美自贸区，并对从墨西哥进口的商品征收重关税，理由是他想给美国的工人争取到更加有利的条款。但是特朗普政府并不知道什么样的贸易条款对美国工人更加有利。③

美国商务部随时都可能照会国会，提出特朗普政府重新商谈北美自贸区的计划。这项照会可能会触发为期 90 天的商讨时间。但是 90 天过后，贸易协定重新商谈将会正式开始，并经历长时间的讨价还价。因为北美自由贸易区毕竟是一个三方自由贸易区，具有三方共同讨论的必要性。

三　亚太经合组织（APEC）

亚太经合组织（Asia-Pacific Economic Cooperation，APEC）是亚太地区最具影响的经济合作官方论坛。1989 年 1 月，澳大利亚总理霍克访问韩国时建议召开部长级会议，讨论加强亚太经济合作问题。经与有关国家磋商，1989 年 11 月 5 日至 7 日，澳大利亚、美国、加拿大、日本、韩国、新西兰

---

① 所谓"贸易创造效应"（Trade Creating Effect）是通过签署自由贸易协定或关税同盟，在同盟内部取消关税，实行自由贸易后，关税同盟国国内成本高的产品，被同盟内其他成员成本低的产品所替代，从成员国内进口产品，从而创造出过去所不可能发生的新的贸易。

② 所谓"贸易转移效应"（Trade Diversion Effect）是指由于关税同盟对内取消关税，对外实行统一的保护关税，关税同盟国把原来从同盟外非成员国家进口低成本生产的产品，转换为从同盟内成员国家进口高成本生产的产品，从而发生了贸易转移。

③ 腾讯财经据 CNNMoney 文章报道，http://finance.qq.com/a/20170327/025030.htm。

和东南亚国家联盟在澳大利亚首都堪培拉举行了亚太经济合作会议首届部长级会议，此次会议标志着亚太经济合作会议的成立。1993 年 6 月亚太经济合作会议更名为"亚太经济合作组织"。其宗旨是保持经济的增长与发展；促进成员间经济的相互依存；加强开放的多边贸易体制；减少区域贸易与投资壁垒，维护本地区人民的共同利益。

经过几十年的发展，该组织规模不断壮大。APEC 现有 21 个成员，即澳大利亚、文莱、加拿大、智利、中国、中国香港、印度尼西亚、日本、韩国、马来西亚、墨西哥、新西兰、巴布亚新几内亚、秘鲁、菲律宾、俄罗斯、新加坡、中国台湾、泰国、美国和越南。是迄今为止世界规模最大的国际区域经济合作组织。

1991 年 11 月，中国以主权国家身份，中国台北和香港（1997 年 7 月 1 日起改为"中国香港"）以地区经济体名义正式加入亚太经合组织。亚太经合组织共有 21 个成员。2001 年 10 月，APEC 会议在中国上海举办。这是 APEC 会议首次在中国举行。2014 年，APEC 会议时隔 13 年再次来到中国。截至 2014 年 9 月，亚太经合组织共有 21 个正式成员和三个观察员。2016 年 11 月 20 日，亚太经合组织第二十四次领导人非正式会议在秘鲁利马举行。

亚太经合组织机构分为工作会议和工作机构两部分。工作会议分为非正式首脑会议、部长会议和高级官员会议。工作机构包括秘书处、专题工作组和委员会等。1993 年 1 月在新加坡建立的秘书处是 APEC 服务性执行机构，负责该组织的日常事务性工作，秘书处执行主任由每年部长级会议的东道主派人担任。1995 年成立的工商咨询理事会是 APEC 的常设机构，其主要任务是针对实现 APEC 贸易投资自由化、经济技术合作以及创造有利的工商环境提出设想与建设，并向领导人和部长级会议提交咨询报告。

在亚太经合组织成立后的 20 多年中，形成了独特的合作方式即"APEC 模式"，它的特点是承认多样化；强调灵活性、渐进性和开放性；遵循相互尊重、平等互利、协商一致、自主自愿的原则。因为在亚太经合组织的成员中，既包括美国、日本等发达国家，也包括中国这样的发展中国家，这些成员在经济、政治、文化、宗教信仰和历史等方面均存在着较大差异。

与欧美相比，APEC 所遵循的原则具有鲜明的特点：（1）非歧视的原则。APEC 是一个开放性的、非排他的区域性组织，它坚持非歧视性原则，奉行"开放的地区主义"。所谓"开放的地区主义"是指成员体在贸易与投资自由化方面所达成的协议，不仅适用于 APEC 经济体之间，也同样适用于 APEC 经济体与非 APEC 经济体之间；（2）自愿性原则。各经济体之间的贸易与投资自由化都是建立在单边的、自愿的基础上，相互之间通过协商而非谈判达成共识，即 APEC 的推进依靠经济体的"单边自主行动"。各经济体可以根据各自经济发展水平、市场开发程度与承受能力对具体产业及部门的贸易与投资自由化进程做出灵活、有序的安排。也就是说，APEC 在实现其自由化目标过程中，由各经济体按照其承诺的时间表自行制定其自由化进程；（3）渐进性的原则。渐进性原则是指在贸易与投资自由化进程中，坚持同时起步、持续推进和不同进度的原则。尽管要求各成员体必须立即开始贸易与投资自由化、便利化的进程，但同时可以制定自己的时间表，区别对待发达成员与发展中成员。

综合上述各自特点进行比较，可以看出欧盟和北美自由贸易区作为一种封闭型的区域一体化组织，具有排他性，在采取内外有别政策方面具有相似性，实现了各自区域内贸易、投资自由化和便利化。但对区域外国家和地区却设置了较高的贸易壁垒。与此不同，亚太经济合作组织坚持开放性原则，在贸易、投资自由化方面与世界贸易组织（WTO）的精神与原则基本保持了一致性。APEC 的贸易自由化、便利化政策不仅适用于区域内成员，对区域外的国家和地区也同样适用。APEC 的以"开放的地区主义"为宗旨的原则以针对本地区实际情况为前提，具有其合理性。但由于在贸易政策方面缺少内外区别的差异性，有时不能对内部成员的利益实施有效保护。由于区域内的成员利益受到不同程度或可能的损害，使得成员间的协调与一致性受到影响和限制。

目前，亚太经合组织也面临一些现实问题。因为经济一体化与技术合作是发展中成员急需也是为增强自身发展能力所大力倡导的领域，特别是 1997 年亚洲金融危机后，APEC 各成员特别是东南亚国家对经济技术合作的重要性和紧迫性有了更深的认识，普遍将贸易与经济技术合作视为经济发展和区域合作的重要前提。各国希望通过经济技术合作增强实力，并为中长期经济发展打下良好基础。然而经济技术合作的发展仍大大滞后于贸易投资自由化。造成这种局面的原因是多方面的。主要是一些发达成员对经济技术合作态度消极。第二，APEC 成员的多样性特征既为合作提供了前提，也包含着合作的障碍因素。第三，缺少一个可操作性强、切实可行的机制，缺少必要的资金、技术和人员。合作项目缺乏足够的资金启动。

自加入亚太经合组织以来，中国始终本着积极参与、求同存异、推动合作的精神，全面参与该组织各项活动。与此同时，亚太经合组织成为中国与亚太地区其他经济体开展互利合作、开展多边外交、展示中国国家形象的重要舞台。中国借此促进了自身发展，也为本地区乃至世界经济发展做出了重要贡献。作为亚太大家庭的一员，中国一贯重视并积极参与亚太经合组织各领域合作，中国国家主席出席了历次亚太经合组织领导人非正式会议，提出了许多积极、平衡、合理的政策主张和倡议。长期以来，中国在亚太经合组织内发挥着极具建设性的作用。中国通过参加亚太经合组织的一系列活动，推动国际秩序朝着更加公正合理的方向发展。

2001 年 10 月，亚太经合组织第九次领导人非正式会议在中国上海成功举行。会议通过了《亚太经合组织经济领导人宣言》《上海共识》等重要文件，有力推动了亚太经合组织的合作进程。2014 年 11 月 10 日至 11 日，APEC 第二十二次领导人非正式会议在北京举行，会议主题为"共建面向未来的亚太伙伴关系"，讨论了推动区域经济一体化，促进经济创新发展、改革与增长，加强全方位基础设施与互联互通建设三项重点议题。会议取得多项重要成果，发表了《北京纲领：构建融合、创新、互联的亚太—APEC 领导人宣言》和《共建面向未来的亚太伙伴关系—APEC 成立 25 周年声明》。

四　东亚区域经济合作模式

作为冷战后特别是亚洲金融危机后东亚新地区主义的尝试，以及与亚太经合组织（APEC）并行的区域经济合作模式，经过 20 余年的发展，东盟"10 + 3"已经成为亚太地区具有东亚特色的区域合作框架，其内涵在某些方面与 APEC 相似，同时也具有自身的特点。

首先，"10 + 3"模式与 APEC 所具有的异曲同工之处在于其开放性与非排他性的特点。强调东亚合作开放性原则是由相互依存的现实和区域经济一体化的趋势所决定的。各国经济发展阶段不同，政治体制、社会制度等都有较大的差别。多层次、多样性现实决定了无论是亚太经合组织还是东亚"10 + 3"，都秉持与欧美地区主义不同的"开放的地区主义"和"非排他性"原则。

其次，尊重各成员国主权，不搞主权让渡，即"东盟方式"所体现的原则。① 亚太地区主义无论是亚太经合组织还是东亚的"10＋3"机制，其突出特征都是不干预国家主权。东亚"10＋3"合作机制是以政府间协商合作的组织形式出现的。这种"协商"和"一致同意"的决策方式，体现了不干预成员国家主权的特性。这也符合东亚地区成员共同利益。

最后，现阶段东亚区域经济合作是在东盟牵引、中日韩大力助推的形式下进行的。但东盟引领区域合作的局限性、作为大国的中日韩之间关系的不时龃龉，使东亚区域经济合作处于明显"乏力"的状态。

东亚区域经济合作另一个颇受关注的模式是《区域全面经济伙伴关系协定》（RCEP）。2017年9月10日，RCEP16个成员的经贸部长在菲律宾马尼拉出席RCEP第5次部长级会议。与会部长重申河内声明，即迅速地将政治承诺转化为实际行动，必要时扩大授权，尽最大努力推动RCEP在2017年底前取得重要成果，使谈判向成功更进一步。

8月初，中国外交部部长王毅在菲律宾马尼拉出席东盟与中日韩（"10＋3"）外长会时也明确表示要争取尽早达成RCEP。在特朗普政权宣布退出TPP的背景下，RCEP或将成为稳定全球自由贸易的推进器。特别是在当前经济形势普遍面临风险的情况下，RCEP具有成为推动经济增长驱动力量的潜力。2016年RCEP所有成员的经济总量已占全球经济的近三分之一，协定一旦成功达成，将会形成一个人口约达30亿、GDP总和约为21万亿美元、占世界贸易总量大约30%的贸易集团，该集团将成为通往实现更大范围亚太自贸区的可能途径。目前，来自RCEP16个国家的贸易官员已经进行了19轮谈判，在货物贸易、服务贸易、投资、经济技术合作、知识产权等领域都取得了很大进展。

然而，RCEP谈判成员国纵跨南北半球两大洲，既有发达国家，也有新兴工业化国家，还有新兴市场的落后国家，其中最发达的日本的国内生产总值比最落后的缅甸高出300多倍。社会经济发展水平落差如此之大，直接造成了各国利益表达的南辕北辙，势必约束彼此拓展合作的深度和广度，使得谈判一波三折。比如，在货物贸易方面，16个国家在执行什么水平的自由

---

① 东盟方式的含义，一般是指地区成员的任何合作都是建立在相互之间"平等、互利、协商、一致"的基础上，任何方案和决议都须经过各成员的一致同意。如果合作无法达成，它的解决方法不是强制少数成员放弃立场，服从整体利益，而是继续通过双边或多边磋商，以期最终达成一致意见。

化方面仍然没有统一意见。就投资和服务而言，一些国家希望将棘轮和自动最惠国待遇等概念纳入 RCEP。而这两个概念具有很强约束力，可能会影响个别国家政策的灵活性。

第三节　日本型地区主义的特点

作为东亚的主要国家，日本参与东亚区域合作的态度及采取的政策对区域合作具有重要影响，这是毋庸讳言的事实。近代以来日本特殊的"近代化"成功经历有目共睹，战后以来其实现了由被占领到"经济巨人"的变身。不过，亚洲金融危机以后日本经济实力相对弱化，周边世界的变化特别是东盟一体化迅速推进，中国崛起带来的威迫感，日美同盟关系的不时龃龉等，使日本的地区主义时常处于混沌状态。主要表现为日本在国际经济领域的"独立性追求"与政治安全领域"对美依赖"的矛盾性格。

一　游离于东西方之间

明治维新以来长期"脱亚入欧"的结果，导致日本作为亚洲一员的身份认知出现困难。显示出了有别于甚至是"卓立于"东亚（亚洲）国家的以"日本中心主义"为心理认知的独立性。即"日本中心主义"是由近代以来日本采取"脱亚入欧"实现"富国强兵"；"脱亚入美"实现战后独立与发展，力图成为东亚唯一"西方一员"的特殊背景所决定。

不过，20 世纪 60 年代至 80 年代日本经济高速发展，使其成为亚洲经济中心的骄人硕果，则是"日本中心主义"诞生更为直接的原因。日本在实现经济起飞的同时，也带动周边各国和地区经济高速发展，从而成就了"东亚经济奇迹"即"雁行模式"。

以先进的技术和管理、雄厚的资金为依托，日本居于东亚经济发展雁阵的"雁首"（中心）地位。所谓"雁行模式"，是由作为"雁首"的日本从事技术开发并进行产业转移，带动东亚地区经济增长的发展模式。雁首后的第一波，为具有一定资金和技术积累的"四小龙"①（Newly Industrial Economics，NIES）。它们积极利用日本的资金、技术和市场，重点发展资本密

---

① 指新加坡，韩国，我国的台湾、香港两个地区。

集型工业和部分技术密集型产业。与此同时，由于日本将失去竞争力的劳动密集型产业转移到东盟其他国家，因而"四小龙"（NIES）实际上起着承上启下的"雁身"作用。东盟其他国家以及实行改革开放政策后参与地区国际分工的中国，通过日本和"四小龙"产业结构转移提供的机会，发挥自身劳动力资源丰富的比较优势，主要发展劳动密集型产业。按此形态，东亚国家和地区按照"日本——四小龙（NIES）——东盟（ASEAN）——中国"的产业转移顺序，呈现出不同发展阶段的国家（地区）多波起飞的格局（见图 2-1）。

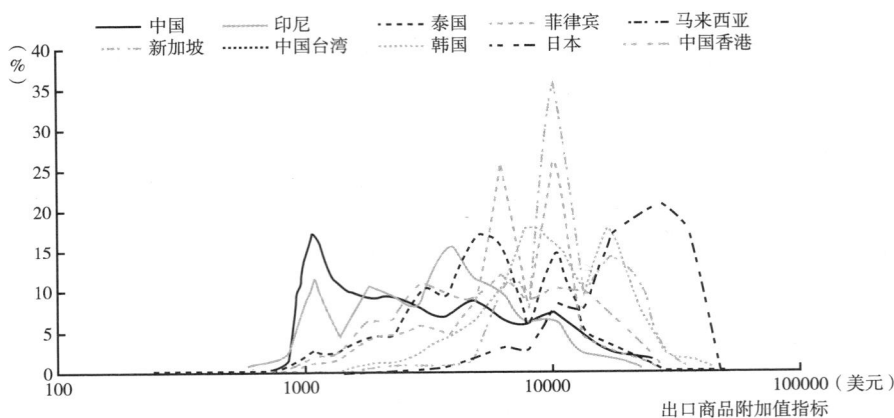

图 2-1　亚洲各国出口结构的雁行模式（2000 年）

资料来源：関志雄：「中国の台頭と IT 革命の進行で雁行形態は崩れたか——米国市場における中国製品の競争力による検証」，『知的資産創造』2002 年 6 月，第 12 页。

日本在东亚经济成长过程中的核心作用，奠定了其在东亚经济中的领导地位，也成就了日本再次成为西方富人俱乐部一员的愿望。"雁行模式"的成功，造就了日本高居地区其他国家之上的优越意识。这种意识使日本在"后雁行时代"依然固守着"雁行思维"。日本在东亚地区主义上的这种独立性对其东亚地区经济合作政策的制定具有潜移默化的影响。

日本具有游离于东西方之间的"独立身份"，也表现在日本不时利用其有别于欧美的"亚洲身份"。日本自战后实现经济复兴到 20 世纪 80 年代成为世界第二经济大国之后，追求国际地位（主要是追求政治大国地位）之声鹊起，"日美欧三极"论曾盛行一时。"冷战后初期，日本曾涌现大量探讨和论述'冷战以后'、'霸权以后'国际新秩序和日本战略选择的论著。

从日本各界的热议中，不难看出其中贯穿着如下主线：日本各界精英纷纷提出了'日美欧三极主导'的冷战后国际新秩序蓝图，并主张日本要积极参与构筑这一秩序。日本的"三极论"具有三种浓厚色彩：一是意识形态色彩；二是强国主宰论色彩；三是多极化色彩。"①

在东亚经济高速增长，特别是冷战后东亚区域合作推进、中国崛起的新地区形势下，日本亚洲（东亚）身份的界定问题被凸显出来。具体而言，就是日本在地区认同上陷入了双重认同的两难境地：日本政府在政治上标榜自身是"西方一员"，在地理上则强调本国是"亚洲一员"。正如日本学者兴梠一郎所言："尽管日本无疑是一个亚洲国家，但是日本国民似乎很少把自己看作亚洲人。不幸的是，他们对西方国家比亚洲国家更熟悉。亚洲看起来像被他们抛在脑后的一个美好而古老的记忆，因而一些东西不得不被'重新发现'。现在日本似乎正在寻找它已经失去的亚洲身份。"②

在东亚地区主义演变的历程中，日本一方面为顾及与西方盟国关系而采取在东亚、亚洲与亚太之间的平衡政策。另一方面，随着日本经济实力的不断壮大以及东亚地区经济的繁荣与发展，日本也有回归亚洲的形势之迫。因此日本不断提出与地区各国加强经济合作的"构想"以及"战略"，以期在东亚经济合作中发挥独特作用。而其根本目的则是加强日本经济的竞争力，在东亚国际分工中继续充当"领头雁"的角色，以及在东亚区域经济合作中占据主导地位。

二　对美国的高度依赖

日本战败后，曾经一度被美国单独占领，处于无主权国家的境地。随着朝鲜战争以及东西方冷战局面出现，美国把日本纳入美国的战略轨道。在美国的操纵下，20世纪50年代初《旧金山对日和约》生效，日本取得独立之后，即与美国签订了《日美安保条约》。日美同盟正式成立，形成了日本在政治、安全乃至经济方面依赖于美国的局面。在美国的保护下，日本专心致

---

① 金熙德：《冷战后日本对外战略论争》，原载《世界经济与政治》2001年第11期。转引自《环球资讯》，http://www.chinadaily.com.cn/gb/doc/2004-05/26/content_334027.htm。

② 兴梠一郎：《日本人的亚洲观》，《太平洋学报》1996年第1期文章，转引自田庆立《日本"亚洲身份"构建的困境及其抉择》，《日本学刊》2009年第1期，第51～62页。

力于发展经济并取得巨大成功。1955 年，日本加入了关贸总协定（GATT）；1964 年成为被称作发达国家俱乐部的经合组织（OECD）成员；1964 年举办"奥运会"、1970 年举办"大阪世博会"，1968 年经济总量超过德国，成为继美国之后西方第二经济大国；1975 年开始参加西方七国首脑会议（G7）。①

由此观之，战后以来，日本一直享受着日美同盟带来的利益。首先，作为能源和资源严重依赖海外进口的国家，能源、资源与政治、军事能力双重缺乏的客观现实，使日本在石油时代的国际能源战略体系中只能依靠美国的保护，缺乏独立活动的空间。日本对石油的进口依存度几近100%，这就意味着日本必须寻求可靠的外部石油供给保障。因此，日本必须从石油资源高度集中的中东国际石油市场获得供给，这种对能源的严重依赖形成了对日本的硬约束环境。

其次，由于日美关系对日本外交的制约，使日本战后一直延续其推行的以日美同盟为基轴的外交政策，在美国军事保护下实现着自身发展经济的目标。不过，这一政策也极大地制约了日本的外交活动空间，日本必须跟随美国的政策并且要为美国提供政治或经济方面的支持。虽然日美关系在20世纪70年代至80年代中曾有摆动②，但20世纪90年代中期经过对日美安保的"再定义"③，日本再次确定要依靠美国实现自己在东亚主导地位的基本方针。④ 因此，日美同盟依然是日本外交的"基轴"，对美关系同样也会继续左右日本在国际能源体系中的基本走向。可见，石油时代的国际能源战略体系实际上已对日本构成了强约束型的外部环境。虽然日本在这一环境中可以比较稳定地获得石油供应，但从日本能源安全保障的角度看，该体系却是一种高风险的保障机制，日本不仅过于依赖这一体系的石油供给，而且对其

① 20 世纪70 年代初，在第一次石油危机重创西方国家经济后，在法国倡议下，1975 年11月，美、日、英、法、德、意六大工业国成立了六国集团，此后，加拿大在次年加入，七国集团（简称 G7）就此诞生。

② 刘世龙：《美日关系》，世界知识出版社，2003，第548～617 页。

③ 日美安保的"再定义"是指1996 年4 月日美签署《日美安全保障联合宣言》，强调在日本及其"周边"的前方地带保有兵力，日本将为美军提供设施及援助。1997 年6 月日本政府同意将冲绳作为军事基地继续提供给美军使用。日美重新修改《日美安保条约》，使原来的"防卫型安保"向"进攻型安保"转换。

④ 参见金熙德《冷战后日本对外战略论争》，《世界经济与政治》2001 年第11 期。转引自《环球资讯》，http://www.chinadaily.com.cn/gb/doc/2004－05/26/content_334027.htm。

毫无控制能力。①

在区域经济合作领域，因为有日美同盟的约束，日本在对外政治经济战略上追随美国而刻意与东亚保持距离。反映在东亚地区主义上，表现为日本一直存在着较强的太平洋意识，长期以"亚太一员"自居。因为要达到在东亚地区发挥主导作用的目的，日本不得不在战略上依赖美国，以图借助美国力量来制衡自认为在东亚存在竞争威胁的国家。对于日本来说，如何既能摆脱美国，又能在东亚占据主导地位是一个两难的困境。

目前，东亚地区经济的相互依存性越来越紧密，区域经济一体化进程也呈现加速之势，如果日本过分强调日美基轴关系，在日本与东亚、日本与亚洲、日本与亚洲太平洋的圈子中摇摆，不仅会影响日本在东亚区域经济合作中发挥领导作用，而且可能使其在东亚区域经济合作进程中处于边缘化地位。

东亚区域经济合作与欧美区域合作在起点、基础以及路径方面表现出不同的特点。东亚区域合作具有开放性与非排他性的特点，这是由相互依存的现实和区域经济一体化的趋势所决定的。各国经济发展阶段不同，政治体制、社会制度等都有较大的差别。多层次、多样性现实决定了无论是亚太经合组织（APEC）还是东亚"10+3"抑或 RCEP 模式，都秉持与欧美地区主义不同的"开放的地区主义"和"非排他性"原则。日本地区主义成为新东亚地区主义的重要组成部分并具有日本独特的个性特征，即日本在国际经济领域的"独立性追求"与政治安全领域"对美依赖"的矛盾性格。

---

① 朴光姬：《石油时代日本能源供给的"弱中东化"》，《宏观经济研究》2008 年第 8 期，第 68～74 页。

第三章
日本区域经济合作的基点与目标

二战后直到 20 世纪 80 年代，日本东亚地区合作政策是以走出战败阴影、恢复经济改善民生为起点，以重新回归地区与世界外交舞台，确保资源与能源的进口和对外贸易的开展为前提，以对美外交为基轴，日美欧协调及泛亚太合作为手段，谋求以经济实力为后盾，成为地区主导国家乃至世界政治大国。

第一节　日本东亚合作政策的起步

二战结束以后，日本作为战败国先是处于美军占领，其后又置身于"美主日从"的外交框架之下，开展地区外交的空间十分有限。面对战败后满目疮痍、国内市场狭小、资源和能源紧缺的状况，日本选择了扩大海外商品市场、拓宽海外能源与资源进口渠道的发展道路，即将恢复和发展经济作为最优先的国家战略。由于与中国大陆、朝鲜处于对立关系，地理相近、市场广阔、资源丰富的东南亚便成为日本外交的主要对象。在 1951 年 9 月 7 日召开的"旧金山和会"上，时任首相吉田茂发表演说，强调日本"作为亚洲一国"，"热切希望与其他亚洲邻国建立紧密的友好合作关系"，"为其繁荣发展竭力做贡献"。[①]

鸠山一郎内阁时期，明确将"推进经济外交"作为外交政策三大支柱之一，强调"迅速解决赔偿问题，谋求与东南亚诸国正式建交并发展经济关系"。[②] 1957 年，岸信介首相更是在半年内两次出访东南亚、南亚国家，成为战后首访东南亚的日本首相。岸出访的目的一是凭借与东南亚各国在赔偿与建交谈判进展顺利之机，推进对东南亚的经济外交；二是谋求充当

---

① 小岛正固、竹内雄：『吉田内閣』、佐藤印刷所、1954、418 頁。
② 〔日〕古川万太郎：『日中戦後関係史』、原書房、1988、76—77 頁。

"亚洲领袖",巩固在政治上作为"亚洲代言人"的地位;三是欲摸清中国在东南亚的战略意图与影响力。这一年,日本外务省首次发表《外交蓝皮书》强调,日本坚持"以联合国为中心、与西方阵营相协调、坚持亚洲一员立场"的"外交三原则"。岸首相在访美之前首先出访亚洲各国,其意还在于增加访美时的讨价还价筹码。可见,日本充分利用了美国出于冷战目的而急欲撮合日本与东南亚各国间关系的心理。1966年4月6日,东南亚发展问题部长级会议在东京举行。这是战后日本首次举办的国际会议,其初衷是借配合1965年4月美国总统约翰逊提出的"亚洲经济开发构想"之机①,展示"自主性"外交,博取东南亚国家的好感。

经过一系列努力,到20世纪70年代,日本经济外交取得了显著成果,以致出现了东南亚各国对日印象和舆论逐渐好转的局面。伴随经济振兴以及经济外交取得的显著成果,日本一扫因战败而弥漫开来的自卑心理,逐步恢复了一度丧失的民族自信。其间,日本民族主义意识的恢复也带来了负面效应,即日本经济的渗透威胁到东盟各国民族企业的生存,日本人的傲慢与偏见越是溢于言表,当地民众对日疑虑与戒心便越发加重,东盟各国的民族主义感情被重新引燃。围绕20世纪70年代东盟各国的反日浪潮,日本学者冈部达味在其《东南亚与日本的出路》一书中,总结了东盟各国民众讨厌日本的12条原因。其中主要包括日本企业无孔不入,垄断当地经济,使之处于类似当年殖民地的处境;在输出贸易赤字的同时,大肆掠夺自然资源;用低工资手段,榨取当地人民的血汗;与当地官商勾结,助长腐败;只注重经济利益,没有情感沟通;日本人封闭且傲慢;等等。② 由于日本对东南亚国家的经济渗透业已威胁到各国民族企业的生存,20世纪70年代初,在泰国、马来西亚和印尼终于爆发了大规模的反日游行甚至暴动。为平息事态发展,1977年,时任首相福田赳夫在东盟成立10周年之际访问东盟六国,并做出了日本对东盟的政策宣言,"福田主义"随之出台③,该政策宣言成为

---

① 约翰逊构想的主旨是:使用非军事的经济手段,确保"亚洲的和平与稳定"。「東南アジア開発閣僚会議の開催と日本外交」,日本国际政治学会编『国际政治研究の先端3』参照。

② 冈部達味:『東南アジアと日本の進路』、日本经济出版社、1981、22—24頁。

③ "福田主义"是指1977年8月,日本首相福田赳夫访问了马、缅、印尼、新、泰、菲六国。8月18日,他在访问的最后一站马尼拉发表了题为《我国的东南亚政策》的演讲,后该政策被通称为"福田主义"。

战后日本亚洲政策的亮点：（1）坚持和平路线，不做军事大国；（2）在广泛领域建立"心心相印的信赖关系"；（3）积极提供合作，为实现东南亚的和平与发展做出贡献。这是对日本自 20 世纪 50 年代以来地区外交的经验总结，也是基于当时国内外环境变化而做出的政策调整。

可见，战后日本最初奉行的地区外交，是在无法依靠军事力量的情况下，寄希望于利用经济手段扩张影响力并提高国家地位。但是随着战后日本经济实现复苏与发展，进而重新成为世界经济强国时，日本近代以来所累积的民族自豪感与优越感重新得到恢复并被不适当放大了。

20 世纪 70 年代后，美国陷入严重的经济危机，而此时日本经过经济高速发展正处在鼎盛时期。日本已不甘心在外交上唯美国马首是瞻，谋求自主性和恢复政治大国地位的愿望日益强烈。在第四次中东战争中，日本为确保石油来源，改变了以往一味追随美国的做法，转变推行偏袒以色列的外交政策，主张以色列撤出占领区。同时，1971 年发生的美国"越顶外交"，[①] 进一步动摇了日本对美日同盟的完全依赖，日本政府意识到需要独立的对外政策来维护自己的利益。当时的首相田中角荣决定响应时代潮流，改变对中国的敌对政策，实现两国邦交的正常化。1972 年 9 月，田中角荣首相访华，两国政府签订了《中日联合声明》，宣布两国结束不正常状态，废除 1952 年的《日台和约》，结束了日本与中国台湾的"外交关系"，中日实现了邦交正常化。1978 年 8 月，中日两国正式签订《中日和平友好条约》。可以说，田中角荣提出的"多边自主外交"，以及此后三木内阁的"等距离外交"，福田赳夫的"全方位外交"，大平正芳的"综合安全保障战略"，基本都是在力图提高日本外交的"独立性"，提升日本的国际地位，也是为日本在战略上重返亚洲所做的积极准备。

第二节　在美国与亚洲之间的外交探索

20 世纪 80 年代中期以后，随着经济超级大国地位的确立，日本保守势力将"政治大国"作为日本外交战略的新目标。日本认为"正如美国对中

---

① 美国的"越顶外交"是指 1972 年，尼克松访华没有事先知会日本，被日本称为"越顶外交"。

南美各国、西德对欧洲共同体各国、欧洲共同体对非洲各国给予特别关照一样，我国（日本）对太平洋地区各国给予特别关照是理所当然的事。这也是国际社会对我国（日本）的期待，我国（日本）已具有仅次于美国，与西德同等的经济力量"。①

日本作为东亚地区的主要国家，长期以来在地区经济发展中起到了关键作用。二战后，日本率先实现了经济高速发展。在日本的直接带动下，首先是包括韩国、中国香港、新加坡、中国台湾在内的"四小龙"，而后是包括印尼、泰国、菲律宾、马来西亚在内的"四小虎"，都相继实现了经济的高速增长。以日本为先导、其余国家和地区经济"雁群"般依次起飞的"雁行模式"在东亚取得成功。在经济主导地位得到巩固的同时，日本加大了包括"政府开发援助"（ODA）在内的经济外交的力度。在探讨区域经济合作方面，日本也进行了探索性尝试，并取得过一些积极成果。但是由于日本自身的定位问题始终未能很好解决，20世纪80年代当谈及区域合作时，日本言必称"美国"、范围泛指"亚太"，唯恐引起美国对日本是否有意主导东亚的疑虑。即便在日本经济如日中天、踌躇满志地致力于政治大国目标之时，日本仍然游移在"对美一边倒"与"回归亚洲"或者对美、对亚外交孰重孰轻的摇摆之中。当然，这并不意味日本外交的无所作为。作为战败国的日本，特殊的身份和处境决定了其外交政策选择的局限性。当然也可以说，这是日本在追求国家利益最大化方面，探索出的一条具有"日本特色的"外交模式。

一　以政治安全为中心的"日美基轴"外交

战后以来日本一直坚持日美同盟（也有学者称之为"对美一边倒"）的外交政策，主要是基于政治与国家安全的考虑。也可以说坚持日美同盟是日本必要的也是无奈的选择。

是否坚持日美同盟，是日本独立后外交政策的核心考虑。虽然历届政府反复做出选择，但仍无法摆脱日美同盟的窠臼。② 与此相对立的非武装中立

---

① 大平正芳纪念财团编：《大平正芳》，中国青年出版社，1991，第693～694页。

② 战败后，日本处于美军单独占领之下，1952年《旧金山对日和约》生效，理论上日本获得战后独立。

论虽在 20 世纪 50~60 年代盛行，其影响力却随着日本政坛右倾化的发展而下降。其他国家安全模式亦仅处于设想阶段。日本首相吉田茂主张在非军事领域建立地区性集体安全机制，并于 1954 年 11 月 9 日向美国国务卿杜勒斯建议：为对付共产主义在东亚的"和平攻势"，日美英在新加坡建立一个由英国人负责的联合机构。三国应发动"和平反攻"并分享关于共产主义活动的情报。又如，吉田茂在下台四年后曾主张日本参加东南亚条约组织。岸信介政府的国家安全模式选择与吉田茂大同小异。就相同的方面而言，岸信介执政后放弃了自主防御论，转而认同吉田路线，即在依靠美国军事保护的同时渐进扩军。就不同的方面而言，岸信介寄希望于联合国而非地区性集体安全体制对日本的保障作用。[1]

20 世纪 60 年代以后，日本外交政策更趋务实。日本外务省于 1966 年 4 月 16 日发表的一个文件显示，日本政府已不再看重联合国的安全功能，而是强调日美安保体制的作用。该文件在分析了种种选择，如非武装中立只会使日本更不安全，而废除日美同盟、走重新武装道路不仅经济代价过高而且不可能实现等，最后得出结论："要在目前世界新形势中保障日本的安全，其方法是建立日美安全保障体制，相比非武装中立和武装中立而言，维持现在的日美安保体制最为现实，并且是一种安全程度最高、危险性最小的方法。"[2]

日本谋求强化日美同盟的同时，使其国家安全模式逐步现实化，于是融合多种国家安全模式的多层安全保障构想应运而生。从军事上看，1994 年 9 月的"防卫问题恳谈会"报告书将自助努力战略加诸传统的日美安保，发展为包括多边安保内容在内的三位一体的新战略，标志着冷战后日本军事战略的重大发展。从外交上看，日本在冷战后逐渐形成了双边层次主要依靠日美安保体制、地区层次推进以东盟地区论坛为代表的多边安全对话、全球层次发展日美欧三极合作并积极参与联合国维和行动的外交战略框架。在对美合作框架内，日本的战略选择有两个，即充当美国的支持者或与美国合霸亚太地区。冷战后，日本的目标介于这两种选择之间，可表述为谋求充当美国负有责任的支持者。日本国际论坛政策委员会于 1999 年 3 月 11 日提出的政

---

① 刘世龙：《战后日本的亚太战略选择》，《日本学刊》2000 年第 3 期，第 11~25 页。

② 永野信利：《日本外务省研究》，上海译文出版社，1979，第 198~199 页。

策建议认为：“今后对美关系所要求于日本的，是确立其主体性。过去，日本对美外交往往被称为‘推销员外交’、‘追随外交’……今后的日本对美外交必须改变其以往的倾向，而依据自己的外交理念和世界政策，走向‘提案与共同行动型外交’、‘亲美自主外交’。”①

二　以经济贸易为侧重的“亚洲一员”外交

战后初期，日本贸易主要面向亚洲和美国。日美太平洋战争造成两个极端的后果：（1）日本在战时中断了对美贸易，导致 1945 年日本的出口全部面向亚洲，在日本进口额中亚洲所占比重高达 95%，而北美比重仅占 2.3%；（2）美国占领下的日本又走向另一极端，特别是战后初期高度依赖对美贸易，1946 年日本出口额的 65.1% 与美国进行贸易，亚洲的比重仅占 33.1%，进口额的 86.4% 来自美国，亚洲的比重仅为 8.3%。②

《旧金山合约》生效，实现了战后独立，日本则继续坚持既是“西方一员”又是“亚洲一员”的双重国际政治立场。1957 年公布的日本外交三原则中有一条原则即称“坚持作为亚洲的一员”，这表明了日本政府对亚洲政策的重视，而对亚洲（主要是东亚）外交的重视是以经贸关系为主要考量。

冷战格局形成前后，日本对外贸易的发展趋势是相对脱美入亚：（1）1947年以后，日本出口日益面向亚洲，到 1952 年，日本对亚洲的出口占其出口额的 51.5%，比 1946 年提高了 18.4%；（2）日本进口虽然主要依赖美国，但依赖程度却趋于下降。到 1952 年，北美占日本进口额的 49.6%，比 1946 年降低了 36.8%。③ 日本贸易发生上述变化，是其贸易结构正常化、合理化的表现。尽管日本处于美国的占领之下，但一方面美国不可能满足日本的全部进口需求，另一方面日本也无法向美国出口足够的适销对路的产品。这样一来，传统的亚洲市场和原料产地对实施了“贸易立国”战略的日本就有了不可替代的重要性。日本强调其“亚洲一员”身份，不仅因为它地处亚洲，更重要的是它在亚洲具有重大的经济利益，更有经营亚洲的愿望。

---

① 〔日〕『政界週報』1999 年 6 月 8 日、70 页。
② 刘世龙：《战后日本的亚太战略选择》，《日本学刊》2000 年第 3 期，第 11～25 页。
③ 转引自同上，第 11～25 页。

进入 20 世纪 80 年代后，日本出于政治大国化的需要而调整其国际政治立场：一边把"西方一员"概念界定为日美欧三极合作；一边把"亚洲一员"概念扩大为"亚太一员"。1984 年 6 月 11 日，中曾根康弘首相将日本的国际政治立场概括为：七国首脑会议是三极合作的重要论坛；日本的未来选择是"亚太地区的一员"。日美欧三极合作论的提出表明，日本欲与美国平起平坐。"亚太一员"概念的提出，标志着日本从更广阔的视野来考虑地区性问题，更多地注意了与太平洋地区的发达国家调整关系。

冷战后，亚洲作为日本海外市场的重要性超过美国。就日本与亚洲的关系而言，其对亚太地区的贸易在冷战后发生的结构性变化预示着日本在经济上将日益有求于亚洲。

总之，战后日本对外政策摇摆于"对美一边倒"与自主外交之间：政治、安全领域依赖于美国，因此外交政策采取对美一边倒；经济贸易方面有求于亚洲，于是便强调自主外交。在美国霸权衰落，东亚区域经济合作不断推进，中国崛起以及东盟一体化加速的大背景下，日本对外政策中重视亚洲的成分也将继续增加。

第三节　寻求安全战略与区域合作的平衡

进入 20 世纪 80 年代后，尽管日本经济如日中天，甚至有望与美国平起平坐，但其国家安全模式选择余地仍极为有限：在结盟与不结盟之间只能选择结盟，在结盟对象中又只能选择美国。1981 年，日本和平与安全保障研究所完成的一项研究认为，从安全保障的观点看，日本的外交选择有二：一是在军事上与他国结盟（日美军事同盟、日苏军事同盟、日本主导的地区性集体安全体制）；二是在军事上不与他国结盟（发达国家型中立、第三世界型不结盟主义）。作为比较研究的结果，结论仍是坚持日美同盟。总体来说，20 世纪 80 年代的日本国家安全模式选择仍处于吉田路线的延长线上，即以较低的国家安全费用去营造一个它希望拥有的安全环境，为此可以不惜牺牲国家的独立自主性。①

---

① 〔日〕中馬清福：『再軍備の政治』、知識社、1985、240 页，转引自刘世龙《战后日本的亚太战略选择》，《日本学刊》2000 年第 3 期，第 11 ~ 25 页。

冷战后，日本主要就国家安全模式的几种可能选择展开讨论。

一是如何加强日美同盟。随着社会党在冷战后放弃非武装中立论，这个具有连续性的问题已在日本朝野形成了更普遍的共识。

二是如何在亚太地区建立地区性安全机制。这是吉田茂战略思想的继承和发展，是日本的亚太战略在冷战后发生的最大变化。日本在冷战时期处于两极世界，其国家安全模式选择在理论上虽然很多，但现实的选择却只有一个，即与美国结盟，结果造成对美国的过度依赖。冷战后的日本处于多极化世界，已有可能逐渐营造一个可以进行多种选择的战略环境。在这一理想化为现实之前，尽可能地减少对美依赖程度并为日后增加可供选择的国家安全模式，是日本合乎逻辑的选择。

三是如何加强联合国的集体安全功能。这是冷战格局形成前后外务省的主张在冷战后的延伸。冷战后联合国作为全球性安全保障机构的作用增强，促使日本更加迫切地要求在联合国框架内发挥更大的国际作用。后两种国家安全模式在日本战略思想界再度抬头，应被视为脱美倾向的潜在发展。

成为政治大国一直是日本梦寐以求的战略目标。而除了雄厚的物质实力这个日本已经具备的基本条件之外，政治大国还离不开军事实力和在国际舞台上的政治影响力，这是三个不可或缺的重要条件。正是出于对后两个条件的追求，促使日本从日美双边安全关系以及东亚安全形势两个层面反思自身的安全战略。在日美双边关系中，日本身处两难的困境：一方面，希望走出"美主日从"不平等关系的阴影，与美国建立真正的伙伴关系，增强自身的自主性和独立性。冷战结束之初，日本"大国主义"思潮盛行①，日本一度将美国当作对手，致使日美关系出现"漂流"状态。另一方面，日本的实力又不足以拒绝美国的领导，而独自承担安全防务，这必然会对实现政治大国目标造成根本性损害。因此，日本唯一理想的选择是在日美安全关系的既定框架下，通过适度的调整，在确保安全的同时，解决日美关系不均衡及自身的独立性问题。

冷战结束后的 20 世纪 90 年代，尽管遭遇了突如其来的金融危机，东亚地

---

① "大国主义"又称"大国沙文主义"。沙文主义（chauvinism）原指极端的、不合理的、过分的爱国主义。如今的含义也囊括其他领域，主要指盲目热爱自己所处的团体，并经常对其他团体怀有恶意与仇恨。大国主义是国际关系中较大的国家对待较小的国家所表现出来的沙文主义倾向。如不尊重对方的独立平等地位，把自己的意志强加于人。

区的总体经济实力仍在不断增强。亚洲金融危机的爆发，也使东亚各国意识到不通过区域内各国的联合自强，不足以抵挡像金融危机这样突如其来的威胁。于是，以强化区域经济合作为主要形式的双边与多边经济合作迅速展开。

为应对亚洲金融危机，日本在经过最初的观望之后采取了积极的姿态，加大了推进区域经济合作的力度，即以亚太地区为全球战略的基点，凭借自身强大的经济和金融实力，全方位参与同亚太国家（地区）的区域经济合作。日本希望通过加深同该地区各国的经济联系，最终实现以日本为核心的区域经济合作框架。

在具体政策方面，日本提出了建立"亚洲货币基金（Asian Monetary Fund，AMF）的构想及"新宫泽计划"。其目的是获得解决东亚金融危机的主导权，为将来进一步主导区域合作做铺垫。然而，美国不允许在亚洲出现将美国排除在外的经济组织，致使日本被迫放弃了"亚洲货币基金"设想，并将解决危机的主导权交给了国际货币基金组织（IMF），实际上就是交回美国，由美国实际掌控。

总的来看，20世纪90年代前期，由于冷战刚刚结束，相关大国重新研究和探索国际政治、经济与国际关系新秩序，亚太地区相对稳定，日本在安保问题上除了展开关于政策选择的争论外，尚没有大的动作。东亚金融危机后，虽然包括日本在内的亚洲各国都集中精力调整经济利益，但由于东亚情况复杂、问题重重，除中国内地、香港、台湾地区和新加坡外，经济复苏还需要相当长一段时间。

日本认为，在此过程中亚太地区存在着诸多不确定变量，如朝鲜半岛的核扩散问题、日俄北方四岛领土问题、南中国海地区主权争端，以及日本和新兴工业化国家和地区对海上、陆地资源的争夺等都成为影响亚太地区安全的不稳定因素，从而影响日本实施亚太经济战略的进程。因此，日本需要加强安全合作以保障经济发展的顺利进行。同时，亚洲部分国家出于对某些大国崛起的疑虑，也希望加强与日本的军事、政治合作，以此来保证自己的安全与地区稳定。

基于此，20世纪90年代后期，日本亚太经济战略中的政治、安全因素呈明显加强之势。继1995年8月日美两国宣布开始起草《日美安全联合宣言》后，1996年4月《日美相互提供物资和劳务协定》和《日美安全联合宣言》相继出台；1997年9月，日美签订新《日美防卫合作指针》，其防卫范围将亚太热点地区囊括在内；1998 年 12 月，日本政府又决定从 1999 年开始同美国合作研究战区导弹防御体系，以进一步增强自己的"安全感"。

第四节　追随美国与主导区域合作的抉择

日美同盟为日本提供了"借船出海"的便利，但也制约着日本在国际以及地区舞台上发挥主导作用。在处理对亚太地区外交的问题上，美国的态度仍然是日本不得不时刻考虑的因素。在推动亚太经济合作的过程中，日本十分注重在美国等非亚洲国家和东盟等亚洲国家之间掌握平衡。

20 世纪 80 年代以后，日本因担心引起美国的猜疑和不满，一度降低了宣传"环太平洋经济圈"的调子，转而强调经济合作的开放性和民间性。20 世纪 80 年代末，在美加签署自由贸易协定、欧共体决定建立统一大市场的形势推动下，日本又掀起了一场关于"亚太经济合作"设想讨论的热潮，并于 1989 年 11 月参与组建了亚太经合组织（APEC）。但是到了 20 世纪 90 年代前半期，日本提倡"环太平洋经济合作"的调门又有所降低。这是因为，美国对掌握亚太经济合作主导权变得异常积极。而日本应对的基本方针是：利用亚洲唯一发达国家的身份，以"开放的地区主义"为旗号，力求在区域合作中充当美、亚之间的"桥梁"和"协调者"，从而确保自己独特的有利地位。

美国作为唯一的超级大国，具有超强的综合国力和外交与经济影响能力。东亚主要成员在经济上均对美国具有很高的依赖性。前文提到，20 世纪 90 年代初，日本曾积极支持过东盟建立"东亚经济核心论坛"的主张，但由于美国的极力反对而改变态度。尤其在政治与安全领域日本更是受制于美国。小泉首相所奉行的"搞好与美国的关系，与亚洲国家的关系自然就顺利"的外交逻辑①，正是美国因素起作用的明证。因此，日本在区域合作方面的积极性与影响力也大打折扣。

日本在强调"东亚区域合作"的同时，也不忘美国倡导的"贸易、投资自由化"，在谈论地区合作时，总要把澳大利亚、新西兰拉进来，就是为

---

① 日本《经济学人》发表岩手县立大学校长谷口诚的文章《放眼整个东亚，重构对华外交》，对小泉对美一边倒外交政策提出批评。参见《经济学人》周刊 2006 年 10 月 17 日。

了打消美国的疑虑。2005 年召开的首届东亚峰会，日本建议美国作为观察员与会，并力主接纳澳大利亚、新西兰和印度的做法，明显是出于对美国因素的考虑。日本的区域合作政策之所以缺乏连贯性和明确性，主要也是受美日同盟关系的限制。美国一方面需要日本在基地、资金、技术、人员方面的合作，希望日本发挥更大的作用；另一方面却也不愿看到日本有朝一日会主导东亚事务，削弱甚至排斥美国的地区影响力。

目前，美国集中力量应对恐怖主义。对于在全球拥有战略利益的美国而言，日本的协助作用不可或缺，因此，日本在考虑美国态度方面会有所"减负"，但从全局和长远的角度来看，日本排除美国因素自作主张的局面仍然是不可想象的。日本一再强调，东亚共同体是包括东盟、中日韩以及澳大利亚、新西兰等国家在内的"扩大的共同体"，原因也在于消除美国对日本主导地区事务的担心。在与美国利益不冲突并且不削弱美国影响力的前提下，日本有着挥洒智慧与能力的余地，充分表现其"大国力度"。但当与美的意见相左时，日本就显得相当谨慎。除了没能响应马哈蒂尔在 1991 年提出建立东亚经济集团（EAEG）、由日本领导该地区组织的倡议外，日本也一直都在规避排斥美国和西方国家的区域性组织以及富有排他性的地区主义。长期以来，日本更多地支持接纳美国、澳大利亚、新西兰等国的"泛亚太主义"和组织，其中包括亚太经合组织（APEC）。

虽然日本在 20 世纪 90 年代初期曾提出过"自主外交"的口号，并强调"美亚并重"，表示将重视听取亚洲邻国的意见，但日本的区域合作政策却始终离不开追随美国的路线。

第五节　亚洲金融危机成为政策调整的分水岭

1997 年后半期起源于泰国的东南亚金融危机，使得东南亚各国经济受到严重打击并波及整个东亚。危机也使东亚各国意识到区域合作经济的必要性与迫切性。危机发生后，日本对东南亚有关国家提供了巨额信贷支援，使东南亚对作为经济大国的日本重新充满期待。日本也一度改变了之前在东亚区域经济合作中"言必称亚太、合作不离美国"的态度，积极参与东亚区域经济合作进程。

尽管日本区域合作政策在东亚金融危机发生后表现出积极的变化，但由于各种主客观因素的干扰和制约，仍然时常表现出摇摆性的特点。这在一定程度上造成了东亚区域经济合作的不确定性。

一　亚洲金融危机后日本的政策转型

20 世纪 60 年代，西欧一体化的发展带动了新一波地区主义的兴起，区域经济合作被提上议事日程。作为东亚经济发展的"优等生"，日本成为东亚区域合作的探讨者与倡导者。但是，亚洲金融危机前后，日本对区域经济合作的认知、态度及制定的政策具有差异性。亚洲金融危机前的日本东亚区域合作一定程度上体现着"日本中心主义"的特征；亚洲金融危机之后，由于东亚各国在区域经济合作方面均表现出积极的态度，各自采取了相应的政策措施。日本也顺应区域经济合作急速发展的新形势，调整区域合作政策，参与到新的区域经济合作诸框架中。

（一）亚洲金融危机前的区域合作政策

尽管战争失败使日本经济濒临崩溃，但是在美国的援助与扶持之下，又适逢朝鲜战争爆发的"特需"机会，20 世纪 50 年代中期日本经济便恢复到战前水平，之后更实现了经济的快速增长。到 20 世纪 60 年代末期，日本超越西德成为仅次于美国的西方第二大经济体。在经济起飞的鼓舞以及西欧经济一体化潮流的刺激下，地区主义在日本被重新提起。在 20 世纪 60 年代的"太平洋自由贸易区"设想、20 世纪 70 ~ 80 年代的"太平洋经济圈"、"东亚经济圈"设想以及作为主要发起国建立亚太经合组织（APEC）等亚太地区合作尝试中，日本起到了牵引作用。

1965 年 11 月，日本一桥大学教授小岛清提出由美国、日本、加拿大、澳大利亚和新西兰五个国家组成"太平洋自由贸易区"的建议。后由上述五国财界人士组成了"太平洋经济委员会"。该机构又在小岛清构想的基础上，进一步提出了建立"太平洋经济共同体"的主张。

20 世纪 70 年代后半期，东亚经济迅速增长，美国经济重心逐渐西移，开始对亚太地区表现出浓厚的兴趣。两次石油危机以及日美贸易摩擦的进一步加剧，使日本越来越感到亚太地区对日本经济增长具有重大意义。该时期日本经济一枝独秀、美国力量相对衰落的状况，也使得日本政府认为是积极推动亚太地区经济合作，扩大自己影响力的天赐良机。因此，日本官方开始积极参与亚太经济合作的探讨。1977 年 12 月，具有政府背景的日本野村综合研究所提出了《国际环境的变化与日本的对策——走向21世纪的建议》，主张建立"太平洋经济圈"，形成由上述五个发达国家和东盟参与的合作机制。

1978年，大平正芳竞选自民党总裁，将"环太平洋联合设想"作为竞选政纲，建议环太平洋国家和地区以经济文化合作为重点，进行开放性的合作。随后这一思想开始贯穿于美、日、澳等亚太国家和地区学界研究以及政府制定政策的过程中。"开放的地区主义"第一次是在日本首相的私人咨询机构，由大来佐武郎领导的"日本政策研究会环太平洋联合研究小组"试图反映政府意图的环太平洋合作构想的报告中出现。报告认为该构想"是面向世界的开放性的地区主义，而绝不是排他性的关门主义"，"不仅对外应当是全球主义的，对内也应当坚持以实现自由开放性相互依赖关系为目标"。①

大平正芳当选总裁并担任首相后，将这一构想提升到了国策和外交的高度，"日本政策研究会环太平洋联合研究组"也成为首相咨询机构。该机构在1979年11月和1980年5月分别提交了《中期报告》和《最终报告》，以官方方案的形式对外发布。目的是要在太平洋地区逐步建立一个以日本为中心，以日美合作为基础，由太平洋沿岸各国广泛参加的"新区域社会"。大平之后的日本历届内阁坚持和发展了"环太平洋"外交战略。在各方共同努力下，亚太地区形成了多渠道多层次推进经济合作的局面。官方的"亚洲开发银行"、半官方的"太平洋经济合作会议"以及民间的"太平洋经济理事会"、"太平洋贸易开发会议"等，均与当时日本朝野的推动直接相关。

20世纪80年代后，世界经济形势发生了重大变化。东亚经济突飞猛进，东亚成为世界上经济最具活力的地区，特别是日本经济经过长达十余年的高速增长和其后的稳定增长，已经开始谋求由"经济大国"向"政治大国"转变。因此，此时的日本区域合作政策不再拘泥于以日美合作为基础，而是开始谋求构筑自己的势力范围。1988年5月，竹下登首相的咨询机构"经济审议会"提出了"东亚经济圈"的构想，主张由日本、"亚洲四小龙"、东盟五国（泰国、马来西亚、印度尼西亚、菲律宾、文莱）等10个国家，通过贸易、投资与货币"三位一体"的合作，组成以日本为领导的经贸集团，即前文提到的以日本为"雁首"（中心）的发展构想。日本认

---

① 罗元铮：《太平洋经济共同体》，中国财经出版社，1981，转引自宋玉华、阮爱富《论开放的地区主义——APEC的最佳选择》，载《世界经济》1996年第10期，第13~18页。

为，以这个"雁行发展模式"为基础形成的"东亚经济圈"，不仅会成为与欧美相抗衡的经济实体，也能成为自己稳固的资源供应基地和商品销售市场。这一时期，日本完成了由协调者到组织者再到领导者的角色转换，开始寻求自己的势力范围，一方面想与欧美两个经济集团抗衡，另一方面也希望为实现"政治大国"的战略目标创造有利的外部环境。

长期以来，日本始终将东南亚作为本国原料供应基地及工业产品的销售市场。为了使工业产品及相关技术在东南亚保持首要地位，日本企业在直接投资中采取标准化或转让即将淘汰的技术，虽然暂时保住了在东亚经济中的"雁头"地位，但同时导致了日本国内产业结构调整的滞后，其传统产业与东亚各国间的产业竞争加剧。因此，当东亚金融危机爆发时，日本不仅无法挽救东亚经济的滑坡和衰退，而且陷入自身难保的境地。日本国内经济长期处于低迷状态，对东亚的直接投资也明显下降。从某种意义上说，"雁行模式"是东亚金融危机的深层原因。[①]

进入20世纪90年代，美国对亚太地区合作表现积极，"亚太经合组织"（APEC）成立，标志着日本主导的"环太平洋合作构想"、"东亚经济圈"构想等已被取代。加之泡沫经济崩溃造成经济持续低迷，日本在东亚区域合作中的作用日渐式微。

由于上述日本区域合作构想中的合作对象主要局限于环太平洋的几个发达国家，其战略目标及其实施的阶段性与层次性模糊不清，战略重点不确定，其结果是至今也没有形成以日本为核心的"亚太经济圈"或者"东亚经济圈"，更不用说组成亚洲经济共同体与欧盟和北美相抗衡了。但作为战后东亚地区主义的探索阶段，日本力图通过经济外交方式推动地区合作，将太平洋各国与东南亚各国纳入同一个命运共同体的尝试还是具有积极意义的。

（二）危机后区域合作政策的调整

1997年亚洲金融危机爆发，使东亚国家认识到加强区域金融合作的重要性。在东亚国家形成普遍共识的推动下，各种货币金融领域的合作倡议和设想纷纷出笼，且在一些领域取得了实质性进展。其中具有里程碑意义的合作成果当属2000年达成的"清迈倡议"。[②] 日本对东亚区域经济合作也表示

---

① 参见 MBA 智库百科，http://wiki.mbalib.com/。

② 2000年5月6日在泰国清迈举行的东盟"10＋3"（中日韩）财长会议上达成了以双边货币互换为核心的紧急融资框架协议，即清迈倡议。该倡议形成的基础是1997年8月东盟五国（印尼、马来西亚、泰国、菲律宾、新加坡）建立的货币互换安排。

出更为积极的姿态，并根据新的国际与地区形势，采取了相应的政策调整。

日本将从长期以来以关贸总协定（GATT）和世界贸易组织（WTO）框架为中心的单轨制模式，转向以多边主义和 FTA/EPA 为主要形式的双边合作并行的双轨制政策。日本政府主管国际贸易和区域经济合作的主要部门是经济产业省，该机构每年发表一部《国际贸易白皮书》，它是阐述日本政府对外贸易政策的权威文件。半个多世纪以来，《国际贸易白皮书》始终推崇多边贸易体制，对区域贸易协定持否定态度。日本因此被国际社会称为"多边主义的积极推动者"。而日本学者却无奈地指出，整个冷战时期，日本只是全球多边体系的一个被动参与者，不得不服从于美国对该体系的主导。日本除了被动地忠于以最惠国待遇为代表的 GATT 原则外别无选择，根本不敢触及作为 GATT 规则例外的 FTA。说到底，是因为"日本想要建立一个不包括美国的区域联盟是一种禁忌"。① 但日本经产省《2001 年通商白皮书》却一反常态，认为随着世界贸易组织谈判灵活性的减弱和各国战略性FTA 的出现，日本已不能仅仅依靠世贸组织，认为 WTO 的多边主义和 FTA的地区主义，均可促进世界性贸易自由化的发展。

日本政府负责对外经济合作政策的另一个机构是外务省。2002 年日本外务省公开发表政策报告《日本的自由贸易协定战略》，并确定了日本实施FTA 战略的优先顺序。日本与其他国家实现 FTA 的战略性优先顺序，依据"经济、地理、政治外交和实现可能"等标准加以判断，其中政治外交和实现可能的标准尤为重要。按计划，日本首先追求与韩国和东盟建立自由贸易区；其次是在日本企业处于劣势的墨西哥；中长期将致力于与包括中国在内的东亚国家和地区建立自由贸易区。②

2006 年，日本在发表的《全球经济战略》中，提出东亚经济伙伴协定（Economic Partnership Agreement，EPA）战略并制定了行动计划。目的是以加强双边自由贸易为基础，推进东亚区域经济合作。截止到 2007 年，日本先后与八个国家签订了经济伙伴协定。其中包括东亚的新、菲、马、泰、印尼、文莱等东盟六国，北美的墨西哥以及南美洲的智利。此外，与越南、印度、澳大利亚、韩国等国家的经济伙伴协定谈判也正在进行。

---

① 陆建人：《日本的区域合作政策》，《当代亚太》2006 年第 1 期，第 15 页。
② 〔日〕北原淳、西口清胜等：《东南亚的经济》，厦门大学出版社 2004 年版，第 5 页。

日本对东亚区域合作即对签署自由贸易协定转趋积极的原因可以归纳为以下几点。

第一，亚洲经济危机后东亚地区主义呈现上升趋势。由于遭受亚洲金融危机的打击与缺乏合作带来的教训，刺激了东亚国家进行经济合作的愿望。2000 年 11 月，新加坡在 "10 + 3" 领导人会议上提出了建立 "东亚共同体" 的主张。2003 年 7 月，中韩两国发表联合声明，强调加强中日韩合作有利于促进东亚发展，期待三国研究机构对中日韩自由贸易区的研究取得积极成果。2003 年 10 月，在中日韩三国领导人会晤中，温家宝总理提出继续深入研究建立中日韩自由贸易区问题。在次年的首脑会议上，温家宝再次提出 "研究建立东亚自由贸易区的可行性" 的建议，表明中国积极推动 "10 + 3" 自由贸易协定的态度。这些地区合作的外交努力恰恰是东亚地区主义上升的表现。①

第二，中国与东盟关系发展加速。2000 年 9 月，在中国和东盟领导人新加坡第四次会议上，中国政府总理朱镕基提出建立中国—东盟自由贸易区的动议。2002 年 11 月 4 日，朱镕基总理和东盟十国领导人签署了《中国与东盟全面经济合作框架协议》，启动了中国—东盟自由贸易区建设进程。

第三，欧、美区域经济合作进程加快。1993 年 11 月，《欧洲联盟条约》正式生效，欧盟成员之间的合作更加深化。1994 年 1 月 1 日，北美自由贸易区正式启动。这对东亚地区的发展构成了无形的外部压力。

第四，日本摆脱经济不景气局面的需要。自 90 年代初开始，日本经历被称为 "失去的 10 年" 的持续经济衰退。在国内经济改革受挫和经济萧条的背景下，日本谋求开展新的经济外交，进行对外经济战略与贸易政策的调整，使之有利于国内的结构改革。推进东亚区域经济合作，也有利于扩大出口和对外投资，以打破经济长期停滞的困境，同时扩大日本的政治影响力。东亚这个全球经济增长最快、发展潜力最大的地区，自然成为日本优先考虑的对象。

第五，日本与域内各国间的相互依存关系使然。众所周知，日本是自然

---

① 周永生：《21 世纪初日本对外区域经济合作战略》，《世界经济与政治》2008 年第 1 期，第 71 ~ 72 页。

资源以及传统能源极度匮乏的国家，其资源进口的比例大致如下：煤95.2%、石油99.7%、天然气96.4%、铁矿石100%、铜99.8%、铅矿石94.9%、镍矿石100%、磷矿石100%、锌矿石85.2%、木材55.1%。[①] 与日本相比，中国以及东南亚国家的自然资源较为丰富，资源品种齐全。日本如能有效利用这些有利的资源条件，无疑将为其经济发展提供物质保障。另外，作为发展中国家，中国和东盟仍然需要日本的资金投入和技术转让。同时，中国与东南亚国家也为日本的工业产品提供了巨大市场。

总之，日本从冷淡对待东亚区域经济合作，到积极参与东亚区域内的双边伙伴关系协定，推动并力图主导东亚自由贸易区建设，显示了其东亚区域合作政策的转型特征。但小泉内阁时期日本推动建立"东亚共同体"，也只是出于自身利益和维系日美关系的考虑。相对中国的积极姿态而言，日本仍然起着一个"被动领导者"的作用，而非一个积极的推动者。因此，目前日本还难以真正成为东亚经济合作的领导者。[②]

二　日本东亚区域合作政策转型的契机

进入20世纪90年代，在欧美一体化进程的加速推动下，特别是通过亚洲金融危机得到的教训，使包括日本在内的东亚各国的区域经济合作意识明显增强，区域经济合作进程加快。东盟自由贸易区（AFTA）、中国—东盟自由贸易区、日本—东盟自由贸易区、韩国—东盟自由贸易区、印度—东盟自由贸易区等双边自由贸易协定的谈判、签约一度成为本地区经济合作中的亮丽风景。日本东亚区域合作政策的转型顺应了全球性区域经济合作迅猛发展的大趋势。

（一）东亚区域经济合作进程启动

东亚区域经济合作发展到今天，尽管没有欧盟以及北美自由贸易区那样完善而统一的机制，但是各种双边、多边及次区域合作框架为东亚区域经济合作在曲折中推进提供了基本的保障。

1. 东盟一体化。目前东亚区域合作具有制度性保证的成功实践是东盟的一体化进程。经过多年的磨合与努力，自1993年东盟自由贸易区（AFTA）

---

①　孙承：《日本与东亚：一个变化的时代》，世界知识出版社，2005年9月，第391页。

②　赵洪：《日本与东亚经济合作》，《当代亚太》2004年第3期，第48～52页。

建立，到 1999 年涵盖全部十国的大东盟最后形成，其合作内容也逐步从贸易扩展至服务、投资以及其他领域。在 2003 年 10 月的东盟领导人会议上，各国同意在 2020 年（后修正为 2015 年）建立东盟经济共同体的目标。2008 年 12 月东盟首脑峰会上通过了《东盟宪章》，使东盟合作具有了法律保证。

2. "10 + 3" 合作。1997 年亚洲金融危机爆发，使得东亚区域内的各国意识到金融合作的重要性。各国学界和政界人士提出了一系列倡议和设想，其中的 "10 + 3" 机制成为东亚合作的主渠道。东盟和中、日、韩三国在金融危机后加强了金融合作，制定了防范与应对亚洲金融危机的一系列措施，这些措施成为推动东亚区域经济合作的基本制度保证之一。2000 年 5 月，在东盟和中、日、韩三国财长会议上通过了《清迈倡议》，成为迄今为止 "10 + 3" 机制所取得的最为重要的成果。东盟和中、日、韩三国确立了以双边货币互换为核心的紧急融资框架协议。同时，各个层次的政策对话机制也先后建立，并设立了亚洲债券基金。[①]

3. 中日韩合作。在 1999 年东盟十国与中、日、韩首脑早餐会期间，韩国总统金大中提出中、日、韩经济合作的倡议。在 2000 年东盟与中、日、韩首脑会议期间，三国首脑再次确认了此构想的意义。2002 年 11 月，第三次 "10 + 3" 会议上，各方就适时启动中、日、韩 FTA 的可行性进行研究。2003 年 10 月，温家宝总理与日本首相小泉纯一郎、韩国总统卢武铉签署了《中日韩推进三方合作联合宣言》。但是，由于小泉首相顽固参拜靖国神社导致中日、韩日之间关系紧张，中、日、韩三国合作迟迟未能取得新的突破。直到安倍首相上台之后，日本与中韩两国关系出现缓和，促成 2008 年 11 月，首届脱离 "10 + 3" 框架的中日韩首脑会议在日本福冈举行。

4. 东亚峰会（"10 + 6"）。首届东亚峰会于 2005 年举办，印度、澳大利亚和新西兰三个在地缘上不属于东亚的国家首次获得参会资格，预示着传统意义上的东亚合作在范围上已经大为扩展。东亚峰会作为一个论坛，是东亚合作进程中的一件大事，是经济全球化与区域合作加快发展之客观要求，是本地区各国相互依存、共同利益不断扩大的必然结果，标志着东亚合作进入一个新的发展阶段。2007 年 1 月，在菲律宾宿务召开的第二届东亚峰会上，

---

① 杨权：《新地区主义范式及其对东亚经济一体化的解释》，《世界经济研究》2005 年第 1 期，第 14 页。

出席会议的东盟十国和中国、日本、韩国、印度、澳大利亚和新西兰的国家元首或政府首脑签署了《东亚能源安全宿务宣言》，正式提出了东亚地区能源合作的具体目标和措施。《东亚能源安全宿务宣言》向外界表明，东亚峰会的参与各方朝着深化区域合作的方向迈进。

5. "10 + 1"合作。以东盟整体为一方与东盟外的东亚国家开展双边自由贸易，源自中国与东盟国家间的创造。2000 年，在中国时任总理朱镕基的提议下，中国—东盟自由贸易区构想出台。2001 年，中国与东盟领导人正式宣布在 2010 年内建成中国—东盟自由贸易区。2002 年 11 月，中国与东盟正式签署了《中国与东盟全面经济合作框架协议》，正式启动了东盟自由贸易区的序幕。根据所签协议中的早期收获方案，中国与东盟国家根据早期收获计划较好地处理了棘手的农产品问题，互相降低若干农产品及其他产品的关税。其后，双方在服务贸易与投资协定方面相继取得进展，2010 年 1月 1 日，中国—东盟自由贸易区终于如期建成。

相比中国与东盟的自由贸易安排，日本的动作稍晚一步。2003 年 10月，日本与东盟正式签署了《日本与东盟全面经济合作伙伴框架协议》，决定 2012 年建立日本—东盟自由贸易区。该框架协议确定了日本—东盟自由贸易区的目标、基本原则、措施、范围、时间表，以及在货物、服务和投资等领域的谈判和机构安排。2003 年 12 月发表的《东盟—日本行动计划》中，双方提出了 3 个主要的合作方向和 100 多个具体合作项目。

21 世纪最初的 10 年间，以东盟为轴心签署或达成意向的自贸协议纷纷出台。印度—东盟自由贸易区协议、韩国—东盟自由贸易区协议分别在2003 年和 2004 年首脑会谈时签署。此外，东盟与域外一些国家也进行着双边与多边经济合作（见表 3 - 1、表 3 - 2）。

表 3 - 1　东亚各国相关交涉、协议中的地区自由贸易协定

地域	相关国家	进程
东北亚各国 + 东亚以外的国家	韩国—澳大利亚	研究中
	日本—墨西哥	2005 年 4 月生效
	韩国—墨西哥	共同研究中
	日本—加拿大	委托研究
	韩国—智利	2004 年 4 月生效
	日本—智利	共同研究中

续表

地域	相关国家	进程
东北亚	韩国—日本	谈判中
	韩国—日本—中国	共同研究中
东北亚＋东南亚 （各国/集团）	"ASEAN＋3"	共同研究中
	新加坡—日本	2002 年 11 月生效
	菲律宾—日本	2004 年 11 月大致同意
	马来西亚—日本	2005 年 12 月签署
	泰国—日本	2005 年 9 月大致同意
	新加坡—韩国	2005 年 4 月签订
	中国—ASEAN	2003 年 7 月框架协定
	日本—ASEAN	谈判中
	韩国—ASEAN	谈判中
东南亚	新加坡—美国	2004 年 1 月生效
	新加坡—加拿大	谈判中
	新加坡—智利	NZ 与三国之间的谈判中
	新加坡—新西兰	2001 年 1 月生效
	P5（美国/澳大利亚/智力/ 新西兰/新加坡）	非正式协议
	新西兰—香港	谈判中
	东盟自贸区 AFTA—澳新 CER	研究中

资料来源：Scollay, R.（2001）"New Regional Trading Agreements in the Asia – Pacific Region", A Paper Presented at the 2001 APEC Study Center Consortium Conference on "APEC: Heading Towards New Century and Bright Future", held on May 2001: 18 – 20，转引自中逵启示『東アジア共同体という幻想』ナカニシヤ株式会社出版、2006 年、16 頁。

表 3 – 2　东亚区域内已生效的 FTA/EPA

东亚区域	生效时间	东亚区域	生效时间
东盟 FTA	1993 年 1 月 1 日	韩国—东盟 FTA	2007 年 6 月 1 日
日本—新加坡 EPA	2002 年 11 月 30 日	日本—印尼 EPA	2008 年 7 月 1 日
中国—东盟 FTA	2004 年 1 月 1 日	日本—文莱 EPA	2008 年 7 月 31 日
韩国—新加坡 FTA	2006 年 3 月 2 日	日本—东盟 FTA	2008 年 12 月 1 日
日本—马来西亚 EPA	2006 年 7 月 13 日	日本—菲律宾 EPA	2008 年 12 月 11 日
日本—泰国 EPA	2006 年 11 月 1 日		

注：东盟 FTA 生效时间是指共同有效优惠关税（CEPT）的生效时间，中国—东盟 FTA、日本—东盟 FTA、韩国—东盟 FTA 的生效时间是指货物贸易协议的生效时间。

资料来源：许祥云：《东亚 FTA 体系中的原产地规则与东亚生产体系》，《当代亚太》2010 年第 1 期。

（二）东盟一体化加速的牵引作用

世界范围内区域经济一体化趋势的加强，使作为小国联合自强产物的东盟在加强区域经济合作方面的愿望不断增强，在地区主义探索方面不断取得进展，其灵活的"平衡外交"改变着由全球性以及地区性大国主宰国际及地区事务的局面，东盟的经验已经延伸至更大范围的东亚地区，发挥着积极的牵引作用。

以"东盟方式"为基础，秉承开放态度，东盟已经搭建起"10＋1"、"10＋3"、东亚峰会等合作平台和相关合作机制，成为维护东亚地区和平稳定、寻求共同发展的一支重要力量。

在东亚地区，东盟最早启动了区域一体化进程。它经历了从特惠贸易安排到自由贸易区的发展、再向经济共同体迈进的过程。自1978年起，东盟开始实施特惠贸易安排。在1990年10月的东盟经济部长会议上，泰国率先提出建立"东盟自由贸易区"的设想。1993年，东盟自由贸易区（AFTA）的进程正式启动，标志着东南亚经济一体化迈出了关键性一步。东盟自由贸易区的成员国也由最初的6个增加到10个，自由贸易区逐步从贸易扩展至服务、投资以及其他经济合作领域。1997年11月，东盟国家首脑会议在马来西亚吉隆坡召开，并在马来西亚的倡导下，促成了东盟和中日韩三国的首脑会议。1997年12月，在东盟的主持下，首次"10＋3"会议在马来西亚首都吉隆坡召开，这标志着东亚国家之间经济合作机制的诞生。东盟作为"10＋3"机制的发起人，已经成为区域经济合作一个不可替代的角色。

从东盟过去和当前的思想意识上可以看到，东盟既不愿意接受日本也不愿意看到中国在东亚区域经济合作中发挥主导作用，而是更愿意以东盟本身为核心发展东亚区域经济合作，以提高东盟与日本、中国、美国、印度和欧洲谈判的力量和地位。因此，东盟出于平衡力量和拓展空间的考虑，在同中日韩签订区域经济合作协议或意向的同时，还积极寻求与印度以及与澳大利亚和新西兰的双边合作，而澳、新、印也对加入与东盟的区域经济合作抱以积极的态度。因此在东盟地区论坛（ASEAN Regional Forum，ARF）部长级会议上，东盟曾提出了一个被日本共同社称为"圆心外交"的新地缘战略构想。即以东盟为圆心，"内圈"包括中国、日本和韩国，"外圈"为印度、俄罗斯、澳大利亚的设想。从中可以看出东盟本身也在努力成为东亚经济合作的中心和领导者。①

　　尽管从经济实力看，东盟与中日韩有相当大的距离，其目前 GDP 总量与中日韩三国相差甚远，力量显得过于单薄。同时，东盟作为一个地区合作组织或"超国家"组织，却不具备"超国家"的权威。② 但是东盟一直在不懈地努力壮大自己的集体力量和影响，并以一个"联合起来的大国"身份分别与中日韩等国进行经济合作谈判，从而大大提高了自身的地位，客观上消除了可能被大国"左右"的担忧。尽管当今东亚区域经济合作缺乏大国主导，尽管东亚经济合作不能像欧盟和北美自贸区一样由大国统领，但是东盟峰会和东亚峰会的定期召开和不断扩大，给中日韩和其他国家搭建起了一个可以共同协商、逐渐增进互信、消除国家之间历史宿怨和政治分歧的平台。如果没有东盟这一平台，根本不会有三个"10＋1"的合作以及东亚峰会这样的新进展（见图 3－1）。

　　当前或者在今后很长的一段时间内，东盟会继续担当东亚区域经济合作的主要引导者。如果东盟能够在"10＋3"框架下协调和推动中日关系实现实质性改善，同时中日两国以真诚和积极的态度来改变当前的政治经济关系，超越文化的鸿沟，消除历史恩怨，正确估计各国在未来东亚的发展前景以及在全球经济中的地位，不寻求在东亚区域经济发展中的主宰和领袖地位，那么一个崭新的、以东盟为主要推动者，以中日（韩）为引导者的东亚，一个在"10＋3"自由贸易区基础上建立的东亚区域经济一体化组织就不再是遥不可及的梦想。

　　2003 年 10 月，在印度尼西亚的巴厘岛召开的第九届首脑会议上，东盟十国又签署了《第二巴厘宣言》，计划在 2020 年把东盟地区建设成以商品、服务与投资自由流通为特点的单一市场，成为一个在经济、安全和社会文化领域全面合作的共同体。2008 年 12 月，在东盟首脑峰会上签署通过了《东盟宪章》并于 2009 年 12 月正式生效。东盟一体化的顺利及快速进展，将继续带动包括日本在内的东亚各主要国家以更积极的姿态、更有效的战略与政策推进区域经济合作进程。

　　经过多年努力，东盟共同体建设成绩斐然。2014 年，东盟 10 国国内生

---

① 转引自李建民《东亚区域合作及一体化可行性研究》，博士学位论文，东北师范大学，2006。
② 王士录：《东盟内部的科技合作：成就与问题》，《当代亚太》2005 年第 2 期，第 30 页。

产总值总计达到 2.6 万亿美元；东盟自由贸易区已将关税水平降至零或者接近零，大大降低了商品流通的价格，减少了区域内企业进入各国市场的难度。随着东盟共同体建设进入冲刺阶段，一个拥有 6 亿多人口、具有单一市场和生产基地、有竞争力、发展平衡并与世界经济接轨的东盟经济共同体即将出现在世人面前。2015 年末东盟共同体宣告成立，一体化进程加速。东亚区域经济合作和一体化进程或将迎来新的契机。

不可否认，当前东盟一体化进程仍面临诸多挑战，成员之间在政治制度、经济和社会发展水平、民族、宗教、文化等方面存在较大差距。然而，辩证地看，多样性和差异性也能转化为推动一体化进程的力量源泉。

（三）中国与东盟接近的刺激效应

对于东盟国家来说，比邻的中国可谓"庞然大物"。该地区国家对中国的看法也经历了从中国崛起是"威胁"到是"机遇"的巨大转变。由于中国与部分东南亚国家存在领土纠纷，在这些国家看来，中国的规模及其迅速发展自然被视为对自身的威胁。在 20 世纪 60 年代，东南亚国家认为中国的共产主义意识形态以及华人社会的族群联系可能会危及其国内稳定。随着中美关系解冻以及 20 世纪 80 年代以后中国实行改革开放政策，东南亚国家开始谋求与中国关系的正常化。1991 年新加坡与中国外交关系的建立，标志着中国与所有东南亚国家实现了关系正常化。

在经济全球化迅速发展的背景下，为了发展经济、保障安全，东盟国家认识到了与中国发展经济与政治关系的重要性，积极接触并以此推动中国积极参与地区合作，鼓励中国在该地区承担起负责任大国的角色，成为东盟国家的普遍共识。尽管东盟强调与日本和美国的关系，以便对中国形成制衡作用，但是实际上东盟实行的是一种将中国作为合作伙伴的战略。东盟通过东盟—中国自由贸易区、东盟"10＋3"合作框架、亚太经合组织（APEC）、东盟地区论坛（ASEAN Regional Forum，ARF）和亚欧会议（EAS）等方式积极接触中国。东盟接触中国政策成功的标志之一是中国作为域外国家，率先加入了《东南亚友好合作条约》。

当然，这一成功并不是东盟单方面努力的结果。尽管中国曾经对推动区域合作也并不积极，包括在 APEC 等地区组织中，中国始终都处于被动的局面。但是随着经济持续 9% 以上的快速增长，中国已经不再单纯被认为是"世界工厂"，而被认为是巨大的消费市场，既是竞争对手，又是合作伙伴。

中国开始积极参与东亚区域合作，缓和与周边国家的关系，并希望在地区合作中发挥重要作用。

　　20 世纪 90 年代以来，中国对区域经济合作的态度日趋积极和成熟。中国对亚洲金融危机所采取的认真负责的态度，为本地区经济和社会的稳定做出了重要贡献。1992 年，中国第一次成为东盟的"磋商伙伴"，1996 年，中国正式成为东盟的"对话伙伴国"。1997 年，中国—东盟领导人非正式会晤提出了建立面向 21 世纪睦邻互信伙伴关系的目标。在始料不及的亚洲金融危机爆发后，中国政府克服国内困难，及时为东南亚重灾区提供了力所能及的支援，得到受援国及国际社会的普遍好评。1998 年 3 月，在马尼拉举办的"亚洲发展问题论坛"上，专家们在记者招待会上对中国应对危机的举措纷纷给予积极评价。美国哈佛大学经济专家劳伦斯说，1997 年 7 月亚洲金融危机爆发后，东南亚一些国家的货币大幅度贬值，这对中国出口贸易产生了巨大的压力。但中国政府从大局出发，做出了人民币不贬值的承诺。他说，中国对这场金融危机所采取的态度，有效地防止了本地区经济危机的进一步恶化，从而为本地区经济和社会稳定做出了积极贡献。劳伦斯说，作为亚洲经济大国，中国对金融危机的负责态度不仅表现在对人民币汇率的问题上，而且体现在对国内的经济体制进行改革等方面。他还认为，中国经济的稳定发展必将会促进本地区经济的早日复苏。世界银行经济发展所所长托马斯和菲律宾发展研究所的英泰尔等专家在全会和记者招待会上发言时也认为，中国当前对国有企业和金融业所采取的改革与调整措施将会有效地避免金融风险，并将会保证本国经济持续稳定地发展。①

　　2000 年 11 月在文莱举行的"10＋3"首脑会议上，中国总理朱镕基提出将在 10 年内与东盟各国建立双边自由贸易区（China – ASEAN Free Trade Area，CAFTA）的设想。尽管部分东盟国家仍有疑虑，但中国的提议基本得到了相关各国的积极响应。因为亚洲金融危机的教训，使得东盟各国对区域合作的迫切性有了更加深刻的认识。随着互利合作的不断深化和中国—东盟自由贸易区建设的稳步推进，2005 年 7 月，中国—东盟自由贸易区《货物贸易协议》开始实施，双方 7000 余种商品开始全面降税，贸易额持续增长。2007 年 1 月 14 日，中国与东盟在菲律宾宿务签署了中国—东盟自由贸易区

---

① 《我对亚洲金融危机态度备受赞扬》，《人民日报》1998 年 3 月 11 日。

《服务贸易协议》。协议的签署为中国—东盟如期全面建成自贸区奠定了坚实基础。2009年8月15日，中国与东盟共同签署中国—东盟自贸区《投资协议》，标志着双方成功地完成了中国—东盟自贸区协议的主要谈判。2010年1月1日，中国—东盟自由贸易区如期建成。形成了一个拥有19亿人口、国内生产总值接近6万亿美元、贸易总额达4.5万亿美元、由发展中国家组成的自由贸易区。

2013年10月，国家主席习近平出访印尼、马来西亚并出席APEC第21次领导人非正式会议，发表了题为《携手建设中国—东盟命运共同体》的重要演讲。提出构建覆盖太平洋两岸的亚太互联互通格局的倡议。

在联手应对亚洲金融危机、加强地区多边合作、解决双边领土争端以及抗击SARS等合作过程中，中国均表现出积极与友善姿态，受到东南亚国家的高度评价。在经济实力与军事力量日益增长的同时，中国对待亚洲邻居的方式日趋温和与灵活。中国在该地区的影响明显扩大。中国通过加强与东亚国家的交流，拉近了彼此的认知距离，政治互信明显增强。中国提出了和平崛起战略，并将中国崛起作为亚洲崛起的有机组成部分，这有助于缓解中国崛起带给地区国家的压力。

中国支持东盟在东盟地区论坛中的领导作用，认为该机制是中国阐述自身安全关切以及向邻国说明自身战略意图的重要平台。中国政府一再强调：坚持与邻为善、以邻为伴的周边外交方针，奉行睦邻、安邻、富邻的周边外交政策。由此，中国与东亚国家和地区的睦邻友好和政治互信不断增强。在安全问题上，中国大力倡导新安全观，本着互谅互让的精神和搁置争议、共同开发的原则，解决与有关国家的领土争端。努力发展与东亚国家和组织之间的伙伴关系，坚持通过对话解决彼此间的分歧和存在的问题，加强相互间的对话与磋商，努力拓展和深化双边经济合作，为推动东亚经济一体化进程奠定坚实的基础。

发展地区合作，以应对全球化带来的冲击和区域经济一体化滞后带来的挑战，同时避免区域内权力结构变化带来的挑战，已成为包括中国与东盟在内的东亚国家的共识。

日本对东亚区域合作态度的转变，与中国通过与东盟加强联系，参与本地区合作的积极态度有很大关系。日本意识到自身滞后的东亚政策已经使中国成为东亚区域合作的领先者，因而试图改变一直以来的消极态度，以免沦落到被边缘化的窘境。面对中国与东盟的迅速接近，日本开始调整与区域内各国的关系，加强地区外交的力度。1998 年 10 月，小渊首相与到访的韩国总统金大中发表了《日韩共同宣言》。同年 11 月，江泽民主席访日时，双方也发表了建立"致力于和平与发展的友好合作伙伴关系"的联合声明，表明日本对亚洲外交开始重新予以重视。

受到中国与东盟建立自由贸易区设想的刺激，2002 年 1 月访问东盟各国的小泉首相在新加坡发表了对东盟政策的演讲，成为 1977 年福田首相访问东南亚并发表著名的"福田主义"声明以来，时隔 25 年后日本对东盟发表的新政策宣示。但是，日本对小泉首相在演讲中提出的五点主张进行了追加说明①，即在"10＋3"的框架基础上，增加了澳大利亚和新西兰，成为扩大版的区域合作，并指出美国在区域合作中的作用极其重要，日本将继续加强与美国的同盟关系。因而被舆论批评为"内容基本与 APEC 框架同调"。②

2001 年 11 月在文莱举行的首脑会议上，中国和东盟提出了在 10 年内建立中国—东盟自由贸易区的设想，从而使得中国在东亚区域合作的主导权竞争中占据了先机。③ 2002 年 11 月，中国和东盟签署了《中国—东盟全面经济合作框架协议》，决定到 2010 年建成中国—东盟自由贸易区。日本看到中国如此快速地与东盟签订了协议，就在中国与东盟签订协议的次日，宣布有意与东盟国家签订经济合作框架协议。2003 年 12 月的东京首脑特别会议上，日本与东盟签订了全面合作框架协议。

当初，日本和中国都曾得到过东盟国家的邀请签署《东南亚友好合作条约》，但日本唯恐影响到"日美同盟"而未能即时与东盟达成默契。2003 年 10 月，在印度尼西亚巴厘岛举行的第 7 次东盟与中国（"10＋1"）首脑会议上，中国正式加入《东南亚友好合作条约》后，在同年 11 月 18 日，日本政府也宣布，决定加入《东南亚友好合作条约》。日本这些滞后的外交

---

① 小泉首相的五点主张包括：（1）发展教育，培养人才；（2）将 2003 年定为"日本·东盟交流年"；（3）"日本与东盟一揽子经济合作构想"；（4）举办有关东亚开发的会议；（5）在安全保障方面加强合作。

② 山下英次：《小泉首相的东南亚外交政策演说（2002 年新加坡演说）及其评价》，载〔日〕《经济学人》2004 年第 105 卷第 2 号，第 14 页。

③ 《中国将主导亚洲经济》，〔日〕《朝日新闻》2001 年 11 月 7 日。

作为，减损了自身的声誉。为了改变这种局面，也为了避免在与中国争夺地区主导权方面损失更多。

中国签署《东南亚友好合作条约》，从而成为首个加入该条约的非东盟国家。这无论对于中国还是东盟而言，都具有深远的历史意义。尽管日本与东盟同时签订了《东盟与日本全面经济伙伴关系框架协议》，但从总体来看，中国与东盟各国关系取得了突飞猛进的发展，而日本则瞻前顾后，被中国甩在了后面。正如日本媒体所指出的那样，"东亚的两个经济大国中国和日本正为角逐在东亚经济圈中的地位展开竞争，就在日本磨磨蹭蹭的时候，日本南面的邻居已经和中国一起跑了出去，而日本和韩国可谓落后一圈了才开始追赶"。① 2003 年 12 月，在日本与东盟特别首脑会议上，日本与东盟发表了旨在推动双边经济、政治和安全关系的《东京宣言》和《行动计划》，提出了建立"东亚共同体"的设想，启动了与马来西亚、泰国、菲律宾三国建立自由贸易区的谈判，加入了《东南亚友好合作条约》。这次会议在政治、经济、安全方面的三大成果，表明日本同东盟的关系实现了新的飞跃。

日本与东盟经济合作伙伴协议（AJCEP）生效于 2008 年，但由于投资和服务领域的协议被一再推迟，最终于 2013 年 12 月在东京举行的东盟与日本特别首脑会议上达成了实质性的共识。这次纪念日本与东盟交流 40 周年的日本与东盟首脑会议议题是"欢迎日本与东盟经济合作伙伴协议在投资和服务领域取得实质性共识"。该协议就商品贸易自由化、活性化、知识产权领域及农林水产等领域的合作，促进服务贸易自由化及投资的自由化以及保护等方面进行了规定。2008 年，商品贸易领域的协定生效后，2010 年 10 月，双方开始就服务、投资领域进行谈判。经过长达 3 年的谈判，在此次的首脑会议上达成了实质性的共识。

2017 年 3 月 2 日，在文莱召开的第 32 届东盟—日本论坛上，东盟与日本高级官员重申了保持长期伙伴关系的重要性。本次论坛的主要内容包括评估双边关系进程，讨论双方共同关心的战略与经济等议题，并确定新的合作领域。

日本重申，愿通过发展援助和能力建设项目，支持东盟一体化和东盟共

---

① 〔日〕《朝日新闻》2003 年 10 月 9 日的社论。

同体建设。双方合作领域将涵盖诸多方面，包括支持中小微企业发展、灾害管理、卫生保健、教育、人权、青年发展、文化遗产和体育事业等。日本还将支持东盟区域一体化倡议下的互联互通项目，以帮助其实现相关目标。此外，双方就共同关心的国际和地区问题进行讨论，包括海上安全和航行自由、朝鲜半岛局势和打击恐怖主义等。东盟欢迎同日本在传统和非传统安全问题上展开密切合作。

日本和东盟双方一致认为，在当前 TPP 进程高度不确定的情况下，应尽快完成 RCEP 谈判。在当前区域和国际形势不确定背景下，东盟和日本一致同意应加强合作，谋求共同利益。日本充分肯定东盟为促进地区和平稳定发展做出的贡献，包括其在区域机制方面发挥的核心作用。

东亚制度性区域经济合作由于受经济差距大和非经济因素的影响，同欧美经济一体化相比起步晚、进度慢，导致东亚国家在经济全球化的竞争中处于不利地位。中国与东盟经济一体化的推进，促进了日本、韩国同东盟之间的自由贸易区谈判，进而促进了东亚经济一体化的发展进程。

（四）欧、美区域合作的示范效应

冷战结束后，世界朝着多极化的方向发展。随着经济联系的日益密切和政治、安全等利益的交融，区域一体化成为国家间合作共荣的有效途径。特别是以欧盟（EU）和北美自由贸易区（NAFTA）为代表的区域合作组织给其成员带来了经济、政治、安全及其他方面的效益，这也激励着正在发展壮大中的区域合作组织和还未建立区域合作的地区。

在区域经济一体化的发展方面，以欧盟和北美自由贸易区所取得的成就最为突出。欧盟是成立最早、制度和管理最完善、经济成效最大的区域经济一体化组织。早在第二次世界大战结束后不久，欧洲国家就开始了区域合作的努力。1951 年，法国、联邦德国、意大利、荷兰、比利时和卢森堡在巴黎签订了欧洲煤钢共同体条约（条约于 1952 生效），欧洲煤钢共同体（European Coal and Steel Community，简称"ECSC"）成立。这是欧洲各国建立区域经济协调机制的最初成果，也奠定了欧洲区域一体化的第一块基石。1957 年，六国又在罗马签署了《欧洲经济共同体条约》和《欧洲原子能共同体条约》，这两个条约合称《罗马条约》，于次年 1 月 1 日正式生效。欧洲经济共同体和欧洲原子能共同体的成立，标志着欧洲各国的协调机制由行业领域扩大到各国的经济领域。

1965 年,《布鲁塞尔条约》签署,欧共体诞生;1968 年 7 月 1 日,欧共体实现了关税同盟,成员之间的工业制成品贸易不再征收关税。经过多年的发展,到 1993 年,旨在使欧洲一体化向纵深发展和成立经济货币联盟的《欧洲联盟条约》生效(1991 年签订),欧盟正式成立。继 1993 年建成商品、人员、服务、资本可以自由流动的统一大市场后,欧洲的统一货币——欧元也于 1999 年 1 月日正式启动。

欧盟在加强区域合作过程中所采取的统一市场规则有利于消除成员之间的贸易障碍,降低交易成本,扩大产品的市场份额,实现贸易创造效应和贸易转移效应,增加区域内贸易交易额,加速资本的自由流动,实现资本在区域间的最优化配置,促进了企业的竞争与并购,也让消费者有了更多的选择。

短短几十年,欧洲一体化逐步从低级到高级,从不完善和不成熟到日趋完善和成熟,从单一的经济联合到经济、货币、政治及防务等全方位的联合,取得了令世人瞩目的成绩,为该地区及区内国家带来了巨大的利益。截至 2007 年 1 月,欧盟经历了六次扩大过程,成为一个涵盖 27 个国家,总人口超过 4.8 亿的当今世界上经济实力最强、一体化程度最高的区域经济一体化组织。欧盟不仅以欧洲区域高度一体化组织及傲人成绩示人,近年来也在不断推进与非洲、中东、东南亚、拉丁美洲签署自由贸易协定(FTA)的进程。

美国推进区域合作进程所取得的成绩首推 1989 年成立的北美自由贸易区(NAFTA)。北美自由贸易区是世界上第一个出现的由发达国家(美国、加拿大)和发展中国家(墨西哥)组成的区域一体化组织,在世界各大区域贸易组织中具有重要的地位和作用。1989 年,美国和加拿大两国率先签署了《美加自由贸易协定》,形成了美加自由贸易区,这使身为发展中国家的墨西哥在北美经济大格局中面临被边缘化的危险。为了不在日益激烈的竞争中落后,墨西哥也开始加入谈判。自 1991 年开始,三国开始建立北美自由贸易区的谈判机制,经过 14 个月的艰苦谈判,于 1992 年 8 月 12 日签署了一项三边自由贸易协定——《北美自由贸易协定》。1994 年 1 月 1 日,该协定正式生效。协定规定,自生效之日起 15 年内,三国应逐步消除它们之间的贸易壁垒,实现商品和劳务的自由流通,从而形成一个世界上最大的自由贸易集团。

北美自由贸易区突破了以水平分工为基础的一体化模式，通过发达国家与发展中国家区域间的垂直分工，在建立经济发展水平差异很大、经济结构不同、互补性强的贸易区方面取得了令人瞩目的成果。从北美自由贸易区建立至今，区内三国的相互依赖性进一步加深，政治经济联系进一步增强。三国很好地实现了优势互补，区域内贸易与投资迅速发展。同时，该地区投资环境改善，总体经济实力上升，吸引外资能力增强，国际竞争力上升。

根据《北美自由贸易协定八周年》总结报告，1993 年到 2001 年，区内贸易翻了一番，从 2970 亿美元增加到了 6220 亿美元，三国之间每天的贸易量就有 17 亿多美元。可以说，北美自由贸易区的建立使北美地区成为世界上一个极具经济竞争力和经济最为繁荣的区域。《报告》披露，1993～2001年，加拿大向美、墨两国的出口额增长了 95.7%，达到 2290 亿美元，而向区外国家的出口额仅增长了 5%。2001 年，墨西哥对美、加两国的出口额为 1390 亿美元，比 1993 年增加了 225%，同期墨西哥对区外国家出口额的增幅为 93%。2001 年美国对加、墨两国的出口额为 2650 亿美元，比 1993 年增长了 86.6%，明显高于美国向区外国家出口 44% 的增幅。1994～2000年，流入北美自由贸易区的外国直接投资占同期全世界外国投资总额的28%。其中，美国每年吸收 1102 亿美元的外国直接投资。加拿大的年均吸收外资额达到 214 亿美元，比《北美自由贸易协定》生效前七年的总额多出了二倍。[①]

北美地区蓬勃发展的出口贸易与外资的大量流入，增强了北美地区的经济活力，带动了三国的经济增长，在一定程度上实现了三国合作的初衷。欧美两大区域合作组织的迅速扩展与提升，无论对于地区发展，还是区域内国家自身的发展都产生了积极的影响。这两个区域合作的成功充分证明了在全球化时代加强区域合作的重要性，对于东亚区域合作产生了良好的示范效应。另外，这两大区域合作组织都属于排他性区域集团，它们的建立使整个东亚地区面临贸易和投资转移所带来的不利影响和竞争力降低的局面，甚至有可能严重影响东亚地区在世界经济中的地位和作用。因此，在欧美区域合

---

① 周文贵：《北美自由贸易区：特点、运行机制、借鉴与启示》，《国际经贸探索》2004 年第 1 期，第 18 页。

作不断发展的推动下，东亚各国开始认识到区域一体化可以推动其工业取得规模经济效益，而且可在一定程度上与欧洲和北美的区域化抗衡，因而加速了区域合作的步伐。

在日本看来，1999 年西雅图会议的失败，使得 WTO 新一轮谈判的希望化为乌有。日本国内随之出现"WTO 未必是自由贸易最好的舞台"的舆论。日本经团联等组织出面要求政府修改向 WTO 一边倒的贸易政策。同时，日本政府也发现，一直高调维护 WTO 体制的美国，正在加强地区保护主义，积极策划包括全美洲的美洲自由贸易区（FTAA）。美国除成功建立了北美自由贸易区之外，自 1985 年与以色列签署 FTA 协议以来，已经与 25 个国家签署、达成了 FTA 协议。不仅如此，其还与美洲自由贸易地区（FTAA）、南部非洲关税同盟（SACU）、泰国、阿拉伯酋长国联邦（UAE）、马来西亚等国家和地区交涉，和一些国家和地区达成了合作意向。美国奉行的是多边主义与地区主义并行的"双轨"政策，较之日本只支持多边主义的"单轨"政策更胜一筹，这促成了日本政府对本国一贯立场的反省。

三 全球金融危机后日本的区域合作政策

始于 2007 年末的美国次贷危机，引发了全球范围内的新一轮金融与经济危机。在经济全球化深入发展、国与国相互依存日益紧密的背景下，面对这场世所罕见的金融与经济危机，任何国家都无法独善其身，也没有一个国家能以一己之力全身而退。

金融危机的爆发使不堪重负的日本经济"雪上加霜"。全球金融危机爆发之后，作为日本传统出口市场的美国亦举步维艰，欧洲经济也每况愈下，日本失去了经济发展所长期依赖的两大支柱。不断加剧的老龄化、少子化等因素也导致内需不足等各种问题，使日本经济面临再次步入 20 世纪曾经"失去的十年"的危险境地。

危机之初，日本建筑业以及作为主要出口支柱的数码家电及汽车等受到冲击，生产机械方面也受到严重影响。日本内阁认为次贷危机是导致日本经济先行指数恶化的主要原因。2007 年 10 月 6 日，时任经济财政政策担当大臣大田弘子在内阁会议后对记者表示了日本政府的担忧。同时，作为日本金融政策决策会议议员的央行高层也认为新一轮金融危机对日本经济产生的消极影响将是长期的，需要认真加以对待。① 严峻的形势要求日本对东亚区域经济合作政策重新定位，与中国、韩国及东南亚国家加强合作，以拉动其国内经济。日本政府希望通过多边化、合作化的经济外交战略转型，为出口导向型的日本经济模式寻找新的增长点。新兴国家尤其是以中国为首的东亚地区的经济势头良好，成为支撑日本实体经济增长的新亮点。日本政府进一步强化了亚洲经济合作战略的信念，并希望包括中国、ASEAN 各国在内的亚洲国家，能尽快地摆脱金融危机的束缚，并通过这些国家的外需增长来帮助日本经济重新复苏。这将直接关系到日本经济能否迅速走出金融危机的阴影，维护日本在本地区的经济利益。

（一）日本强化与亚太地区各国的合作机制

国际舆论普遍认为，不合理的国际经济与金融体系、发展中国家在国际金融体系中的弱势地位，是金融危机爆发的重要原因。因此，推动国际金融体系改革应当是化解并预防危机的关键。

如前所述，日本东亚区域经济合作战略，主要表现在与中国、东盟（ASEAN）各国以及韩国的经济合作关系上。在 20 世纪 90 年代中期亚洲金融危机发生不久，日本曾提议在东亚地区建立长期稳定的合作关系，并希望以建立"亚洲货币基金"的形式，将这种合作关系固定下来。由于当时各种条件的限制，最终这一设想未能实现。但是，日本政府已经勾画出其亚洲经济合作战略的雏形，并通过与其他国家签订双边自由贸易协定以及经济合作协定，不断推行其合作战略，其核心之一就是与东亚国家的经济合作。日本政府构思出"亚洲经济倍增计划"，希望通过亚洲国家的经济增长和内需扩大，共同促进 ASEAN 国家的整合、贸易和投资的加速增长、金融资本市场的培育等。②

本次全球金融危机爆发后，为了促进亚洲经济的发展，日本政府加大了对亚洲国家的援助。2009 年 1 月达沃斯会议上，时任日本首相麻生太郎表示将扩大对亚洲国家总额为 1.5 万亿日元的援助，同时提供最多 2 万亿日元的 ODA 贷款。③ 2009 年 5 月 3 日，日本经济财政大臣与谢野馨在亚洲

① 刘浩远：《次贷危机殃及日本经济》，《证券时报》2007 年 11 月 8 日。

② 日本経済産業省通商政策局：「アジア経済倍増に向けた成長構想」について、2009 年 4 月 12 日。

③ 日本経済産業省貿易経済協力局：「我が国の貿易金融支援及びアジア向けODA 拡充について」、http：//www・meti・go・jp/policy/external_ economy/。

开发银行的年会上发表演讲，强调为了抵御金融危机的风险，亚洲各国必须迅速脱离传统的外需依存型经济结构，并注重内需对经济发展的拉动性。

2009年5月日本政府在北海道举行了与南太平洋地域内16个国家及地区的第5届日本—太平洋诸岛论坛首脑会议，创设了"太平洋环境共同体"，以共同应对全球气候变化问题。实际上，环境问题经济化、政治化的倾向日趋明显，日本政府也希望通过环境问题等软政治问题的协商，来推动亚洲太平洋地区的经济发展，并巩固日本在该地区经济中心的地位。

2008年5月4日，第11届"10＋3"财长达成协议，一致同意亚洲共同外汇储备基金的规模不少于800亿美元。其中80%由中日韩三国提供，其余20%由ASEAN各国分担。2009年5月3日，中日韩三国的财政部长在印度尼西亚巴厘岛举行会谈，又将亚洲共同外汇储备基金的规模提升至1200亿美元，并就出资比例达成共识：中国和日本各出资384亿美元，各占储备基金总额的32%，韩国出资192亿美元，占总额的16%，剩余20%的240亿美元由ASEAN各国分担。

2009年4月26日，日本《每日新闻》发表社论文章，客观地指出G7国际经济合作体系已经无法适应国际经济形势的新变化，发展中国家和新兴国家经济实力的增强，为构建G20为核心的世界经济新格局创造了条件，认为日本应顺应时代潮流的发展，积极采纳G20以外亚洲所有国家的意见，并且重视与中国、韩国的共同协作。同月，日本首相麻生太郎访华，明确中日两国间应当建立战略互惠关系。2009年4月30日，在中国全国青年联合会和日本青年会议所的交流会演讲中，麻生暗示中日间缔结经济合作协定的可能性。同时，强调亚洲是世界上经济增长最具潜力的中心，中日间的合作领导是这一潜力得以充分发挥的基本前提。

另外，日本政府区域经济合作战略很大程度上是由日本企业所主导。因为亚太区域合作将为日本企业扩大规模和亚洲地区的经济复苏与发展铺平道路。日本企业综合平衡在矿产资源、人力资源以及消费市场等方面存在的各种有利因素，积极调整并扩大在亚洲特别是东亚地区的生产规模。应该说，金融危机之后，对于经济形势的新判断以及中日经济关系的新定位，在日本国内各界已经形成基本共识。

民主党上台后，在外交政策方面提出"重视亚洲"的口号，在不同场合重申将进一步推动东亚区域合作。日本政府的各种努力旨在谋求建立与亚洲国家的经济合作机制，以推动日本与亚洲国家间的经济关系。

（二）中国政府针对全球危机的积极回应

世界银行 2009 年 3 月 17 日发表报告指出，自金融危机爆发以来，全球各国推出或拟推出的保护主义措施大约有 78 项，其中 47 项已付诸实施。相形之下，中国政府不仅组织了大型采购团赴海外采购，还主动免除了 46 个最不发达国家 400 多亿元人民币的债务，向多国提供 2000 多亿元人民币的援助，并承诺对最不发达国家出口到中国的绝大部分商品实行零关税。[①]

此外，中国在面临巨大困难的形势下，保持了人民币汇率基本稳定，体现了对国际社会的高度责任感。危机当前，中国的开放心态源自一个信念，那就是一个充满活力、更加开放的中国，这不仅有利于保持中国经济平稳较快的发展势头，而且有利于国际社会共同应对国际金融危机、促进世界和平与发展。

危机之初的 2008 年，中国领导人在华盛顿二十国集团（G20）首次金融峰会上，呼吁世界各国增强信心、加强协调、密切合作。2009 年年初，中国领导人又展开了举世瞩目的"正月外交"，与受访国就加强双边经贸往来、深化互利合作达成多项共识；在伦敦二十国集团第二次金融峰会上，中国再次提出包括进一步"加强合作"、"推进改革"和"反对保护主义"在内的五项主张；在随后的博鳌亚洲论坛上又提出包括深化经济合作、坚持开放政策和共同应对挑战等五项倡议。

面对日益严重的金融危机，为了刺激农村地区的消费，2008 年中国政府积极地推行了"家电下乡"政策，补贴并鼓励农村消费者购买家电制品。2009 年 5 月 14 日，中国商务部决定将日本的夏普、日立、三洋和韩国的 LG 四大品牌家电制品也纳入活动的补贴对象，这也是自政策实施以来，外国品牌家电的首次入围。中国政府希望通过投入高品质、高质量的外国品牌家电，以刺激国内农村的消费市场。同时，也希望通过经济刺激政策的实施，来回应日本政府的亚洲经济合作战略，从实际意义上论证合作战略的可行性。在同样处于内需不足的情况下，日本政府比任何时候都急需外部经济需求对其出口的拉动力。

---

① 《中国致力于推动应对金融危机的国际合作》，综合新华网，2009 年 5 月 1 日。

中国是国际合作的积极倡导者和实践者，为推动世界各国携手合作共抗危机做出了不懈努力。中国致力于推动应对危机的国际合作，体现在积极参与和开展多边外交，协调新兴国家及发展中国家的立场，密切同主要发达国家对话沟通，在切实维护自身根本利益的基础上，努力提高国际社会应对危机的效率与经济合作的水平。这些倡议引起世界各国的广泛共鸣并获得支持，提振了世界共同应对金融危机的信心。在中国的积极参与下，国际社会就推动世界经济增长、加强金融监管以及为国际金融机构注资等问题达成共识。许多国家和国际组织认为中国正不断为加强合作、促进世界经济复苏和持续发展做出贡献。

中国致力于推动应对危机的国际合作，体现在积极参与有关改革国际金融秩序的讨论，努力探索维护全球金融环境稳定的良方，为推动国际金融秩序朝着公平、公正、合理、有序的方向发展、营造有利于全球经济健康发展的制度环境。此外，作为稳定金融的积极探索，中国还与有关国家和地区签署了总额达 6500 亿元人民币的双边货币互换协议，并探讨建设区域性储备货币，为区域金融稳定做出了积极贡献。

东亚区域经济合作不仅事关区域经济能否存续与发展，也关乎各国国内政治的安定与区域整体的安全。亚洲各国在经济贸易方面具有互补关系。以全球金融危机为契机加强彼此之间的合作，可以化危机为转机。与 1998 年亚洲金融危机发生时相比，现有亚洲区域合作的思想基础、财力基础、体制基础都要好得多，如何利用这些基础，因势利导地推进区域合作进程，已经成为亚太尤其是东亚地区面临的重大现实课题。

10 年前勃发的亚洲金融危机，助推了东亚区域经济合作。1998 年的亚洲金融危机、2002 年的 SARS 危机、2003 年的禽流感都成为"合作的机遇"，并由此成就了危机驱动型的东亚区域合作模式。10 年后始自美国的金融与经济危机，也正在促使东亚各国积极开始行动，寻找摆脱危机、共同发展的新途径。

第四章
日本东亚区域经济合作的实践

作为东亚地区发达经济体，同时也是探索区域经济合作较早的国家，日本在区域经济合作方面曾经有"不俗"的表现。从 20 世纪七八十年代图谋构筑以日本为核心的区域合作网络，到金融危机爆发后的政策转型，乃至应对进入新世纪后中国崛起和东盟共同体壮大带来的新挑战，每个时期日本都通过经济和政治、外交手段，追求本国利益的最大化。本章试图归纳近 30 年来，在几个不同时期的不同历史背景下，日本在区域经济合作方面的政策与实践。

第一节 "亚洲货币基金构想"与"新宫泽计划"

东南亚金融危机爆发后，日本开始结合对东亚地区的经济援助来考虑地区主义的问题。迫于国内外压力，日本感受到东亚地区金融合作的重要性，意识到亚洲国家应从战略上考虑如何重新安排本地区的货币体系，加强金融领域合作，以提高本国、本地区抵御金融风险的能力，避免被国际资本所利用，再次遭受危机的侵袭。日本先后提出"亚洲货币基金构想"、"新宫泽计划"等关于东亚金融货币合作的建议，为推动东亚金融货币合作的初步进展做出了现实的努力。

一 亚洲货币基金（AMF）构想

1997 年 8 月在东京召开的泰国金融援助国会议上，日本提议建立一个以亚洲地区为对象，提供金融援助和进行区域内金融监管的常设国际金融机构。此后，日本在世界银行和国际货币基金组织年会上，提出了建立亚洲货币基金（Asian Monetary Fund，简称"AMF"）的倡议，设想建立总额为1000 亿美元的亚洲货币基金，其中一半将由日本提供。日本设计的亚洲货币基金是一个独立机构，其成员由国内货币市场比较发达的亚洲国家组成，包括日本、中国、亚洲新兴工业化国家、东盟以及其他亚太国家。亚洲货币基金的主要职能有三个：一是推动政治对话。亚洲货币基金应该是各成员交换对经济形势、外汇以及货币和资本市场走势观点的场所。为此，AMF应举办不同类型的会议，如高峰会议、部长级会议、中央银行行长会议以及副部长级会议等，在这些会议上，各成员可以相互监督、展开政府对话、加深相互了解；二是建立紧急融资机制。AMF应扮演最后拯救者的角色，通过从各成员国家筹集资金、从资本市场筹集资金和向成员提供融资担保三种途径为陷入货币危机的成员提供紧急资金援助；三是防范危机。根据20世纪90年代末金融危机的教训，及时识别金融市场异动，从而采取正确措施对控制危机爆发具有关键性的意义。因此，AMF应该作为区域金融市场的研究中心，建立监测金融市场异常变化的早期预警系统，为成员国家提出及时与深入的分析、判断与建议。一旦东亚某成员可能发生危机，基金将为其提供金融援助，并提供其他必要的支持，迅速行动，以阻止投机对本地区货币稳定造成的冲击，增强本地区抵御金融风险的能力。另外，AMF还应当是严厉的金融执法者，对各成员经济体按照严格的国际标准进行监督。[1] 这种外在的压力可以加强亚洲国家在金融运作方面的透明度和金融监管方面的有效性。

从表面上看，日本积极倡导建立亚洲货币基金，似乎是在维护亚洲金融市场的稳定，但其根本目的是维护自身国家的经济利益，推行日元国际化。在东南亚金融危机之初，日本反应冷淡，大有隔岸观火之嫌。但后来日本一反过去做法，是因为它已意识到东亚各国经济复苏同自身利益密切相关。金融危机使日本对东亚国家的出口锐减，商业银行的不良债权大大增加。因此支援危机中的国家，尽快实现亚洲货币稳定，符合日本自身利益的需要。但是由于美国担心日本在东亚地区地位的提高会使自己在该地区的霸权受到挑战，同时中国、韩国和东盟的一些国家也对日本存有戒心，担心日本就此建立金融霸权，所以AMF的倡议没有获得通过。

二　新宫泽计划

1998年10月，当东亚货币危机后果越来越严重时，日本当时的大藏大臣宫泽喜一提出了"新宫泽构想"，其主要内容是：建立总额为300亿美元

---

[1]　王水怡：《浅析亚洲货币基余》，载《财经理论与实践》2000年11月，第17页。

的亚洲基金，帮助亚洲国家或地区克服货币危机造成的困难，其中150亿美元向亚洲国家或地区提供短期资金支持，以弥补其在贸易、金融交易中短期资金的不足，另有150亿美元则提供日元借款，用于中长期资金援助，以弥补遭受危机国家或地区的长期资金不足，帮助其恢复经济。这一提案受到不少国家，尤其是遭受货币危机国家的支持，也得到了美国政府和IMF的支持。2000年2月，"新宫泽构想"为印度尼西亚、韩国、马来西亚和菲律宾提供了210亿美元资金，其中135亿美元为中长期贷款，75亿美元为短期贷款。此外，"新宫泽构想"还为马来西亚、菲律宾和泰国提供了22.6亿美元的贷款担保。日本的一系列援助行为扩大了日元在本地区的使用和普及率，加强了东亚各国对日元的依赖，从而为日元在亚洲地区的推广创造了条件。正是从"新宫泽构想"开始，日本对东亚区域合作的态度明显日趋积极。

鉴于日本援助计划的顺利实施，东亚一些国家也开始转变了对日本AMF构想的态度。1999年10月18日，马来西亚总理马哈蒂尔在"东亚经济峰会"上提出建立"东亚货币基金"（EAMF）的建议，主张东亚地区各经济体签署一项多边协议，建立一个从属于该地区的基金，然后再逐步扩大到其他国家或地区。需要指出的是，迄今为止，日本政府一直没有放弃实现AMF构想的努力。例如，日本政府和学术界一直主张，伴随着"清迈倡议"（CMI）的多元化及其管理机构的建立，AMF的"复活"是必要且可行的。[①]

第二节　日新自由贸易协定与东亚经济伙伴协定

日本为推动建立自由贸易协定（Free Trade Agreement，"FTA"）和经济伙伴协定（Economic Partnership Agreement，"EPA"），做出诸多努力，也取得了相当可观的成果。这越来越显示出日本要以建立双边"经济伙伴协定"为突破口，以点带面，建立东亚范围内的"经济伙伴协定"，实现以东亚共同体为基础的区域合作战略目标。在建立"自由贸易协定"或"经济伙伴协定"的选择上，日本越来越倾向于后者，即淡化自由贸易协定，强调经

[①] 李晓：《全球金融危机下东亚货币金融合作的路径选择》，《东北亚论坛》2009年9月号，第3页。

济伙伴协定。这就是日本在对外区域经济合作中最重要的、带有主导性的合作战略。①

一 日本与新加坡自由贸易协定（JSEPA）

2002 年 1 月，时任日本首相小泉纯一郎访问东盟国家，除发表对东盟新的政策宣示外，还有一个重要的内容就是与新加坡签署了《日本—新加坡经济伙伴关系协定》（Japan-Singapore Economic Partnership Agreement，"JSEPA"）。此举标志着日本开始实行其新的、有选择的双边主义贸易政策，也为日本区域经济合作政策开辟了一个新的模式，关于两国的农副产品关税协定，见表 4 - 1。

表 4 - 1　日本与新加坡 EPA 中基于 WTO 协定的农副产品高关税商品从量税统计

税率	HS 代码	商品名称
2796 日元/kg	121299190	魔芋
1035 日元/kg	021011 -	猪肉
617 日元/kg	120210 - 220	花生
482 日元/kg	020312 -	猪肉
425 日元/kg	040221 -	牛奶及奶油
375 日元/kg	110230 -	米粉
354 日元/kg	071332 -	小豆
341 日元/kg	100610 -	大米

资料来源：日本关税协会，转引自阿部一知、浦田秀次郎：「日中韩 FTA」，日本经济评論社 2008 年版，第 39～40 页。

按照国际惯例，规范的自由贸易区是指加入的国家（地区）在货物贸易上实行自由化，在办理贸易通关手续上实现便利化，以及在服务贸易领域相互给予国民待遇。而且在世贸组织规则中还明确地定义了自由贸易区在上述三个方面的大致数量标准，对例外原则有比较严格的界定。熟知世贸组织规则的日本由于在农产品、外籍劳工就业、技术资格认定等诸多领域一贯实行保护主义政策，自知这些领域的对外开放将是一项庞大、艰巨、耗时的改革工程，根本无法跟上现在的谈判步伐，所以日本政府研究采取某种变通的

---

① 周永生：《21 世纪初日本对外区域经济合作战略》，《世界经济与政治》2008 年第 4 期，第 69 页。

办法，另辟蹊径地创造一种新的合作模式，即建立贸易自由化程度和在有些领域开放程度低于世贸组织规则规定标准的合作关系。同时为了取得签约国家和国际社会的认同，日本愿意在其他方面的合作有所拓展、有所让步，如提供经济援助。如日本与新加坡、墨西哥签署协议的内容所示，日本在东亚区域经济合作中，还增加了投资、政府采购、竞争政策、纠纷处理等方面内容以及与东盟领导人举行会谈时承诺提供巨额援助等，这些都是日本以灵活方式处理关键性问题的证明。

实际上，日本从一开始，就以内容更广泛的经济伙伴关系协定（EPA）取代了自由贸易协定（FTA），以后与其他国家谈判或签署的都是 EPA 模式的协议。JSEPA 在农产品问题的处理上独树一帜，它只规定日本取消所有2277 种农产品中的 486 种产品的关税，而这 486 种农产品中有 428 种已在对WTO 的承诺中取消了关税，剩下 58 种的关税也几乎为零了，至于其他 1791种农产品（约占全部农产品的 79%）则根本不在协议之内。因为新加坡没有那么多种类的农产品，JSEPA 还通过严格的原产地规则，杜绝了农产品的迂回贸易。① 这种"模式"使得日本既不必在协议内对绝大部分农产品取消关税，又没有把农产品问题全部排除在协议之外，从而满足了 GATT 条款中第 24 条所规定的条件，即除少量敏感产品外，不能把某大类产品排除在外。

因此，与自由贸易协定相比较，经济伙伴协定可以淡化农产品开放问题。农业是日本经济发展和对外贸易的软肋。"出于维护日本国家利益的考虑，在其强项的制造业方面尽量开拓市场，在农业方面缓而行之"。② 建立自由贸易协定不能回避的就是农产品市场开放问题，建立经济伙伴协定虽然也包括农产品开放，但由于它所包含的领域比自由贸易协定更加宽泛，可以相对淡化农产品问题。

日新自由贸易协定（JSEPA）签署之后，日本—墨西哥自由贸易协定也进入政府协商阶段。相比之下，最早提出的日本—韩国自由贸易协定却因困难重重而停滞下来。但日本与东南亚国家的 FTA 计划却进展迅速。这主要是因为中国区域合作进程加速给日本带来刺激效应。2001 年 11 月，中国与

---

① 参见 JSEPA 附录 I，http：//www. mofa. go. jp，转引自陆建人《日本的区域合作政策》，《当代亚太》2006 年第 1 期，第 18～19 页。

② 刘江永：《中国与日本——变化中的"政冷经热"关系》，人民出版社，2007，第 632～633 页。

东盟宣布在未来 10 年内建成中国—东盟自由贸易区，这使日本大为震惊。小泉首相随即于 2002 年 1 月对东盟进行了"历史性的访问"，除了与新加坡签署 JSEPA 之外，还主动提出要与东盟确定"日本—东盟全面经济伙伴关系"（Japan – ASEAN Comprehensive Economic Partnership，"JACEP"）。以往的各种 FTA 或 EPA 均是别国向日本提出的，日本被动接受。但 JACEP 却是由日本主动提出的，并且是由首相亲自推动的。这充分反映出日本对于中国领先一步的不安与焦急心态。2003 年 10 月，日本与东盟正式签署了《日本—东盟全面经济伙伴关系框架协议》，宣布将在 10 年内建立"日本—东盟自由贸易区"。①

2005 年 4 月，东盟和日本正式就全面经济伙伴协定进行谈判。2007 年 11 月，双方谈判顺利结束。2008 年 4 月，双方在泰国帕塔亚正式签署《东盟—日本全面经济伙伴协定》。根据协定，日本将对从东盟进口的按价值计算 90% 的产品实行零关税②，日本与东盟的原产地规则情况见表 4 – 2。

表 4 – 2　日本—东盟 FTA 中的原产地规则

原产地规则	适用范围
VC40%	第 9、17、21、22、23 章中极少数产品；第 72、73、84 章大部分产品；第 85 章部分产品；第 87 章全部产品
VC40% 或 CC	第 72 章部分产品；第 73 章极少数产品
VC40% 或 CC + ECTC	第 73 章极少数产品
VC40% 或 CH + ECTC	第 22、73、84、85 章部分产品
VC40% 或 CS	第 94、96 章绝大部分产品
CC	第 1、3 ~ 8、10 ~ 14、41、42、64 章全部产品；第 9、11、15、18、19、21、22、43、51、54、71 章绝大部分产品；第 16、17、20、24、25、50、52、53、65、70、91、94、96 章部分产品
CC + ECTC	第 56 章部分产品；第 62 章所有产品；第 63 章绝大部分产品
CC + ECTC + TECH	第 57、58、60、61 章所有产品；第 59 章部分产品
CH	第 15、35、50、65 章部分产品；第 18、22 章个别产品；第 23、44 章绝大部分产品
CH + ECTC	第 29、38、50、51、53、54、55 章部分产品；第 43、44 章个别产品
CH + TECH	第 50 章少数产品

---

① 陆建人：《日本的区域合作政策》，《当代亚太》2006 年第 1 期，第 18 ~ 19 页。

② 新华网：2009 年 10 月 25 日。

续表

原产地规则	适用范围
CH + ECTC + TECH	第 51、53、54、55、59 章部分产品；第 52 章大部分产品
CS	第 9、15、24 章极少数产品
完全获取	第 63 章部分产品

注：NC 是指无税目改变原则，CI 是指 HS8～10 位数水平上的税目改变原则，CS 是指 HS 代码
达六位数水平上的税目改变原则，CH 是指 HS 代码达四位数水平上的税目改变原则，CC 是指 HS 代
码达两位数水平上的税目改变原则，VC 是指价值内容原则，ECTC 是指免除税目改变原则，TECH
是指技术要求。"第 X 章"是指 HS 代码中的章节代码；表（3）中未出现章节（如第 74 章到 83
章）的产品，为未列入 FTA 协议关税减免范围的产品。

资料来源：许祥云：《东亚 FTA 体系中的原产地规则与东亚生产体系》，《当代亚太》2010 年第
1 期，第 20～44 页。

二　日本与东亚的经济伙伴协定（EPA）

2006 年 4 月，日本明确提出要构筑以经济伙伴协定（EPA）为核心的
经济合作体系。日本内阁会议审议通过了《全球化经济战略》并将其正式
确立为日本的国家战略。2006 年 8 月 23 日，在东盟与日中韩经济部长会议
上，日本提出了东盟十国与日、中、韩、印、澳、新等 16 国建立东亚经济
伙伴协定的构想，并将这一计划并入东亚国际合作的进程之中，企图以这种
宏伟的战略构想和计划安排排挤中国此前提出的东盟与日、中、韩（"10 +
3"）之间签订自由贸易协定的计划，主导东亚地区的经济合作。《全球化经
济战略》主张自 2008 年开始，由东盟、日本、中国、韩国、印度、澳大利
亚和新西兰共 16 国进行建立经济伙伴协定的谈判，以 2010 年为目标，沿着
依靠直接投资引领东亚经济增长的路线，达成不仅包括货物贸易，还有投
资、服务贸易自由化，保护知识产权，经济合作等内容以及高质量的一揽子
协议。[1] 具体谈判内容包括：（1）贸易自由化、便利化；（2）整顿投资规
则；（3）人员流动；（4）知识产权；（5）解决纠纷的手续。[2]

在推动建立自由贸易协定过程中，日本逐渐认识到建立经济伙伴协定可
以趋利避害、更加有利于己的前景。日本逐渐将经济合作政策的重点由建立

---

[1]　周永生：《21 世纪初日本对外区域经济合作战略》，《世界经济与政治》2008 年第 4 期，第
69～75 页。

[2]　孙承：《日本东亚：一个变化的时代》，世界知识出版社，2005，第 465～466 页。

自由贸易协定转向建立东亚经济伙伴协定的方向上来。签订经济伙伴协定的实践证明了其可行性。实际上，日本同别国谈判签订的关于推动自由贸易的双边经济合作条约虽然名称各不相同，有的甚至称为"自由贸易协定"，但从内容上看，基本都超越了自由贸易协定的层次，扩展到了经济伙伴协定的范畴，包括与新加坡、墨西哥、马来西亚、菲律宾、智利和泰国签订的经济合作协定等。[1]

第三节　自民党"战略互惠"与民主党"回归亚洲"

因频繁参拜供奉甲级战犯的靖国神社而导致中日关系陷入谷底的小泉时代结束后，2006 年 9 月安倍晋三出任首相，中日关系迎来了新的转机。意识到中日两国合作对自身国家利益及地区合作的重要性，两国提出了建设"战略互惠关系"的目标，双方希望在政治、经济、文化等各方面增加交流与合作，实现在这些领域的互惠与共赢。

（一）安倍一次政权提出中日"战略互惠"

前面提到，相对欧盟与北美两大区域集团，东亚区域一体化发展缓慢，正式的区域制度迟迟未能建立起来。其原因除了各国社会、经济、文化、宗教及意识形态等各方面的巨大差异外，还有中日两个东亚区域最有影响力的大国长期不和的负面影响。在欧洲一体化进程的 50 多年中，法德两国作为核心大国，对欧洲一体化议程的提出及观念的转变起着不可替代的作用。北美自由贸易区在美国的主导下，贸易与投资领域的联系也相当紧密。

反观东亚地区，东盟作为由小国组成的区域化组织，在一定程度上承担着领导区域合作的方向和制定规范的重任。随着东亚权力转移以及结构变化，小国作为地区一体化推动力的消极作用已经逐渐显现，东盟作为东亚区域的推动力已经显得乏力。中国是崛起中的地区性大国，有着重要的国际影响力，但至少在 20 世纪 90 年代之前，仅从经济角度看，尚无主导区域合作的实力。日本是传统的经济强国，在东亚地区的经济发展中发挥了领头雁的作用。以至于美国国际关系学者曾断言，"现成的充当领袖的例子是欧盟中的德国，北美自由贸易

---

[1]　周永生：《21 世纪初日本对外区域经济合作战略》，《世界经济与政治》2008 年第 4 期，第 69～75 页。

区中的美国，亚太经济合作组织中的日本和南美共同市场中的巴西"。①

但是，中国在20世纪末迅速崛起，其巨大的发展潜力令传统政治经济大国都不敢小觑，这使得东亚区域合作与一体化进程离不开中国的参与。在区域经济合作与一体化的实践中，拥有较强实力的国家往往能够主导方向和进程，强大的政治与经济实力及其文化、制度等软实力的吸引力也使得区域国家纷纷效仿。正如美国著名国际政治学者卡尔·多伊奇所言："一体化过程往往起源于某个核心国家，由一个或若干个较强、较高度发展以及在一些重要领域比其他地区更先进、更具吸引力的政治单位构成。"②

按欧美的区域一体化经验，在核心国家的带动下，地区一体化最终会从经济层面走向技术层面的合作，最终走向政治联合，形成政治、经济、社会形态类似的共同体。而且在现实主义的国际政治理论中，各国之间为基本的生存和稀缺资源而争夺，于是合作过程中的相对收益问题是各国尤其关注的。经济区域主义是主要经济大国加强各自经济实力和国际竞争力的国家战略的一个重要组成部分，在区域安排中，各国不会轻易为经济利益而在国家安全方面做出让步。实现区域一体化得到的实惠，可以让盟国享受，却不能让潜在的敌手获得利益。如果中日两国能够仿效法德，化解历史恩怨，走出信任危机，克服安全困境，将是实现双赢的一个重要途径。

随着日本首相安倍晋三对中国开启的"破冰之旅"，中日高层领导人长达五年互不访问的"冰冻期"宣告结束。中日双方就构筑基于共同战略利益的互惠关系、共同克服政治障碍、恢复两国领导人之间的交往与对话、正确评价两国的发展道路、加快东海问题磋商进程等达成重要共识。从此，构建"中日战略互惠关系"被提上两国重要议事日程。2007年4月，温家宝总理访日成就了"融冰之旅"，中日双方就妥善处理两国间的主要分歧进一步统一了认识，并就建立战略互惠关系的基本精神、基本内涵及将采取的实际步骤达成一致。2007年12月，日本福田首相访华，2008年5月，国家主席胡锦涛访日，再续"迎春之旅"与"暖春之旅"。胡主席与福田首相共同签署的《中日关于全面推进战略互惠关系的联合声明》成为中日之间第四

① 〔美〕罗伯特·吉尔平：《全球政治经济学：解读国际经济秩序》，杨宇光、杨炯译，上海人民出版社，2006，第321页。

② 〔美〕卡尔·多伊奇：《国际关系分析》，世界知识出版社，1992，第304页。

份重要的政治文件，使中日战略互惠关系又增加了制度保证。

经济的相互依赖与政治、安全对立并存这一中日关系的结构性矛盾，大概是两国间发生战略碰撞和多数重大矛盾冲突的主要原因。实质上，其核心问题是双方之间缺乏战略互信。[①] 中日战略互惠从能源合作这种技术性领域出发，是构筑共同利益的新基础，地区合作成为中日构建共同利益的新舞台。而在安全领域摒弃冷战思维，超越政治制度、意识形态乃至民族、宗教差异，通过构筑政治互信、展开战略对话，确立相互兼容的政策法律制度，互助合作，构建新型集体安全机制，维护共同利益。复旦大学樊勇明教授在《扩大战略互惠，发展中日友好》一文中指出，中日在构建战略互惠关系中有两大问题依然存在，即历史问题和台湾问题，这就要求两国从战略高度和历史大局出发来解决问题。分析影响中日关系时需要着重考量美国因素，中日国力对比的变化是中日关系演变的基本和决定性因素。中国的经济增长对日本经济非常重要，中日对推进东亚区域一体化有着不可推卸的责任，也是两国的共同利益所在，两国应该积极合作。[②]

对"中日战略互惠"关系也应该有清醒的认识。尽管日本首倡的这种战略互惠关系不是权宜之计，但其对日本的战略价值明显低于作为日本外交基轴的日美同盟关系，也不比日本同澳大利亚等国家之间建立在"相同价值观"基础上的关系定位更高，甚至并不比 2007 年 3 月日本提出的与俄罗斯建立的"建设性伙伴关系"定位要高。因此，日本首倡的"战略互惠关系"在一定程度上是受到美国将华定位为"利益相关者"的影响。[③] 更有学者认为，中日经济关系是一种竞合关系，既存在激烈竞争，又积极寻求合作，合作大于竞争，市场合作强于政府合作，良性竞争多于恶性竞争。中日相互依赖的状态已成为防止两国恶性冲突的重要杠杆。然而，在政治和安全领域，中日彼此存在根深蒂固的不信任乃至敌意，日本刻意回避一些可行的办法来解决中日之间三个层次（领土、影响力、历史）的问题，其根本原因在于日本依旧意在放手一搏，在中国羽翼尚未丰满之际寻求更大战略利益和更具弹性的战略空间。所以"中国发展是稳定中日关系、解决中国问题

① 崔立如、刘军红：《新时期的中日关系：从思考走向构建》，《现代国际关系》2007 年第 7 期，第 5 页。
② 樊勇明：《扩大战略互惠，发展中日友好》，《日本学刊》2007 年第 2 期，第 16～25 页。
③ 刘江永：《中日关系二十讲》，中国人民大学出版社，2006，第 59 页。

的基础"。中日均意识到单一国家主导的东亚合作模式是行不通的，维护本国核心利益最有效的途径莫过于承担东亚利益相关者的责任，在地区框架内发挥负责任大国的作用。日本在东亚采取的主要战略措施是："重新定义和确认美日安全同盟，与东盟国家签署双边或多边经济伙伴协定，进一步巩固合作关系"以制衡中国在东亚影响力的扩大。因此"中国与日本的关系则是地区性竞争性关系，难以完全通过寻求共同利益达到稳定，我们对此应有清醒认识"。[①]

由此看来，中日关系能否健康发展还不能确定，但就整个国际形势来看，制约中日关系改善的因素在相对减少，包括美国在内的大多数国家均期待中日和解。经济一体化、地区一体化和非传统安全领域共同利益增多，均有利于中日两国深化合作。

虽然现实主义对权力和实力的作用往往被夸大，但是从历史上看，任何真正的世界大国都是先从自己所在的地区事务中赢得主导地位而后再发展起来的。大国地区战略往往以国家实力为基础，以获取地区主导地位为目标。从现实世界中新的区域合作的一个主要特点来看，权力和实力在区域合作中的作用还是十分重要的。这个特点就是几个小国与至少一个大国的组合，并由大国发挥主导作用。如北美自由贸易区，从政治经济实力上说，与美国相比，墨西哥和加拿大只能算是小国。在欧盟，法国和德国在很大程度上发挥了大国的主导作用。

新地区主义背景下的东亚区域合作也需要有大国发挥主导作用。东亚合作进程要加快，需要有一种由大国主导建立的更高层次的制度安排，将东亚区内分散的、开放的贸易安排统合到一个东亚框架之中，形成一个东亚自由贸易区，使东亚地区经济贸易关系的发展由市场导向转向"制度导向"，减少合作中的不确定性。[②] 东亚一体化的驱动力有三个：大国驱动力、中小国家驱动力和合作机制驱动力。其中，以东盟为代表的中小国家由于自身能力有限，加之出于利己的国家主义考虑，对东亚一体化的推动表现出乏力的特点。东亚国家一向在合作中偏好非正式的弱制度化安排，制度作用有待加

---

① 门洪华：《国家利益与战略视野——关于中日关系的调研与思考》，《现代国际关系》2007年第 10 期，第 7~12 页。

② 赵洪：《日本与东亚经济合作》，载《当代亚太》2004 年第 3 期，第 48~52 页。

强。而现今东亚存在着经济大国日本和正在崛起中的地区大国中国这两个强国，"通过区域一体化有可能防止相互间的过度竞争，从而共同维护地区秩序"。① 两国关系缓和的新形势对地区一体化进程是十分有益的，这也是新地区主义对东亚区域合作发展的客观要求。

不可否认，在东亚区域经济合作框架内构建中日战略互惠关系也存在诸多难题。

首先，中日两国以及东亚各国在政治体制、发展模式、发展阶段等方面各不相同。目前中国正处于社会主义初级阶段，在某种意义上属于社会转型期，完善市场经济，构建和谐社会是本阶段的重要任务。而日本已经处于成熟社会，两个国家发展的基础不同，存在发展层次不同的问题，双方应增强相互理解。自美国提出以推进民主和自由为基点，发展同亚洲国家的关系后，日本也提出了以民主和自由为宗旨的亚洲外交观。实践证明，美式民主和自由体制可能不仅不适应一些亚洲国家的国情，反而可能给这些国家带来内乱和内耗，直接影响国家的发展。日本作为亚洲国家，应更多地考虑亚洲国家的实际情况，作为一个知情者，承担起东西方沟通的桥梁作用。中日两国战略互惠关系能够建立并取得成果对于本地区的其他经济体也会起到示范作用。

其次，中日双方在处理对东盟关系时尽管均表现出积极姿态，但也存在诸如"争夺地区主导权"的议论和担心。这种担心不足为奇，在东亚近代史上，首次出现了崛起的中国与经济复苏的日本两强并立的局面。作为一个经济蓬勃发展的大国，中国的崛起是必然的，日本应该以平和的心态接受并适应这个事实。日本前首相小泉与安倍都曾重申过中国的发展对日本是"机遇"而不是"威胁"，如果以这样的理性思考为前提，中日战略互惠关系的建立是指日可待的。

最后，发展中日战略互惠关系已经不仅事关两国及东亚，也关系到包括美国在内的世界性课题。2001 年以来，中日关系恶化已引起国际社会的高度关切。中日交恶不仅削弱了双方在建立地区多边合作机制（如"东盟＋3"、东亚峰会等）上的合作，加剧了联合国安理会改革的困难，而且造成了中美日三角关系的严重失衡。东亚各国均不愿在中日两国间被迫做出抉

---

① 《"东亚共同体"制度建构与区域认同会议笔谈》，载《世界经济与政治》2008 年第 10 期特辑。

择。美国虽然从来就不愿看到中日关系有所发展，甚至接近和超过美中、美日关系，但中日关系的严重恶化不仅加剧了美韩同盟与美日同盟协调、合作的困难（韩国在历史问题上与中国持相近的立场），而且存在形成美日同盟与中国对抗的危险。虽然美国政府长期以来对日本错误的历史观采取沉默态度，但随着靖国神社问题以及慰安妇问题的凸显，美国国会、战略研究界的批评之声日益高涨，这使美国政府面临尴尬的局面，包括美国在内的国际社会都希望看到中日关系早日趋向稳定。

由于种种原因，中日战略互惠关系虽然很难与中美建设性伙伴关系和美日同盟关系处于同一水平线，但毕竟使中美日三边关系出现了趋于平衡的积极变化，这种平衡关系应具有相互促进的稳定作用。在中日确定建立战略互惠关系后，这种作用应该提升。日本能否成为政治大国，美国是关键因素。随着中美关系的发展，日本处理好中日关系问题，将有助于使国际社会认同日本大国作用的发挥。

总之，中日建立"基于共同战略利益的互惠关系"，以东亚区域合作为平台，在经济、政治、文化及安全等领域加强合作，不仅惠及两国，也是对地区乃至国际社会的一大贡献。尽管在近期内，还不会出现中日联合主导的区域合作局面，但在对待东盟主导的表态上来看，中日双方均表示接受东盟目前发挥东亚合作机制的核心作用，双方都主张自己是积极推动区域合作的力量，都在尽力拉近与东盟的距离，而这也正是东亚区域合作不同于其他地区的特点之一。在目前以及未来可预见的时期内，东盟在东亚区域合作中的主导地位是不可替代的。一个一体化的、实力增强的东盟符合东盟自身的利益，也有利于建立多极化和多样化的世界。

但从长远来看，没有中日两国的真正和解，没有基于共同战略利益的协调与合作，乃至共同发挥更加积极的推动作用，东亚经济合作前景将会充满不确定性，"东亚共同体"的实现更会是一个可望而不可即的目标。为达成理想的合作氛围和形成更广泛的共识，中日两国应珍惜目前出现的"回暖"势头，切实将"战略互惠关系"从一个目标变成现实。

（二）民主党政权试图加速"回归亚洲"

2009 年 9 月日本政坛地震，在野的民主党在大选中意外战胜自民党取得执政权。民主党初任首相鸠山由纪夫以"东亚共同体"为招牌，打出回归亚洲的政策宣示。

尽管对"东亚共同体"一词的最早出处尚无一个统一的说法，但其出现经过不断演变、深化并被不断赋予新的内容却是一个不争的事实。前文提到，1990 年 12 月，在关税及贸易总协定乌拉圭回合谈判破裂后，当时的马来西亚总理马哈蒂尔提出了建立"东亚经济集团"（East Asian Economic Grouping，简称"EAEG"）的建议，由于该构想只包括东盟和中日韩，因而遭到了以美国为首的西方国家的阻挠和抵制。为缓和各方矛盾，东盟国家将此构想的名称改为"东亚经济协议体"（East Asian Economic Caucus，EAEC），使其具有比较开放和松散的印象。这个当年被搁浅的倡议一直被公认为是推动东亚区域合作的先驱之作。1997 年 12 月，首届东盟加中日韩（"10 + 3"）首脑会议在马来西亚成功举办，一个崭新的区域合作机制开始起航。首脑会谈以及相关部门及会议的多方位、多领域的磋商机制开始运作，"东亚共同体"的雏形首次展现在世人面前。1998 年 12 月，韩国总统金大中在第二届东盟与中日韩首脑峰会上建议成立"东亚展望小组"（East Asian Vision Group，EAVG），是东亚区域合作进程中的重要设想，也可以说是以"10 + 3"为核心建立东亚共同体的发端。1999 年，东盟与中日韩"10 + 3"在马尼拉会议发表了《关于东亚合作的共同声明》后，时任菲律宾总统的埃斯特拉达在非正式场合提出了"东亚共同体"一词[1]，可见，区域内各国都对东亚合作建立一体化机制表示了浓厚的兴趣。2000 年 11 月的"10 + 3"首脑会议再次提出建立"东亚研究小组（East Asian Studies Group，EASG）"的建议。2001 年，由东盟及中日韩 13 国 26 名专家组成的"东亚展望小组"首次在报告书中提出将建立"东亚共同体"作为行动目标，并在 2002 年再次提出倡议建立"东亚共同体"的报告。

"东亚展望小组"提交的研究报告从学术角度阐明了东亚共同体所要实现的基本目标：预防东亚国家之间的冲突并促进其和平；在贸易、投资金融及发展领域实现密切合作；提高人的安全，特别要通过协调地区在环境保护和更好的政府规制方面的努力来实现这一目标；通过促进教育和人力资源发展领域的合作来实现这一目标；培育对东亚共同体的认同。[2]

---

① 暂无证据证明该发言为东亚共同体一词的最早出处。引文参照〔日〕天児慧「新国際秩序構想と東アジア共同体論」、『国際問題』2005 年 1 月号 28 頁。

② 张蕴岭、周小兵主编《东亚合作的进程与前景》，世界知识出版社 2003 年，所收东亚展望小组报告：《走向东亚共同体——和平、繁荣与发展的地区》参照。

　　尽管目标已经明确，建立"东亚共同体"的设想也已经成为东亚区域合作的远景目标之一，但"东亚共同体"概念的界定尚未得到全体成员的一致认同。同时也应看到，"东亚共同体"迄今似乎仍流于一个概念，对于其定义、应该包括什么内容、涵盖哪些领域、以何种方式前进，尚没有广泛和明确的表述，各方考虑也不尽相同。① 究其原因，也许正如庞中英教授指出的那样，东亚地区意识、地区价值和地区认同尚且薄弱，目前人们津津乐道的东亚共同体，仅仅是经济意义上的"利益共同体"，而非全面的利益共同体。"东亚共同体"的版本也是根据不同国家的利益而变化，各国存在很大的分歧；东盟担心成为"东亚"的次地区，对"东亚共同体"三心二意已有所流露，因为东盟骨子里真正想要的是"东盟共同体"；美国成为实际上反对"东亚共同体"最大的力量。② 张蕴岭教授也认为：东亚共同体也许更多地体现为理念趋近，即协商、对话、协调、合作的和谐处理关系方式，体现为一种地区关系的协调架构（由各功能性的合作机制构成），而不是一个单一的地区组织。"东亚共同体建设不是旨在建立一个具有超国家管理职能的地区组织，而是在发展各国共同或共享利益基础上，构建新的地区关系和秩序"。由此带来的结果是"未来 10 年，以'东盟 + 3'为主渠道的东亚合作进程将沿着充实合作内容的方向推进，在合作制度化建设上没有明显的突破"。③

　　日本版"东亚共同体"的提出可追溯到 2002 年初小泉首相访问东盟时的演讲。但这个企图将澳、新一并拉入的扩大版的共同体倡议，就如 1996 年亚欧首脑峰会时日本提案遭受的命运一样④，没能得到各方的积极响应。2003 年 12 月，在东京举办的日本·东盟特别首脑会议明确加入了建立日本大力主张的"东亚共同体"的内容。在 2004 年 11 月举行的中日韩三方委员会上提出的《中日韩三国合作行动战略》中也有具体表述。但该《行动战略》也表明三国要"讨论东亚共同体的概念和建设途径"这一尚未确定

---

① 王毅：《全球化进程中的亚洲区域合作》，《外交学院学报》2004 年第 2 期专稿，第 19 ~ 21 页。

② 庞中英：《东亚峰会与"东亚共同体"——"东亚共同体"面对的真正问题》，《世界知识》2005 年第 21 期，第 67 页。

③ 张蕴岭：《对东亚合作发展的再认识》，《当代亚太》2008 年第 1 期，第 4 ~ 20 页。

④ 1996 年首届亚欧峰会，东亚的成员为现在的"10 + 3"，当时日本便提出让澳、新两国作为东亚的成员与会，但未被采纳。

的议题。

在 2005 年举办首届东亚峰会时，日本在围绕建立"东亚共同体"，谋求地区主导权问题上可说是有得有失，而且可以说是得寓于失。首先，日本曾主张以东亚峰会的东盟加中、日、韩、澳、新、印即（"10 + 6"）机制取代东盟加中、日、韩（"10 + 3"）机制，以此作为构筑"东亚共同体"的核心机制。澳、新、印三个新成员的加入，从形式上满足了日本长期以来拉澳大利亚和新西兰加入东亚合作机制的夙愿。但经过一番波折和较量，坚持东盟主导模式和继续以"10 + 3"作为构筑"东亚共同体"的核心机制再次得到确认。一种结果，得失兼有，其中含义耐人寻味。将印度拉入峰会也是日本的一得，因为有了这个"世界上人口最多的民主国家"的参与[①]，日本配合美国所积极主张的"世界共有价值"便有了更充分的理由。

本来，"东亚共同体"的基本盘在于"10 + 3"机制，更确切地说，是体现着东盟作为地区合作的倡导者和原动力以及中日韩作为响应者和推动力的一种合作关系。"东亚共同体"本应该限定在"10 + 3"机制之上，至少在目前只能采取东盟主导、中日韩大力协助的模式。事实也证明该机制的运作是有效果的，各方的合作不仅在经济上取得了进展，政治与安全各领域的合作和沟通也取得了令人鼓舞的进展。例如，中国首先加入《东南亚友好合作条约》之后，印度、澳大利亚以及日本也相继签署。在中国南海有主权争议的各方也在《南海各方行动宣言》上签字。但是，日本作为地区首要的经济大国，在区域合作方面的表现却差强人意。原因在于日本采取对美一边倒的外交政策，过多地考虑了美国的态度，只要美国出面阻挠，原本起积极推动作用的日本会突然变得消极起来。马哈蒂尔提出建立"东亚经济集团"设想，日本起初并无异议，但美国出面反对后，便踯躅不前。相反，当中国提出要在 10 年内与东盟建立自由贸易区后，日本对区域合作的态度很快变得出人意料地积极。另外，为缓和美国的疑虑，也为抗衡中国日益崛起的需要，力促非东亚区域国家澳大利亚、新西兰以及南亚的印度加入东亚合作机制，这些都证明了日本并不看重既有的"10 + 3"机制，与域外"志同道合"的国家联手行动，对自己更有益处。

---

① 小泉、布什以及赖斯在不同场合曾多次提及印度具有与之"相同的民主制度和价值观"，被媒体解读为美日有意拉拢印度，将其作为抗衡中国崛起的筹码。

综上，可见日本所主张的"东亚共同体"，就是"扩大的东亚共同体"战略，名义上是为推进东亚区域合作，但其真正意图则在于使自己能够在区域合作机制中取得优势地位。

2009 年 9 月，以鸠山由纪夫为首相的日本民主党政府成立。日本开始了外交政策的调整：一是以"友爱"为号召，力图引领区域合作的潮流；二是对美关系仍为第一，但寻求在美、亚之间建立平衡；三是对外政策与克服经济危机密切相连。在东亚区域经济合作问题上，鸠山主张加强中日韩合作，推进东亚共同体建设，显示出对加强中日韩合作推进东亚共同体进程的积极姿态。2009 年 10 月在北京举行的第二次中日韩首脑会议上，鸠山首相表示非常期待三国首脑会议"成为具有更大行动能力的峰会"，并就"东亚共同体"构想表示，"三国将成为共同体的核心。希望首先从加强经济合作做起"。[①]

与之前的日本自民党政权重视与"价值观相同"国家加强关系相比，新政权提出的"友爱"外交似乎包含着求同存异的含义。而日本民主党也一直主张推行民主、稳健的政治路线，强调与亚洲各国积极开展外交活动，重视与亚洲主要大国及东盟发展友好关系，以深化经济合作。在日本民主党于竞选中提出的《政权公约》里面，明确了建设"东亚共同体"的构想。击败自民党取得政权后，民主党着手落实"政权公约"中坚持重视亚洲的外交政策，并展开了一系列外交活动。

鸠山由纪夫就任首相后，将对中国、韩国、印度等亚洲国家的外交放在了比麻生时代更加重要的位置上。2009 年 9 月 24 日出席联大一般性辩论时，鸠山呼吁建立"东亚共同体"，以促进亚洲国家的合作。[②] 鸠山认为，日本如果不深入参与亚洲地区的事务，就不可能得到发展。他希望日本与伙伴国家逐步开展合作，不断做出努力，以使得东亚共同体能够逐步成形，并指出为实现这一目标，日本可以与有能力的伙伴国家从某些彼此可以合作的领域做起，例如从自由贸易协定、金融、货币、能源、环境和救灾等领域做起。他表示日本必须要将亚洲视为促进其经济增长的前沿阵地，日本应与亚

---

① 王少普：《盘点 2009 年中日关系新气象》，中国新闻网，http：//comment.news.163.com/media_ bbs/3B8ET84N007627T7.html。

② 新华网联合国 9 月 24 日电。

洲其他各国来共享已有技术，如智能电网技术、集中运输体系及 IT 技术等。日本新政权意识到经济复苏将得益于亚洲新兴国家中国、印度的经济繁荣。尤其中国很快将取代日本成为世界第二大经济体，认为中国的发展对日本是挑战也是机遇。因为新的发展将带动新的需求，将对日本经济的复苏与增长提供机会。

中国、韩国、印度以及东盟是东亚乃至亚太地区的主要国家与国家联盟，也是日本民主党"重视亚洲"政策下地区外交的主要对象。就在鸠山就任首相后的第五天，其在参加联合国大会期间与时任中国国家主席胡锦涛在纽约举行会谈。尽管此前有报道称鸠山首相与胡锦涛主席有着良好的个人关系，但那毕竟是鸠山处于在野党党魁位置时的事情。因此，日本媒体对鸠山由纪夫当选首相后的第一次中日首脑会议十分关注，据《读卖新闻》报道，鸠山首相到纽约后即刻会见胡锦涛主席，且两人会谈时间从 40 分钟延长到一个小时。日本共同社报道说，会谈的话题许多是中日关系的"症结问题"，包括长期影响两国关系的"历史认识问题"。鸠山在会谈中表示日本政府将基本沿袭对侵略战争和殖民统治表示道歉的"村山谈话"。对东海油气田开发问题，鸠山强调应该将东海"变成友爱之海"，胡锦涛也积极回应，表示希望将东海变成"和平友好合作之海"，有必要在大局框架下正确处理，对在近期进行工作级别磋商展示了积极的态度。①

2009 年 10 月，鸠山由纪夫访问韩国，与韩国时任总统李明博就多方问题展开会谈，并就朝鲜核问题达成重大共识并签署协议，引起外界关注，为于 10 月 10 日在北京举行的中日韩三国领导人会议做了良好的铺垫。鸠山首相于 9 日上午在首尔青瓦台与韩国总统李明博举行会谈，双方就面向未来力争强化日韩关系达成一致。会谈上双方还就致力于一揽子解决朝鲜核问题、导弹问题、绑架问题达成协议。在会谈后举行的联合记者会上，针对韩方邀请日本天皇访韩一事，鸠山表示慎重考虑。就日韩关系，鸠山由纪夫强调"日本新政权拥有正视历史、开创未来的勇气"。在记者会上，鸠山也表示，"我认为正视历史的勇气非常必要。1995 年前首相村山富市的讲话是重要表态，日本政府和国民认为这一点非常重要。"

李明博对鸠山由纪夫的历史态度表示赞赏，称"这对在新阶段将两国

---

① 据日本《读卖新闻》及日本共同社 2009 年 9 月 22 日报道。

关系推向新的高度来说具有重要意义"，并表示"韩国国民认为鸠山首相的上任能够发展两国关系"。关于朝核问题，双方首脑确认将为合作促进六方会谈早日复会做出努力，并一致同意切实履行联合国安理会制裁决议。李明博强调了弃核及补偿措施等一揽子协议的重要性，称"有必要一揽子解决问题以避免重复过去的谈判模式"。李明博就鸠山由纪夫提出的东亚共同体构想表示，"虽然需要时间，但东亚建立共同体并非不能实现"，由此可见，日韩对构建"东亚共同体"均表现出了积极的态度。

在对东盟外交方面，鸠山首相除了利用东亚首脑系列峰会以及例行的东盟与日本首脑会议以外，还大力对东盟域内湄公河流域五国（泰国、越南、老挝、柬埔寨、缅甸）的次区域合作提供政府援助。2009 年是日本·湄公年，双方举办了一系列纪念活动，首脑及部长间的互访频繁。11 月 6～7日，日本首次举办"日本·湄公河流域五国首脑会议"。① 鸠山首相在 6 日与五国首脑进行集体会谈，又于次日分别单独会见。鸠山首相表示：其"东亚共同体"主张能否顺利推进，关键在于湄公河流域；政府将以新的形式构筑日本与湄公河流域各国的信赖关系。②

强化日印关系是近年来日本外交的重点。2009 年 7 月，时任首相麻生太郎在参加八国峰会时，与印度总理辛格举行了会谈。2009 年 9 月，新上任的鸠山首相趁出席在美国举行的 20 国集团金融峰会之机，与印度总理辛格举行了会谈；2009 年 10 月，出席东亚峰会时，鸠山首相与印度总理辛格再次举行了会谈。2009 年 12 月 27～29 日，作为首脑间制度性接触，鸠山首相对印度进行了访问，这也是 2009 年一年中，日印两国首脑进行的第四次会晤。③ 鸠山作为日本当选的民主党新首相，在上任第三个月就开始他的印度之行，这在日印两国领导人交往历史上是比较少见的。这也说明日本和印度现在开始走得越来越近。鸠山首相与辛格总理主要讨论了防务合作计划，也谈及加强战略合作伙伴关系、联合打击印度洋上的海盗活动等问题。鸠山访问的主要内容还有双边贸易的多样化。此外，两国领导人讨论了使

① 日本单独与中国之外的五国举办首脑会议，意在通过对该区域相对落后的国家提供援助，避免被边缘化。
② 参见日本放送协会网站，http：//www.nhk.or.jp/kaisetsu‐blog/600/29457.html。
③ 庞中鹏：《日本与印度缘何不断接近》，http：//www.zaobao.com/forum/pages2/forum_lx100101n.shtml。

2010 年日印双边贸易额达到 200 亿美元的战略目标。同时两国领导人还讨论了联合国安理会的改革问题以及哥本哈根气候大会的后续等问题。[1]

日本民主党政权之所以急于推出并不是新概念的"东亚共同体"主张，其用意在于可以借助"东亚共同体"或是东亚经济一体化的模式，来化解中国地位崛起所带来的对日本经济地位造成的冲击，进而保证日本有能力继续实践其"政治大国化"的路线。除此之外，日本政府则加紧加强与亚洲主要国家在经贸上的联系，试图借助日本当时依然强大的经济力量，加速实现其外交政策目标。

第四节　大湄公河次区域经济合作与日本的应对

2007 年东盟首脑会议通过《东盟宪章》，宣示 2015 年建立共同体，其中一个重要指标是实现东盟区域内各国经济的均衡发展。但事实上，除泰国之外，湄公河流域另外四国经济发展水平严重滞后。尽管联合国相关组织及亚洲开发银行等金融机构为该地区的和平、合作和发展提供了积极支持，但开发湄公河流域丰富的自然资源，提升其经济水平，非东盟自身能力所能实现。为此，各利益攸关的国家、组织和机构得到了一展身手、一争高下的机会。

日本与中南半岛各国关系密切，近年来在湄公河流域的经济外交力度更趋增强。中国政府针对亚太地区新形势，提出"一带一路"战略构想和"亚洲基础设施投资银行"（AIIB）倡议，东盟各方预期，这将为本地区基础设施和经济发展带来新利好。日本重点突出对本地区基础设施尤其是交通设施和市政工程等提供援助，显示出针对中国的竞争意图。[2]

一　日本对湄公河次区域经济外交

澜沧江—湄公河是亚洲最重要的国际河流之一，在中国境内段称澜沧江，中国境外段为湄公河，流经中国、缅甸、老挝、泰国、柬埔寨、越南六国注入南中国海。湄公河次区域陆上连接中国和东南亚、南亚，海上跨太平

---

① http://world.huanqiu.com/roll/2009 - 12/673853.html.
② 本书所述"湄公河次区域"范围指湄公河流域另五个主权国家，异于包括我云南、广西在内的"大湄公河次区域合作"（GMS）机制的范围。

洋和印度洋，战略地位极其重要。日本与湄公河流域各国关系的发展历程，见证了该地区国家的悲欢离合与日本地区外交的酸甜苦辣。

（一）"湄公"多重定义与日本的初期经济外交

在日本外交条目中，以"湄公"概念称谓该次区域的时间并不长。在一般日本人的印象中，普遍所知的概念是湄公河流域内的"印度支那"即越南、老挝、柬埔寨三国。在目前的日本学术界相关论述中，因研究领域与研究对象不同，对该地区大概有"GMS"（扩大的湄公河次区域或者"大湄公圈"）、"湄公河流域"、"ASEAN 新规加盟国"以及略写为"CLMV"[1] 等概念和称谓。[2]

到 20 世纪前半叶即二战前，被西方列强瓜分的东南亚地区作为独立的地缘政治学概念并不存在。当时的中国与日本，一般以"南洋"通称东南亚地区。[3] 而在法国占领下，东南亚西北部大陆部分（湄公河流域）的"印度支那联邦"（因处于中国与印度之间），则作为一个独立的国际政治概念长期延续。在明治到昭和年代初期，日本在处理与该地区的关系时，基本是与作为该地区统治者的法国当局进行沟通和谈判。[4]

第二次世界大战后期，日本占领东南亚大部分地区。当时日本称东南亚为"南方"，而囊括该地区的军事组织成为"南方军"。与日本作战的盟军在该地区设立了"东南亚司令部"（Southeast‑Asia Command），这大概是"东南亚"作为国际关系概念的最初来历，并在之后一直沿用。随后，其战略意涵逐渐淡化，成为具有政治、经济、文化等多层意义的综合性地理概念。[5] 包括现今东盟十国加上东帝汶在内的最新版东南亚区域，则形成于 20 世纪 90 年代东盟完成扩容以后。历史上日本所定义的东南亚地区，也有除去菲律宾但将印度以及我国的台湾、香港地区包括在内的说法。[6]

---

① CLMV 为柬埔寨、老挝、缅甸、越南的首字母组合，已成为近年来日本学术界对大湄公河次区域除泰国之外后发四国的惯用称谓。

② 白石昌也：「日本の対インドシナ・メコン地域政策の変遷」、『アジア太平洋討究』第 17 号、2011 年 10 月、2 頁。

③ 当地中国人被称为南洋华侨并创立了"南洋大学"，而日本人则创立了"南洋日本人町"、"南洋学院"等。

④ 石井米雄：「インドシナ」、『東南アジアを知る事典』、弘文堂、1991、34 頁。

⑤ 矢野暢：『冷戦と東南アジア』、中央公論社、1986 年、26 頁。

⑥ 白石昌也：「日本の対インドシナ・メコン地域政策の変遷」、『アジア太平洋討究』第 17 号、4 頁。

1. 对印度支那三国的经济外交

1951 年"旧金山和会"特别是 1954 年第一次印度支那战争结束后，日本通过赔偿和替代赔偿等途径，开启战后一度中断的与东南亚各国的联系。1959 年 5 月，日本与南越吴庭艳政权签署赔偿协定，其赔偿金的大部分用于修建水库、电站。对放弃赔偿要求的柬埔寨、老挝两国，日本则提供无偿资金援助（亦称准赔偿）。日本通过面向老挝的"无偿合作资金"项目（1958 年 5 月签署），为万象修建了小型火力电站和城市供水系统。针对柬埔寨的"无偿合作资金"项目（1959 年 3 月签署）则是为首都金边修建供水系统以及建立农业、畜牧、医疗技术中心。[1]

2. 对缅甸、泰国的经济外交

1948 年 1 月，缅甸通过与英国谈判实现独立。缅甸执行独立的外交政策并拒绝参加旧金山和会，日本只好通过两国间谈判的方式，于 1954 年 11 月与缅甸修复关系并签署赔偿协定。与其他通过旷日持久讨价还价的对日索赔相比，缅甸成为日本第一个完成赔偿并与之实现外交正常化的国家。日本把对缅甸的赔偿及追加赔偿（1963 年 3 月）用于帮助缅甸建设水库和水电站以及四大工业化项目（轻型车辆、重型车辆、农机具、机电制造）。[2]

湄公河流域的另一个重要国家是泰国，日本专家认为因日本以"和平方式"进驻，所以泰国不具有对日索赔权。但日本把战时特别资金的结余部分，于 1961 年 11 月通过"签署无偿协定赠予泰国"。[3]

3. 参与最初的跨国开发尝试

1957 年老挝、泰国、柬埔寨及南越政权成立了"湄公河下游流域调查调整委员会"（湄公委员会）。1959 年 1 月到 1960 年 9 月，该委员会实施了三次跨国开发调查，并计划统一开发。日本尽管不是委员会成员，但对开发调查提供了技术和资金支持。由于印支战争等原因，该开发计划最终未能实现，但为其后日本参与该地区的开发与合作奠定了基础条件。

通过以上由赔偿途径开启的经济外交实践，日本完成了与湄公河流域各

---

① 日本賠償問題研究会編『日本の賠償』、世界シャーナル社、1963。白石昌也：「日本の対インドシナ・メコン地域政策の変遷」、『アジア太平洋討究』第 17 号、4 頁。
② 根本敬：「ビルマ」、吉川利治編『近代史の中の日本と東南アジア』、東京書籍、1992、267～268 頁。
③ 吉川利治編『近代史の中の日本と東南アジア』、東京書籍、1992、182－183 頁。

国的关系正常化，实现了日本战后重返地区与国际社会的目标，使得资源、能源和市场得到初步保障。

（二）"福田主义"出台后日本对"湄公"的经济外交

1977 年"福田主义"出台时，日本的东南亚外交是以东盟最先加入的五国为对象，与湄公河流域越、老、柬、缅四国的交流与合作尚不具备必要条件。而且印支三国与当时的东盟五国在政治制度和意识形态方面存在巨大差异，即便同样标榜社会主义的越南与柬埔寨，实际上也处于相互对立的状态。日本希望为和平解决柬埔寨问题做"国际贡献"的目的，实质上是以东盟为对象实施的地区外交政策。

1985 年"广场协议"以后，在日元急剧升值的背景下，日本迅速加大了对包括湄公河流域的泰国在内的东盟各国的直接投资，密切的经贸关系也导致双方人员往来大幅增加。另一方面，由于中国在 20 世纪 70 年代末实行改革开放路线，日本开始对中国进行日元贷款和直接投资，东亚地区经济相互依存的局面逐渐形成。唯独印支三国及缅甸被排除在区域合作浪潮之外。[①]

在解决柬埔寨问题的过程中，日本通过发挥积极推动作用，实现在国际社会中更大的存在感。1990 年 6 月柬埔寨四派在东京实现会谈。1991年在巴黎举办的柬埔寨和平会议上，日本成为和平协定签署国之一。这是战后日本作为第三方参与签署的第一份和平协定。日本还于 1992 年成为联合国柬埔寨维和行动（PKO）的一员。1991 年柬埔寨问题和平解决后，1992 年 11 月日本恢复 1979 年冻结的对越南日元贷款项目，并开始对柬埔寨提供大规模无偿援助，具体以派遣海外协力队以及在河内和金边设立日本合作银行办事处等形式加以落实。伴随政府间援助，民间贸易和投资也开始活跃。

通过成功参与解决柬埔寨和平问题，日本树立了在印支三国间加强影响力的信心。1993 年 1 月，时任首相宫泽喜一在曼谷发表政策演说，提出建立"印度支那论坛"（FCDI）的倡议。同年 12 月，论坛高官会议在东京召

---

① 白石昌也：「日本のCLMV 諸国との関係の歴史：政治、外交分野を中心に」、古田元夫編『ASEAN 新規加盟諸国の中の「中進国」ベトナムとの地域統合：日越関係を視野に入れて』（科研費研究報告書）、東京大学、2011。白石昌也：「日本の対インドシナ・メコン地域政策の変遷」、『アジア太平洋討究』第 17 号、8 頁。

开，1995 年再度在东京召开部长级正式会议。时任副首相兼外相的河野洋平主持本次会议，除印支三国代表、东盟各国代表之外，还包括欧盟各国计 24 国，以及七个国际、地区机构的代表参会，美国也派官员列席会议。尽管印支论坛部长会议只召开一次，但日本认为正是这样的"桥梁和纽带"的作用，使得游离于东南亚大家庭之外的印支三国和缅甸逐次成为东盟新成员。①

尽管日本政府在以"湄公"为背景（如"湄公河委员会"② 等）的合作框架内，采取了积极的支援措施，但相比欧洲各国还是显得低调。亚洲金融危机后，特别是 21 世纪初期，东亚区域经济合作成为潮流，以东盟为平台的各种合作框架并行运转，"湄公河流域"似乎一度远离了日本的外交视野。③

（三）始于民主党政权的新"湄公"经济外交

2009 年中实现政权更迭的民主党鸠山内阁，开启了与湄公河五国首脑的会议新机制。2012 年野田内阁及 2015 年自民党安倍内阁则分别发表了《东京宣言》（2009）、《东京战略 2012》、《新东京战略 2015》，以及各自配套的"行动计划"，新经济外交模式正式成形。

1. 确立三年一届的援助周期

在鸠山内阁主办的首届"日本—湄公首脑会议"上，日本政府承诺将在 2010 年度开始的三年内提供 5000 亿日元，帮助五国推进"东西走廊""南部经济走廊"等基础设施建设，以及用于新能源开发、保护环境与生物多样性等项目。

2012 年野田内阁时，第二期援助额为 6000 亿日元，计划开启 57 个基础设施建设项目。官方声明称：日本将在硬件和软件两方面加强对湄公河次区域的投资，主要是通过对"东西走廊"和"南部走廊"项目的援助，增强区域间的连通性和贸易便利化。

2015 年安倍内阁的第三期援助增至 7500 亿日元，尽管由于日元贬值实际价值可能缩水，但以日元计算的援助额再度超过之前的两次援助。

---

① 山影进：『ASEANパワー：アジア太平洋の中核へ』、東京大学出版会、1997、164 頁。
② 1995 年 4 月成立该委员会，成员是前文提到的 1957 年成立的同名机构所属成员，但合作内容发生变化，同时中国和缅甸成为观察员。
③ 山影进：『「新 ASEANの課題」と日本』、NIRA、2008、13 頁。

2. 领导人政治姿态保持连续性

2009 年 11 月首次举办的日本—湄公河流域五国首脑会议期间，鸠山首相与五国首脑举行集体会谈，又于次日分别单独会见。鸠山由纪夫表示，其"东亚共同体"主张能否顺利进展，关键在于湄公河流域，其将以新的形式构筑日本与湄公河流域各国的信赖关系。

2012 年 4 月，野田佳彦在首脑会谈后表示：湄公河地区的稳定和繁荣，对东亚地区的和平与发展意义重大，日本政府将继续把湄公河地区作为重点援助的对象。

在 2015 年 7 月峰会后的记者会上，安倍首相表示日本审议中的所谓"和平安全"系列法案，是为了进一步为国际社会的和平与安定做贡献，日本也要以"积极和平主义"为基础，为湄公河地区的和平与安定做贡献。这次，日本方面还安排五国首脑出席在皇宫举办的茶话会，与天皇明仁和秋篠宫王子会谈，意在表明日本方面的重视姿态。

二　日本对湄公河次区域经济外交新进展

2013 年，中国国家主席习近平在出访中亚和东南亚期间，提出"一带一路"战略构想，被国内外普遍认为是最具影响力的标志性举措。其中建设"21 世纪海上丝绸之路"，离不开东盟国家特别是中南半岛国家的参与和合作。

（一）"21世纪海上丝绸之路"构想与大湄公河次区域

1. 大湄公河次区域的区位优势与 GMS 机制

大湄公河次区域面积达 250 多万平方公里，人口约 3.2 亿。尽管资源、能源蕴藏丰富，并具有植物、生物多样性优势，但受多种因素影响，大湄公河次区域的经济和社会发展相对落后，其中柬埔寨、老挝和缅甸被联合国划入世界最不发达国家之列。1992 年，亚洲开发银行（ADB）倡导并提供重点援助的"大湄公河次区域经济合作"机制（GMS）诞生。该机制主要包括三个层次：三年一次的领导人会议，每年一次的部长级会议，以及不定期的高官、工作组协调会及专题论坛。

回顾大湄公河次区域合作历程，在以项目为主导的合作方式下，GMS 合作机制在各领域不断取得进展，并确保了合作的可持续性。2002 年 11 月举行的首次金边峰会上，确定其后每三年在成员国轮流举办一次领导人会议。2005 年 7 月，第二次领导人会议发表《昆明宣言》，批准了便于促进贸易投资、保护生物多样性以及经济走廊建设等多项合作框架。2008 年 3 月的万象会议，提出《2008 - 2012 年大湄公河次区域经济合作发展行动计划》。2011 年 12 月，第四次领导人缅甸内比都会议通过了《大湄公河次区域经济合作新十年（2012 - 2022）战略框架》。

目前，次区域在公路、铁路、水运和航空建设等方面已基本实现互联互通。GMS 铁路联盟于 2014 年 8 月成立，泛亚铁路东线的蒙自—河口段以及越南河内—老街的高速公路也建成通车。

2. 中、日均为 GMS 合作重要参与者

中国对大湄公河次区域合作的认知不断深入，参与的力度不断加大。2014 年 12 月，GMS 第五次领导人曼谷会议上，李克强总理在发言中再次明确表示，中国将一如既往为维护地区稳定和次区域经济发展提供强有力支持。

2014 年，中国与 GMS 五国间的贸易总额达到了 1889.11 亿美元。在非传统安全领域，至 2014 年底，中老缅泰四国在湄公河流域联合巡逻和执法次数已达 29 次，有效打击了湄公河贩毒、走私、贩卖人口等跨国犯罪。①前文提到，日本在大湄公河次区域提升影响力的重要机遇，是参与解决柬埔寨和平问题。经过联合国、柬埔寨各方以及相关大国共同努力，到 1991 年末，柬埔寨和平目标基本实现。1992 年亚洲开发银行倡议成立 GMS 合作机制，日本作为主要股东，是该行主导的"亚洲开发基金"、"亚洲开发银行研究所特别基金"以及"日本特别基金"的最大出资国，对该机制持积极态度并具有充分的参与条件。实际上，日本外务省 1991 年起即在政府开发援助（ODA）计划中，设立了"湄公地域开发"项目②，策划与行动稳妥及时。

经过 1997 年亚洲金融危机前后几年的调整，东南亚地区一体化以及东亚经济合作进入一个高潮。随着中国与东盟关系的迅速推进，日本加强了对包括湄公河地区在内的东南亚地区的外交力度。如果说小泉内阁时期日本的

---

① 中新社昆明 12 月 28 日电。
② 毕世鸿：《试析冷战后日本的大湄公河次区域政策及其影响》，《外交评论》2009 年第 6 期，第 112 ~ 123 页。

东南亚外交主要以东盟整体以及几个先进成员为对象展开的话，那么 2007 年《东盟宪章》签署后，日本则把重点转到湄公河流域。在 2008 年日本—湄公外长会议、2009 年日本—湄公经济部长会议以及 2009 年 9 月鸠山内阁开启的日本—湄公首脑会议上，以一系列新援助计划为主要内容的经济外交政策纷纷出台。夺回政权的自民党安倍内阁 2012 年 12 月成立后，日本针对湄公河流域的经济外交攻势依然持续升温。

3. 湄公河次区域对日本的政治经济意义

日本外务省网站介绍，湄公河五国面积共 194 万平方公里，是日本国土的五倍，人口总数超过 2.4 亿，作为经济增长强劲的亚洲具有发展潜力的地区令人期待。该网站还进一步说明：湄公河地区内部经济发展水平悬殊，柬埔寨、老挝、缅甸、越南与其他国家的经济差距很大，所以湄公河区域外交对日本至为重要。湄公河流域国都是亲日国家，并有丰富的天然资源和优秀的劳动力。到 2013 年止，湄公河流域各国与日本的贸易总额超过 8 万亿日元，日本投资总额约 138 亿美元，超过了日本对中国的投资，在该地区常住的日本侨民也已上升到 7.5 万。①

确保日本在本地区的经济利益，一直是日本政府的基本目标。在 2015 年"日本-湄公首脑会议"上提出的《新东京战略 2015》指出，湄公河地区连接着中国和印度等巨大的新兴市场，日本与湄公河地区国家通过合作，实现该地区高质量经济发展。为此，有必要建设地区内需求庞大的基础设施，加强该地区与外部的连接性以及总体投资环境。

不仅要获取经济利益，日本在该地区还有明确的政治诉求。日本认为包括湄公河流域各国在内的东盟国家的支持是实现其政治大国目标的必要条件。冷战结束初期，国际关系重新调整、定位，日本外交得到新的机遇。日本政府希望借参与对柬埔寨维和的机会，强化与越、老、柬三国的关系。

随着缅甸开始民主化进程，日本随即表示与湄公河五国的合作消除了"体制障碍"，希望追求经济以外的政治前景。另外，湄公河五国也对日本的援助与合作寄予期待。日本现政权炒作"湄公河地区各国高度赞扬日本战后 70 年所走的和平国家道路，并期待日本在积极和平主义的政策下，对加强湄公河地区的安定与发展做贡献"的说辞，也非空穴来风。在 2015 年

---

① 外务省：http://www.mofa.go.jp/mofaj/press/pr/wakaru/topics/vol130/index.html。

日本与五国首脑会议期间，日本还就联合国安理会改革问题积极争取五国支持，文件中写入"日本高度赞赏湄公河流域国家一贯支持日本成为联合国安理会常任理事国立场"的表述。①

（二）安倍内阁对湄公河次区域政策的调整

1. 对湄公河经济外交的具体措施

安倍内阁实施的第三期对湄公河五国的援助计划中，承诺在 2016～2018 年，日本提供总额 7500 亿日元的政府开发援助（ODA）。双方签署了名为《日本－湄公合作之新东京战略 2015》的共同文件，可提炼出包括硬件、软件、自然、人文等方面的内容。

一是硬件方面。强化产业基础设施及区域内外的硬件连接。建设需求庞大的高质量基础设施，包括产业基础设备，陆、海、空硬件连接等。二是软件方面。包括产业结构升级和相关产业人才培养。软件连接主要是指制度连接、经济连接以及人与人的连接。三是提出建设绿色湄公，实现高质量经济增长和可持续发展。主要指防灾、气候变化、水资源管理、水产资源利用等。四是为实现高质量经济增长提供有效支援。包括地区各国间合作，与国际机构和非政府组织合作（主要是与亚开行合作），与主要相关国家合作（日美合作、日中湄公河政策对话）等。

另外，日本与湄公河五国首脑还确认，在 2015 年 8 月举办的第八次日本－湄公河外长会议上策划与《新东京战略 2015》相关的"行动计划"，并在日本－湄公河经济部长会议上策划《湄公河产业开发展望》。

2. 针对中国调整政策的意图明显

第一，安倍首相提出将筹资 1100 亿美元投入亚洲基础设施建设，并在多个场合的谈话中强调日本项目具有高质量、高效率，明显具有剑指中国的色彩。② 日本—湄公 2015 年首脑会议上，日本方面表示希望与湄公河流域诸国成为"实现强大经济成长力量的湄公河地区的未来成长伙伴"，"欢迎与有关各国在构筑民主化、国民和解、法制、人权等领域开展合作"。

第二，关于南海问题，日本与五国首脑签署的文件提到："日本及湄公

---

① 日本外务省：「日・ASEAN 協力のレビューと将来の方向性」、http：//www.mofa.go.jp/mofaj/a_ o/rp/。

② 在 2015 年 5 月"亚洲的未来"国际论坛晚餐致辞时，安倍首相在 40 分钟的讲话中 7 次提到"质量"一词，被认为意在强调与中国争夺地区基础设施建设中日本的优势。

河流域国家重申在该区域深化海洋安全合作的重要性；双方重申在该区域维护航行自由、航行安全、飞越自由的各自立场，及双方在维护该区域贸易自由及根据包括《联合国海洋法公约》在内的国际法及其基本准则和平解决该区域争端的各自立场。"该说法与美国介入南海争端的托词如出一辙。文件中有关南海的内容，明显针对中国在南海维护主权行动。"因存在与地理上接近的中国具有密切交往关系的国家，所以文件避免指名"（日本共同社报道）。

3. 缅甸成为日本经济外交新重点

2013 年 5 月，安倍首相与到访的缅甸总统吴登盛会谈时，提出日本将向缅甸提供巨额政府开发援助并减免其所欠的债务。有美国学者认为，相比美国和其他西方国家，缅甸似乎更欢迎来自日本的援助。鉴于 20 世纪 40 年代日本曾资助过昂山的独立运动，日本的发展模式和援助更符合缅甸的传统和期望。中国社会科学院的许利平教授则指出，以美国为首的西方国家对缅甸进行了长期的经济封锁，但其间日本以人道主义名义一直保持对缅甸的援助。

时至今日，仍然有不少缅甸政治精英深受日本影响。日本北海道公共政策学院教授吉田彻则认为："对于日本政府来说，除了缅甸提供的经济机会，更为重要的是全面恢复与缅甸曾经拥有的良好关系，重新获取对该地区的实质影响力。"[1]

三　升级次区域合作助推"一带一路"构想

2015 年 11 月 12 日，由中国倡议举行的首次"澜沧江—湄公河外长会议"在云南景洪市举行。会议发表《联合新闻公报》，宣布启动澜沧江—湄公河合作机制，原大湄公河次区域六国表示将在互联互通、经济合作、产能合作、水资源、农业和减贫等方面推进合作。[2]

升级次区域合作是区域经济合作与时俱进的具体体现，也是东盟共同体建成后对澜沧江 - 湄公河流域国家提出的新挑战。中国与五国山水相连，面

---

[1]　参见《三联生活周刊》相关报道，转引自新浪网，http://history.sina.com.cn/bk/sjs/2014 - 07 - 10/170295108.shtml。

[2]　中国外交部，http://www.fmprc.gov.cn/web/gjhdq_ 676201/。

临共同的经济发展需求。在完善顶层设计，坚持"亲、诚、惠、容"理念下，需要中国外交面对新形势开展具体行动，确保在本地区与日本竞争中取得优势。澜沧江－湄公河合作机制是呼应"一带一路"构想的具体步骤，也为中国主导的"亚投行"顺利实施项目提供了机遇。

澜沧江－湄公河合作机制作为新的合作模式，不是对既存 GMS 合作机制的否定，而是对该次区域合作的有益补充，是合作内容的扩展与深化，或可成为克服次区域合作中"离心力"的有益尝试。中国学者卢光盛（云南大学东南亚研究所长）把"离心力"归纳为：一是东盟共同体建设的推进，使湄公河下游五国借助次区域平台开展合作的必要性降低；二是 RECP 和 TPP 等新合作框架降低了湄公河次区域合作的吸引力；三是美、日、印、韩等国的参与，使次区域合作竞争性加剧；四是亚行（ADB）、澳大利亚、新西兰以及欧盟有关国家的支持和关注力度降低。[①]

推进澜沧江－湄公河合作机制，必须面对日本这个中国在次区域最强有力的竞争者。为此，扬长避短、趋利避害成为必要考虑。

1. 注重提高效率、加强管理、把握质量

日本的明显优势是质量、技术和管理，这也是日本在地区经济外交中经验和教训的总结。早在 20 世纪六七十年代，日本在东南亚掠夺式开发造成的负面效应，便引起当地反日游行甚至暴动。"福田主义"出台后，日本逐渐完善政策、措施，国家及企业的形象得到改观并得以长期保持。日本的前车之鉴，提醒我们在与各国合作和交往中树立大局意识和全局观念的必要性，要注重办事效率并符合国际规范。

2. 发挥地缘人缘优势，完善朝野交往

相较日本，中国在与湄公河流域国家交往中具有地缘、人缘优势。在保持高层交往的同时，应加大学者、媒体间交流，加大援助互派留学生的力度。人员交流是一把双刃剑，利用得当可以加深情感、促进区域合作的开展，反之则可能因部分人的消极表现造成更大范围的相互厌烦。有关部门应加强对民间企业进驻的管理，防止少数部门、企业的不当言行对国家战略实施带来消极影响。

---

① 《"一带一路"下的湄公河次区域合作亟待升级》，中国财经网，http：//finance. china. com. cn/roll/20160118/3549991. shtml。

3. 巩固周边外交的同时增进与日本的协调与合作

尽管经济泡沫破灭，经历长期经济萧条，但日本作为世界经济大国、科技强国的实力依旧。经过长期经营，日本博得了湄公河流域国家的正面评价，也希望包括日本在内的各大国在东盟共同体建设中继续发挥积极和建设性作用。中国的发展离不开和平的周边环境，在处理对东盟关系中，应与日本加强协调、合作，避免在湄公河地区基础设施建设中产生各自为战的恶性竞争。

总之，大湄公河次区域合作面临新的机遇和挑战，要求中国负起大国责任，与相关国家共同打造以"开放、包容、均衡、普惠"为理念的次区域合作升级版，为"一带一路"战略构想的顺利推进创造有利的周边外交环境。

第五节 缅甸成为日本东亚经济合作新抓手

缅甸地处中国和印度两大国之间，并跨印、太两洋，战略位置十分重要。战后以来，凭借特殊的历史渊源，日本一直把缅甸作为主要的亲日国家看待。即使在西方国家对缅甸军政府实施制裁期间，日本朝野也与其保持了最低限度的政治经济联系。在1961年到2011年缅甸民主化改革前漫长的半个世纪，日本一直是西方主要国家中对缅甸援助最多的国家。1988年3月缅甸发生军事政变后，西方国家对缅甸军政府实施制裁。尽管日本与西方一道，暂停对缅甸政府开发援助。但日本仍以改善民生为口实，维持对缅甸的经济援助（见表4-3、图4-1），也是西方主要国家中与缅甸联系最多的国家。

表4-3 缅甸接受DAC（发展援助委员会）主要援助国双边援助净流量
（1961~2010年）

单位：百万美元

年份＼国别	日本	德国	英国	美国	DAC总额
1961~1970	147.74	16.03	3.42	33.84	214.22
1971~1980	662.97	134.27	34.26	14.00	978.71
1981~1990	1400.57	347.70	39.14	59.00	2107.52
1991~2000	625.29	18.82	5.18	4.26	806.59
2001~2010	413.58	68.59	252.89	187.48	1850.88
总计	3250.15	585.41	334.89	298.58	5957.92

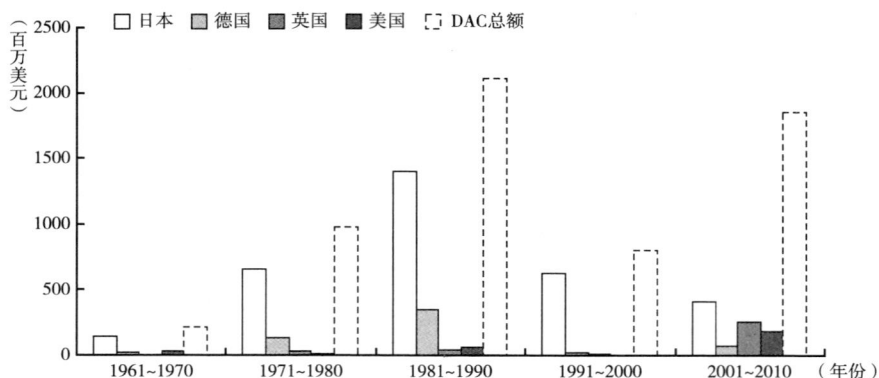

图 4 - 1　缅甸接受 DAC 主要援助国的双边援助净流量（1961～2010 年）

数据来源：根据经济合作与发展组织（OECD）发展援助委员会、《发展合作报告》、《国际发展统计》数据库整理而成。

2011 年 3 月吴登盛就任总统后，缅甸开启民主化改革和民族和解进程。2012 年 4 月 1 日，缅甸举行议会补选。昂山素季领导的民盟获得联邦议会 45 个可选空缺议席中的 43 个，成为议会第一大反对党。2015 年 11 月，缅甸举行全国大选，民盟获胜并于 2016 年 3 月底成立新政府，继续致力于民主化、民族和解以及可持续发展等广泛领域的改革。在东盟共同体成立的节点，日本希望在协助缅甸实现民主化和市场经济方面有所作为。在恢复、巩固与缅甸政治关系的同时，日本政府希望与缅甸加强经济合作，对内助推以期实现安倍经济学的目标，对外配合美国亚太战略，维护其在东南亚特别是湄公河流域的主导地位。

一　日本对缅甸政经形势的评估

2011 年后，缅甸在政治、经济等领域进行了一系列改革措施，逐步迈向民主化并重新融入国际社会。缅甸政治经济形势的变化，引起了周边国家乃至世界大国的关注。日本在东南亚尤其是湄公河流域具有影响力，且与缅甸一直保持密切联系，其对缅甸的关注与参与热情尤其高涨。日本朝野把缅甸定位为东南亚乃至亚洲最值得投资、也是最后待开发的地区，从政府省厅到驻外派出机构、智库及民间组织均发挥各自优势，对推动日本政府与企业开发与援助缅甸献计献策。

　　日本政府认为：在政治关系层面，应基于历史上形成的友好关系，全方位强化双边关系；2011 年吴登盛政权开启改革以来，日本对缅甸的民主化和经济改革以及民族和解起到了推动作用；2016 年昂山素季领导的新政权执政后，缅甸的地缘政治重要性和经济发展的潜力凸显；日本认为缅甸国内的稳定对地区的安定与繁荣直接相关；认为缅甸是"共同拥有基本价值观的伙伴"，将采取"官民并举支援缅甸新政权致力的民主化、民族和解及发展经济"方针。在经济领域，日本认为 2011 年 3 月以后，缅甸在完善投资法规、统一汇率、开放银行保险、整顿证券市场方面采取了一系列经济改革措施，带动了能源、通信、制造业、不动产等领域的投资热潮，以至于从2012 年至今，缅甸维持了每年 7% 以上的稳定经济增长。①

　　日本政府注意到欧美各国对缅甸的民主化给予积极评价，美国在 2012 年 11 月解除了除一部分宝石品目之外的商品禁运措施，欧盟随后则在 2013 年 4 月解除了除武器禁运之外的经济制裁。2016 年 3 月诞生的昂山素季领导下的现政权，显示了欢迎外国投资、放松管制的姿态，并于同年 7 月发表新经济政策，10 月制定了新投资法。（作为褒奖）美国解除了武器禁运以外的对缅甸经济制裁。

　　除作为官方的外务省等机构的宣传之外，来自半官方乃至民间的各种推介、调研也佐证了缅甸作为"新宠"的地位和价值。日本"缅甸经济·投资中心"向有意投资缅甸的企业提供咨询服务，列举对缅甸投资的十大优势：

　　1. 2011 年 3 月民选政府执政后推进经济改革，经济呈现快速增长；

　　2. 土地辽阔，天然气和矿产资源、农作物丰富；

　　3. 由于日本政府援助，开发中的迪洛瓦等经济特区具有优越的税收待遇和支援措施；

　　4. 具有低价优质的劳动力资源和富有吸引力的生产据点；

　　5. 识字率超过 90% 的高知识水平；

　　6. 较好的通晓英语的商务环境；

　　7. 约 6000 万人口的消费市场；

---

　　① 外务省：「ミャンマー連邦共和国（Republic of the Union of Myanmar）基礎データ」、http://www.mofa.go.jp/mofaj/area/myanmar/。

8. 人口约 9 成为性情温和的佛教徒，治安良好；

9. 高涨的日语学习热潮，国民普遍亲日；

10. 特惠关税政策。①

上述"缅甸投资指南"中所列对缅甸投资的优势，基本反映了日本朝野对缅甸国情的认知。

日本金融机构三菱 UFJ2015 年 6 月发布调研报告，通过对缅甸经济数据的分析以及缅甸与东亚发展中国家的增长率比较（见表 4 - 4、图 4 - 2），②对进入 21 世纪以来缅甸的经济发展及对缅甸投资表示了相对乐观的展望。同时，对缅甸经济社会面临的课题做了谨慎、客观的分析。从 4 - 4 的数据可以看出，2000 年至 2016 年的 17 年间，缅甸的国内生产总值增长率除个别年份低于中国经济增长率以外，基本处于所列东亚各国的领先地位。

表 4 - 4 东亚各国国内生产总值（GDP）增长率（%）（2000 ~ 2016 年）

年份 \ 国别	中国	印度尼西亚	缅甸	菲律宾	泰国	越南
2000	8.492	4.92	13.746	4.411	4.456	6.787
2001	8.34	3.643	11.344	2.894	3.444	6.193
2002	9.131	4.499	12.026	3.646	6.149	6.321
2003	10.036	4.78	13.844	4.97	7.189	6.899
2004	10.111	5.031	13.565	6.698	6.289	7.536
2005	11.396	5.693	13.569	4.778	4.188	7.547
2006	12.719	5.501	13.076	5.243	4.968	6.978
2007	14.231	6.345	11.991	6.617	5.435	7.13
2008	9.654	6.014	10.255	4.153	1.726	5.662
2009	9.4	4.629	10.55	1.148	- 0.738	5.398
2010	10.636	6.224	9.634	7.632	7.507	6.423
2011	9.536	6.17	5.591	3.66	0.834	6.24
2012	7.856	6.03	7.333	6.684	7.231	5.247
2013	7.758	5.557	8.426	7.064	2.702	5.422
2014	7.298	5.024	7.991	6.218	0.818	5.984
2015	6.918	4.794	7.294	5.905	2.828	6.679
2016	6.7	5.02	6.3	6.84	3.23	6.21

数据来源：根据世界银行相关数据整理。

---

① 「ミャンマー経済・投資センター」、http：//www.jmeic.org/toushi - merit/。

② 三菱 UFJ 调研报告的数据统计至 2014 年，2015 年、2016 年数据为笔者重新整理添加。

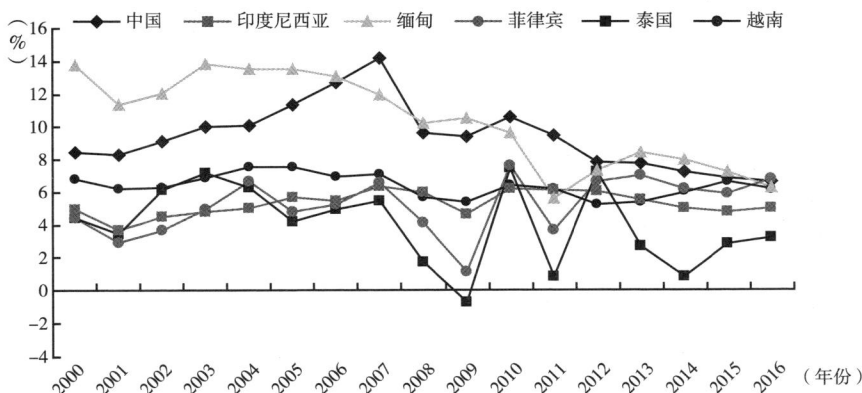

图 4-2　东亚发展中国家经济增长率（GDP）（2010~2016 年）

数据来源：根据世界银行相关数据整理。

关于当前的缅甸经济的预测，报告认为民选政府成立后，一方面，在经济开放、自由化以及外资流入、ODA 增加的大背景下，缅甸的个人消费、外来投资将呈现上升趋势，缅甸经济有望维持目前 8％ 左右的高增长。但另一方面，外资的流入将导致房地产价格和人力成本升高，通胀压力增大。关于投资风险，报告首先提到缅甸国内政治因素，尽管当时（2015 年秋季前）尚未举行大选，但假定民盟取得选举胜利，政权移交过程中出现纷扰，也不太可能招致欧美再度对缅甸追加制裁。因为继续制裁和围堵缅甸，将导致缅甸在援助和投资方面过度依赖中国，这是欧美日所不愿看到的风险。

经济发展离不开吸引外资这个大前提。为此，缅甸面临着改善投资环境，在基础设施、法律制度、人才培养等方面努力提高等诸多课题。依赖日元贷款进行基础设施改造，将使仰光等大城市的商业环境在 2020 年前得到相当大的改善，日本企业进入缅甸将比目前大幅增加。以日元贷款为核心的基础设施援助项目的增加和事业的推进，直接关系到日本企业能否顺利进入缅甸，也关系到缅甸经济的走势。①

---

① 三菱 UFJ リサーチ&コンサルティング：「ミャンマー経済の現状と今後の展望——動き出したアジアのラスト・フロンティア」，2015 年 6 月 1 日，http：//murc.jp。

二 日本对缅甸经济援助的经纬

对于因赔偿问题与东南亚相关国家进行旷日持久讨价还价的日本来说，缅甸具有十分重要的政治意义。因为它最早与日本解决了战后赔偿问题并建立了外交关系。日本由此正式重返地区外交舞台，并逐步使东南亚地区成为日本资源、能源的重要来源地和商品市场。

日本与缅甸经济关系的确立与发展，离不开二战期间曾被扶持的缅甸精英阶层的配合。包括昂山和奈温（1962～1988年执政）在内的"三十志士"，曾在日本的庇护和资助下开展军事训练并从事独立斗争。在1942年至1945年占领缅甸实行军政统治期间，日本也曾为不少缅甸留日学生提供奖学金，其中很多人在缅甸独立后进入政界并担任要职。正是在这些亲日势力的协助下，在两国没有正式建立外交关系的1954年前，日本就曾以低于国际市场的价格从缅甸进口数十万吨大米，应对战后初期的粮食危机。作为"回报"，日本把对缅甸的战后赔偿（1954年11月）及追加赔偿（1963年3月）用于帮助缅甸建设水库、水电站以及四大工业化项目（轻型车辆、重型车辆、农机具、机电制造）。即使在以美国为首的西方国家对缅甸进行经济制裁时期，日本也以"人道主义"为名，对缅甸给予各种援助。

（一）军政府建立前日本与缅甸经济关系

1948年缅甸独立后奉行自主外交，拒绝参加美国主导的"旧金山和会"，因而未能依据该框架与日本展开外交接触。但日本与缅甸以双边方式接触，于1954年11月缔结"和平条约"并签署了日本对缅"赔偿协定"，缅甸成为第一个与日本完成赔偿谈判并实现外交正常化的国家。1963年3月，双方缔结了相当于"追加赔偿"的"经济技术合作协定"，又于1972年缔结"航空协定"。

从缅甸独立后直到奈温执政结束的1988年前夕，是日本与缅甸关系稳定友好的"蜜月"期。与昂山一道得到日本资助的缅甸国家领导层与日本政客之间的私交，对奈温主政时代（1962～1988年）的两国关系产生了重大影响。1962年奈温发动军事政变后，外国驻缅使节中只有日本大使与奈温继续保持联系。在东京有一个被俗称为"缅甸游说团"的组织，成员包括安倍晋三首相的外公、日本前首相岸信介，其父前外相安倍晋太郎，自民党中曾根派系掌门人渡边美智雄等。高层人脉关系的左右，为缅甸带来了巨额日本官方发展援助（ODA），既缓解了奈温发动政变后缅甸出现的经济危机，也促进了这种基于政治精英个人感情的两国关系的发展。

日本对缅甸最初的经济援助是以解决战败赔偿的形式进行的。在1955年到1965年的10年间，日本以货物和劳务输出等形式向缅甸支付了约2亿美元，同时还提供了相当于5000万美元的技术援助。1963年，日本决定再向缅甸提供具有"准赔款"性质的1.4亿美元的资金援助，促进经济和技术合作。日本第一次提供给缅甸真正意义上的经济援助即日元贷款（ODA）是在1968年，此时日本已经走上高速发展轨道。随着国力的增强，使日本以经济外交为手段谋求政治影响力成为可能。

20世纪70年代后半期，奈温政府为了缓和国内的经济和政治危机，以开放姿态接受来自各国的官方援助。这一时期日本对缅甸的ODA迅速增长。1976年，东京举办了缅甸援助组织第一次正式会谈，奈温政府向国际援助组织提出援助请求，用于实现国家经济发展五年计划。在援助组织会议之后，缅甸的官方经济收入迅速增加。日本则以"综合财政补贴"（1975年）、"文化补贴"（1976年）、"食品增产补贴"（1977年）和免除债务（1979年）等名目，持续对缅甸进行经济援助。倘若没有来自包括日本在内的巨额外来经济援助，奈温政府难以应对20世纪70年代和80年代的数次经济危机。而日本对缅甸的援助，在其中扮演了最重要的角色。

（二）军政府时期日本的经济援助

1988年3月缅甸发生军事政变，日本和其他主要援助国迫于美国的压力，中止了对缅甸的官方经济援助。来自最大援助国日本援助的中止，对缅甸经济的冲击极为严重。虽然日本随后恢复了小规模的基于人道主义的基本生活物资援助，但日元贷款一直被冻结。日元贷款是此前缅甸ODA资金的最主要来源。在1978年至1988年，日本平均每年向缅甸提供约约1.5亿美元的援助；1989年至1995年，日本对缅援助的年均额下降到约8000万美元；1996年至2005年，这个数字更是降到了约3500万美元（见表4-5）。[1]

---

[1]　根据日本外务省政府开发援助（ODA）统计数据整理，http：//www.mofa.go.jp/mofaj/gaiko/。

表 4 – 5　日本对缅甸政府开发援助（ODA）（1969 ~ 2014 年）

单位：百万美元

年份	政府贷款	无偿资金援助	技术援助	赠予	政府开发援助支出净额	政府开发援助支出总额
1969	—	14.56	0.20	14.76	14.76	14.76
1970	—	11.64	0.30	11.94	11.94	11.94
1971	9.90	16.61	0.15	16.76	26.66	26.66
1972	11.59	16.36	1.69	18.05	29.64	29.64
1973	41.90	13.15	1.22	14.37	56.27	56.27
1974	34.23	10.61	1.53	12.14	46.37	46.37
1975	5.24	14.15	2.26	16.41	21.65	22.05
1976	11.99	12.26	3.06	15.32	27.31	28.12
1977	9.21	9.93	1.41	11.34	20.55	21.44
1978	93.41	7.89	2.72	10.61	104.02	107.33
1979	148.04	25.02	4.98	30.00	178.04	183.34
1980	115.27	32.61	4.58	37.19	152.46	159.62
1981	92.12	26.81	6.45	33.26	125.38	133.39
1982	76.48	21.31	6.14	27.45	103.93	111.02
1983	65.00	42.24	6.15	48.39	113.39	120.83
1984	47.32	41.91	6.18	48.09	95.40	109.67
1985	104.88	43.37	5.79	49.16	154.04	168.90
1986	175.18	61.37	7.59	68.96	244.14	266.11
1987	104.73	55.43	11.84	67.27	172.00	192.41
1988	168.29	81.69	9.56	91.26	259.55	278.65
1989	27.53	40.36	3.52	43.88	71.41	81.60
1990	27.98	30.18	3.16	33.34	61.32	61.32
1991	42.81	37.17	4.59	41.71	84.52	84.52
1992	35.51	31.58	4.98	36.56	72.06	72.07
1993	26.86	35.98	5.77	41.75	68.61	68.61
1994	26.49	99.95	7.37	107.32	133.82	133.81
1995	– 37.19	139.27	12.16	151.42	114.23	167.38
1996	– 76.65	101.98	9.87	111.85	35.19	117.90
1997	– 49.59	55.14	9.28	64.42	14.83	64.42
1998	– 41.94	47.01	11.01	58.02	16.09	61.92
1999	9.63	9.08	15.47	24.55	34.18	34.18
2000	11.43	17.97	22.38	40.35	51.78	51.78
2001	9.12	33.64	27.10	60.74	69.86	69.86

续表

年份	政府贷款	无偿资金援助	技术援助	赠予	政府开发援助支出净额	政府开发援助支出总额
2002	− 15.84	30.03	35.21	65.24	49.39	65.27
2003	—	18.52	24.56	43.08	43.08	43.08
2004	—	8.41	18.41	26.81	26.81	26.81
2005	− 0.19	6.65	19.03	25.69	25.49	25.69
2006	—	13.35	17.48	30.84	30.84	30.84
2007	—	11.68	18.84	30.52	30.52	30.52
2008	—	23.77	18.71	42.48	42.48	42.48
2009	—	24.50	23.77	48.28	48.28	48.28
2010	—	21.56	25.27	46.83	46.83	46.83
2011	—	19.70	22.80	42.50	42.50	46.51
2012	− 0.00	54.82	37.96	92.78	92.78	92.78
2013	− 758.78	3,238.45	48.65	3,287.10	2,528.32	5,331.76
2014	11.14	119.68	83.10	202.78	213.92	213.92
合计	563.09	4,829.37	614.26	5,443.56	6,006.64	9,202.66

注：日本外务省政府开发援助主页，http://www.mofa.go.jp/mofaj/gaiko/oda/shiryo/jisseki/kuni/index.php。（登录时间：2017 - 3 - 29）

数据来源：根据日本外务省政府开发援助（ODA）统计数据整理。

军政府统治期间，日本在对缅关系上一方面利用援助作为工具实行有限的压力政策，另一方面又保持对缅接触，在经济制裁与接触政策之间折中。日本在缅甸问题上所表现的两面性特点，是其在国内各方分歧、日美基轴外交与亚洲独立外交、国家利益与价值观外交之间相互平衡的结果。①

（三）双方政权更迭但日本援助如期

在 20 世纪末缅甸加入东盟，特别是进入 21 世纪后的最初几年，中国与东盟关系显著改善，以东盟为中心的东亚区域经济合作蓬勃发展。2003 年中国东盟自贸区谈判启动，日本感到竞争压力。2006 年，安倍晋三曾在他的第一个首相任期内大力推行"价值观外交"，并制定了所谓的"自由与繁荣之弧"外交战略，缅甸即为该弧形线上的重要一点。

---

① 范宏伟、刘晓民：《日本在缅甸的平衡外交：特点与困境》，《当代亚太》2011 年第 2 期。

2011 年缅甸民选政府成立后，双方关系显著改善。缅甸总统吴登盛和反对派领导人昂于 2012 年和 2013 年相继访问日本，缅甸朝野与日本的来往趋于热络。随着缅甸政府开启民主化大门，2012 年 4 月民主党野田佳彦内阁即改变对缅甸外交方针，重启包括日元贷款在内的对缅经济援助。2012 年 12 月自民党夺回政权后，时任安倍内阁副首相兼财政大臣麻生则步欧美后尘，于 2013 年新年伊始访问缅甸，重申野田内阁对缅甸的援助承诺。2013 年 5 月，继 1977 年福田赳夫之后，时隔 36 年安倍晋三以首相身份访问缅甸时，代表日本政府承诺，除 2013 年初麻生副首相访缅时免除 3700 亿日元债务之外，追加免除缅甸欠日本的剩余约 2000 亿日元债务。

三 日本对缅甸经济援助的新动向

吴登盛政权成立后，缅甸的投资环境大为改善。以美国为首，西方主要国家基本上解禁了对缅甸的经济制裁，包括日本在内的西方国家的援助随之而来，电力、运输（道路、桥梁、铁路）、通信、经济特区建设以及城市供水等生活设施等基建活动纷纷开启。特别是日本政府重启日元贷款带来的影响最大。随着经济制裁解除、基础设施进展、金融制度改革等带来投资环境的改善，激发了日本民间企业对缅甸的投资热情。2013 年度以及 2014 年度投资额分别为 41 亿美元和 80 亿美元。到 2015 年前半年累计投资达到 566 亿美元。其中的约七成投资是面向石油、天然气以及电力部门。几年来，对劳动密集型产业的投资也在增加，制造业约占投资额近一成的比例，暂居投资领域第三位。日本企业中 5 亿美元左右的投资额已不鲜见。随着迪洛瓦等经济特区基建项目开工、日本银行分支机构开设，可以想见更多日本企业将进入缅甸。①

对日本政府来说，通过对缅甸援助来加强双边关系，除了争取缅甸发展所提供的经济机会，更为重要的是通过全面恢复与缅甸的关系，重新获取对中南半岛乃至东南亚地区的实质影响力。为此，安倍二次执政以来加大了对缅甸经济外交的力度。除积极开展首脑外交完善顶层设计之外，日本各界尤其是经济产业界发挥其做事细致周到的一贯传统，为日本企业尤其是中小企业提供优质服务。包括对在缅甸投资、访问视察、寻找合作伙伴等方面提供

---

① 西澤信善：ミャンマー——ODAで整備の進む投資環境，*Business Labor Trend*，2015，（12）。

信息以及各种后勤服务。

总体看来，日本对缅甸经济外交主要有三个重点领域：一是在改善民生（支援少数民族贫困阶层、农业开发、区域开发）、医疗保健、防灾等领域；二是为支援民主化进程培养人才，使其具有完善、应用制度的能力。如接纳留学生、研修生等；三是发挥日元贷款的作用，援助保证经济持续增长所需的基础设施建设，包括能源、交通网等。[①]

安倍二次执政以后，日本对缅甸援助呈现新特点，其经济外交与政治安全相结合的意味浓厚，与中国争夺影响力的图谋强烈，配合美国亚太战略的用心明显。

（一）以"金元外交"巩固合作关系

安倍二次执政以来，日方已全部免除缅甸 5000 多亿日元债务。另外，安倍宣布向缅甸提供 510 亿日元贷款用于迪洛瓦经济特区的电力、港口建设及全国的扶贫项目，提供 400 亿日元的无偿援助用于铁道建设和医疗保健领域。2013 年 12 月，借"第二次日本—东盟首脑特别会议"之机，日本再次对缅甸提供总额 630 亿日元的政府贷款。

日本有关人士甚至计算出援助的 1540 亿日元额度相当于 2013 年度缅甸政府全部财政预算的 10% 或相当于该国省厅级预算的 27%，并预计该投入将惠及在缅甸的日本企业。安倍访缅时，40 余家大企业负责人随行。日产汽车一次性投资 5 亿美元，成为缅甸最大的外资项目之一。2015 年 11 月昂山素季率领缅甸民主联盟（NLD）取得压倒性胜利，日本及时采取了继续援助缅甸开发的外交方针。[②]

日本身处以美国为首的西方阵营，加之日美关系在日本外交中的重要作用，因此美国因素在日缅关系的恶化中发挥了极为重要的作用。例如在 2002 年 5 月，日本政府决定向缅甸提供 6.28 亿日元作为修复巴卢昌河水电站的资金，并以恢复对缅甸的 ODA 作为对缅政府释放昂山素季的回应。但此举遭到了昂山素季本人以及美国政府的强烈批评。此后，每每日本尝试以部分恢复 ODA 的形式向缅甸政府传达积极的信息，都会遭到美国的阻止，

---

① 外務省：「ミャンマーに対する我が国 ODA 概要」、http：//www.mofa.go.jp/mofaj/gaiko/oda/files/000142134.pdf/。（登录时间：2017 - 4 - 15）

② 白如纯：《安倍政权强化对东盟外交的台前幕后》，《当代世界》2014 年第 3 期。

最终使计划流产。

进入 20 世纪 90 年代之后，随着缅甸政府通过对外开放政策加强了与中国、泰国、印度等周边国家的经济联系，削弱了过去主要援助来源国日本的地位，加之国内天然气的大规模开采使缅甸获得了巨额外汇，缅甸对于日缅关系已经没有之前那样渴求，所以才会出现 2006 年公开谴责日本的情形。

（二）谋求借缅甸发展助力国内经济

对于日本来说，缅甸除了地缘优势、能源丰富和廉价劳动力等客观因素外，近两年的政治体制转向成为重要因素。新的外国投资法、经济特区法和外汇改革等措施进一步完善了缅甸的对外开放格局。根据美国智库的预测，2020 年之前，缅甸国内生产总值的年增长速度平均可达 6% 左右。日本通过以政府援助为主要手段的经济外交，主要目的是为日本企业进入缅甸提供机会，也给无以为继的"安倍经济学"提供支撑。2015 年 4 月，安倍在一次国际论坛演讲中提到日本 40 年前援助缅甸的水电站项目"仍在发挥作用"，意在强调日本援建项目的质量和管理及其对缅甸基础设施建设的价值。

（三）凭借历史因素确立人脉关系

20 世纪 40 年代日本曾帮助"缅甸国父"昂山等"30 志士"在静冈县的滨松地区做军事训练，日本认为其对缅甸独立提供的援助，是与即将获得政权的昂山素季拉近关系的重要基础之一。2015 年 10 月 9 日，日本电视节目直播缅甸议会选举，并专题报道昂山素季与日本的因缘——留学京都大学并送其独子在日本公立小学就读；2013 年访日时，昂山素季曾寻访其父在日期间的旧迹等资料介绍。尽管从 1977 年福田访缅、到缅甸首相应邀访日（参加 2003 年 12 月东京举办的"日本—东盟特别首脑会议"）的近 30 年间，两国首脑外交停滞，但与西方主要大国不同，日本与缅甸之间的部长（大臣）、厅局级等高级别官员互访一直持续。

（四）针对中国主动出击的意图明显

第一，安倍指出 40 年前援助缅甸的水利设施仍在发挥作用，借以强调日本项目具有高质量、高效率，这种表述明显具有剑指中国的意图。在 2015 年度日本与湄公河五国首脑会议上，日本方面表示希望与湄公河流域诸国成为"实现强大经济成长力量的湄公河地区的未来成长伙伴"，"欢迎与有关各国在构筑民主化、国民和解、法制、人权等领域开展合作"等表示和诉求，暗含协助缅甸推进民主化进程的用心。

第二，日本外务省对首脑会议的总结（概要）表明"日本与湄公河五国（包括缅甸在内的）首脑会谈时，重申在该区域深化海洋安全合作的重要性以及在该区域维护航行自由、航行安全、飞越自由的各自立场。双方在维护该区域贸易自由及根据包括《联合国海洋法公约》在内的国际法及其基本准则和平解决该区域争端的各自立场"。[①] 该说法与美国介入南海争端的托词如出一辙。

第三，安倍在与缅甸的首脑会谈中，就日本的政府援助在军事安全领域发挥的作用达成一致。日本认为长期以来缅甸军政府与中国关系密切，对缅甸军方的介入成为继"支持缅甸民主化"进程之外，制约中国影响力的另一个重要手段。

四　"一带一路"与中国对缅甸外交

缅甸是中国"一带一路"倡议中"21世纪海上丝绸之路"沿线的重要国家，也是路上连接中缅印孟经济走廊的关键点，处理好与缅甸的政治经济关系对中国地区外交具有重要意义。同时，日本对缅甸经济外交针对中国的色彩日益浓重。为此，在处理与缅甸、湄公河流域各国以及与东盟关系时，日本因素成为中国地区外交的重要考虑之一。

首先，注重提高效率、加强管理、把握质量。日本的明显优势是质量、技术和管理，这也是日本在地区经济外交中经验和教训的总结。早在20世纪六七十年代，日本在东南亚掠夺式开发造成的负面效应，引起了当地的反日游行甚至暴动。"福田主义"出台后，日本逐渐完善政策、措施，国家及企业的形象得到改观并长期保持。日本的前车之鉴，提醒我们在与各国合作和交往中树立大局意识和全局观念，立足长远，注重把握细节，提高办事效率和符合驻在国法律规范和国际惯例。

其次，发挥地缘、人缘优势，完善朝野交往。尽管日本标榜与缅甸关系的渊源，但相较日本，中国在与湄公河流域国家关系中更具有地缘、人缘优势。所谓中缅胞波情谊，是日本望尘莫及的先天优势。在保持高层交往的同时，应加大学者、媒体间交流，加大援助互派留学生力度。人员交流是一把

---

① 外务省：「日本ミャンマー首脑会談」、http://www.mofa.go.jp/mofaj/s_sa/seal/mm/page1_000118.html。（登录时间：2017年4月15日）

双刃剑，利用得当可以加深亲情促进合作的开展，反之可能因部分人的消极表现，造成更大范围的相互厌烦。有关部门应加强对民间企业进驻的管理，防止少数部门、企业不当言行对国家战略的实施带来消极后果。

再次，巩固周边外交的同时保持与日本的协调。尽管泡沫经济破灭，经历长期经济萧条，但日本作为世界经济大国、科技强国的实力依旧。经过长期经营，日本取得了包活缅甸在内的湄公河流域乃至东盟多数国家的正面评价。包括缅甸在内的东南亚国家均希望，包括日本、中国在内的各大国在2015年宣布成立的"东盟共同体"建设中发挥积极和建设性作用。中国的发展离不开和平的周边环境，在处理对东盟关系中，应与日本保持协调、推进合作，避免在东南亚、湄公河地区基础设施建设中各自为战的恶性竞争。

最后，升级次区域合作，助推"一带一路"构想。推进"澜沧江－湄公河合作"机制，必须面对日本这个中国在次区域最强有力的竞争者。2015年11月12日，由中国倡议举行了首次澜沧江—湄公河外长会议，2016年6月澜湄合作首届领导人会议成功举办，标志"澜湄"合作机制诞生。对于湄公河流域多种合作机制并存的现状，应强调这是对既有的大湄公河次区域合作机制（GMS）的补充，使其成为克服"离心力"的有益尝试。大湄公河次区域合作面临的机遇和挑战，要求中国负起大国担当，与相关国家共同打造以"开放、包容、均衡、普惠"为理念的次区域合作升级版，为"一带一路"战略构想的顺利推进创造有利的周边外交环境。

第六节　日本围绕"东盟共同体"展开的新攻势

2015年12月31日，东盟轮值主席国马来西亚外长阿尼法宣布"东盟共同体"当天正式成立。这是东南亚地区一体化进程中的里程碑事件，也标志着东亚合作将迈上一个新台阶。东盟共同体是以经济共同体、政治安全共同体、社会文化共同体为核心的一体化架构，其中经济共同体建设是一体化的前提和基础，将巩固并提升东盟在东亚乃至亚太合作中的地位。

日本是亚太地区的发达经济体，且与东南亚国家关系密切。日本主导的亚洲开发银行（ADB）作为本地区主要的投资方，实施了包括援助1992年发起的大湄公河流域开发（GMS）等重大项目。日本政府则通过"日本·

湄公"合作机制①以及各种形式的双边渠道，以无偿援助、优惠贷款、项目合作等形式，密切与东盟各国的经贸和人文关系。安倍现政权成立以来，配合奥巴马政府的"亚太再平衡"战略，并借南海岛礁纷争之机，在海上安全合作方面加大了对东南亚有关国家人力、物力与资金投入。

东南亚一体化乃至更大范围、更高水平的亚太经济合作需要大小国家取长补短，追求共同的经济、政治利益。但近年来，中日两国在东南亚地区以经济外交为手段，呈现激烈的竞争态势。东盟则继续施展其惯用的平衡外交手段，游刃于美、中、日、欧、印等大国间，获取经济与安全利益。尽管东盟通过长期努力，在一体化道路上不断迈进，总体实力增强，维护并巩固了地区合作主导地位，但内部矛盾以及大国博弈带来的诸多影响和制约，使刚刚宣布建立的东盟共同体成为东亚合作进程中机会与挑战并存的"试验田"。

一　东盟共同体成立将影响地区格局

所谓地区格局，是一个地区各种力量以及影响该地区的外部势力相互作用，形成相对稳定的政治经济及安全态势。在不同时期，中美日俄等大国不断施加影响，形成了当代东南亚复杂的战略格局。由于各种力量的消长和各方政策的调整，东南亚地区格局一直处于发展变化当中。目前，包括东南亚在内的东亚地区乃至亚太区域，尚处于冷战体系被打破新平衡尚未完善的过渡期。由于东盟统合的成果、中国崛起的进程以及美国亚太战略调整的影响，这种新平衡的建立需要的时间可能更长。

随着东南亚经济一体化进程的推进，东盟逐渐认识到自身的优势和不足。到20世纪末，东南亚地区终于实现了囊括全部十个国家在内的大家庭。经过进入21世纪以来15年的磨合，作为东亚乃至亚洲建成的首个高度一体化的次区域组织，东盟共同体的成立将带动本地区乃至亚太地区政治经济及安全格局的调整。

（一）东盟地位提升但问题不少

产官学各界关于东盟地位问题有多种表述，诸如"东盟为主导"、"区

---

① 从2009年民主党鸠山内阁举办日本与湄公河五国首脑会议，到2012年野田内阁及2015年自民党安倍内阁，日本政府以三年为一周期，分别发表了《东京宣言》（2009）、《东京战略2012》、《新东京战略2015》，以及各自配套的行动计划。

域合作驾驶员"、"东盟中心"、"东盟核心"等，也有将东盟牵头的东亚区域合作消极比喻为"小马拉大车"。一般来说，东盟内部有关自身地位和作用的阐述颇为积极和乐观，认为东盟是"构建开放、透明与包容的地区体系结构中与外部伙伴之间合作与交往关系的主要驱动力量"；是"规划演进中的地区体系结构的驱动力量"；东盟"在地区体系结构中扮演领导角色，藉此来引导东亚与外部世界的关系，同时增进东盟的共同体利益"以及"东盟成员国集体造就的其在东亚和亚太地区主义中的中心地位"。① 东盟内部的"自我感觉良好"，有其对自身成就的积极评价和对远景的乐观展望。

在新建成的东盟共同体框架下，东南亚地区在政治、经济和社会文化领域的一体化水平将得到加强。以"用一个声音说话"为约束的东盟，在区域合作舞台上的中心地位仍将保持并有望加强。2016 年，东盟进一步深化各领域的合作，按照《东盟迈向 2025 年：团结奋进》宣言中确立的路线图，加强在政治互信、经济一体化、社会文化认同等诸领域的合作，增进各成员对东盟共同体的归属感，进一步促进地区繁荣发展。

东盟经济共同体建成后，有望将东盟整体的经济增长率提升至 7% 左右。预计到 2020 年东盟经济总量将从目前的 2.5 万亿美元增加到 4.7 万亿美元，在全球经济实力排行榜上的名次由第七位跃升至第四位。到 2030 年，东盟中产阶级人数将增加一倍，达到 1.63 亿人，吸引外资能力也将大大增强。② 东盟经济的发展，国际竞争力的提升，将使后进国家陆续跨入中等发达国家的行列。权威性国际竞争力评价机构"世界经济论坛（WEF）"依据国际竞争力、科技投入和科技产出等指标综合衡量，统计了东盟各国 2001 年和 2015 年在全球竞争力排名的位次变化：柬埔寨从 107 升至 90，印尼从 57 升至 37，马来西亚从 37 升至 18，菲律宾从 53 升至 47，新加坡从 10 升至 2，泰国从 35 升至 32，越南则从 64 跃升至 6。③ 东盟各国国际竞争力呈现不断增强的趋势，但各国社会经济发展不平衡也显而易见。

与东盟内部"自我感觉良好"相对照，地区外国家对东盟地位的认识则不尽乐观。美国学者彼得·派屈和迈克尔·普朗默评价东盟的领导角色是

---

① 顾静：《东盟中心地位面临的变局及其重构》，《当代世界》2014 年第 3 期。
② 徐步：《东盟中心地位对东亚合作至关重要》，中国驻东盟使团网站，http://asean.chinamission.org.cn/。（登录时间：2016 年 12 月 30 日）
③ 王勤：《走向 2025 年的东盟经济共同体》，《南洋问题研究》2016 年第 3 期。

"对东南亚地区一体化及由此产生的东南亚对外部国际关系影响力的简略表述"，进而理解为"既是一个目标即成员国之间一体化的愿景，也是实现目标和愿景的可能方式即成员国协调政策的规则和方法"。① 中国有学者认为东盟"所获得的主要是功能性中心地位，即东盟在东亚合作中发挥的主要是一个合作平台作用，与此相对应的是一种功能性权力"，而非"东亚合作真正的权力中心"。②

东南亚各国政治制度不同并处于不同发展阶段，其内部合作和协调机制的不完善以及相互间存在的历史遗留问题如领土纠纷等，都将对区域性制度安排的实际效应带来负面影响。③ 但在大国争夺激烈、各方互不信任、共识难以达成的复杂情况下，这种"功能性中心"地位俨然已成为不可或缺的形式服务内容的逻辑。

东盟世纪之交实现"大一统"，势力范围是扩大了，但东盟成员国经济发展不平衡也是不容忽视的事实。目前，东盟整体2.5万亿美元的国内生产总值中，体量最大的印度尼西亚一国就超过了总量的三分之一，而数额最少的老挝不到120亿美元，作为城市国家的新加坡则高达3000多亿美元。如果按人均GDP排序，除新加坡世界排名第8位、文莱排名第24位之外，印尼和菲律宾以及中南半岛除泰国外的越、老、柬、缅四国人均GDP排名均处于100名之后。另据世界银行（IMF）划定的人均年收入标准（2014年数据），新加坡（5.6万美元）、文莱（4万美元）属于高收入国家；马来西亚（1.08万美元）、泰国（5436美元）属中上收入国家；印尼（3900美元）、菲律宾（2816美元）、越南（2050美元）、老挝（1720美元）、缅甸（1270美元）、柬埔寨（1105美元）属于中下收入国家。④

（二）大国博弈影响区域一体化

东南亚地区国际关系领域的一个显著特点，是一国乃至地区事务深受外部因素的影响，甚至被外部势力左右。二战结束后，东南亚地区仍未摆脱外部势力的渗透、干扰乃至控制。尽管东盟不断发展壮大，但大国以各种形式争夺势力范围及政治、经济与安全利益的现象一直存在，真正意义上的地区

---

① 顾静：《东盟中心地位面临的变局及其重构》，《当代世界》2014年第3期。
② 王玉主：《RCEP倡议与东盟"中心地位"》，《国际问题研究》2013年第5期。
③ 李玮莉、陈文：《东盟2015年回顾与2016年展望》，《东南亚纵横》2016年第2期。
④ 王勤：《走向2025年的东盟经济共同体》，《南洋问题研究》2016年第3期。

繁荣稳定并不如人愿。

参与东南亚地区博弈的主要势力包括美国、中国、日本、俄罗斯、印度以及欧盟。近年来尤其表现为中国与美国（美日同盟）之间的博弈。由于历史、地缘政治和地缘经济等因素的影响，东盟各国对华、对美、对日的态度和倚重程度有所不同。由于区域内权力结构呈现多元化趋势以及相互关系的复杂性，东盟整体以及东南亚各国对大国各有所需又互存芥蒂。在可预见的未来，东南亚地区格局最大的可能还是东盟力图保持其主体地位，东盟及各成员仍将采取大国平衡政策，但外交政策更趋灵活务实。

迄今为止的东亚乃至亚太合作，最大影响因素是奥巴马政府推行重返亚太的"再平衡"政策，而东南亚是"亚太再平衡"的源头。2009 年希拉里参加"东盟地区论坛"时，高调宣告"重返"东南亚，并加入《东南亚友好合作条约》，成为奥巴马政府"亚太再平衡"的序曲，2011 年，美国首次参加东盟峰会。美国的亚太战略调整的一项重要内容，是以政治与安全问题为先导，以经济合作为辅助，在双边和多边框架下发展与各国的关系。美国在巩固与发展同菲律宾、泰国等盟国和准盟国的关系的同时，加强发展与其他东南亚国家尤其是过去与美国关系较为薄弱但是又有着重要地位和作用的东南亚国家如缅甸、越南等国的关系。其目的就是继续维护美国在本地区的主导地位，保障美国在东南亚的政治经济利益。

东盟共同体宣布成立后不久的 2016 年 2 月，美国邀请东盟 10 国领导人举行特别首脑会议，东盟首脑讨论包括岛礁建设等涉及南海紧张局势的问题，并在会后发表《联合声明》，重申所谓维护"海上航行自由、飞行权利"以及反对南海的"非军事化"。奥巴马总统意图在他任期的最后阶段，通过强化与东盟国家的关系，推进其作为执政遗产的"亚太再平衡"战略。

2016 年 3 月底，昂山素季领导的民盟掌权后，美国调整了对缅甸政策，部分放松了对缅甸的经济制裁；2016 年 5 月奥巴马总统访问越南时，宣布全面解除对越南的武器出口禁令，意在协助与中国存在领土（海）纷争的越南加强海空作战能力；同年 9 月，奥巴马在出席东亚峰会时顺访老挝。2016 年度的一系列外交努力使东盟和美国的关系得到加强。①

奥巴马政府的亚太"再平衡"政策在东南亚也并非一帆风顺。东盟自

---

① 陆建人：《南海问题引发的东盟对华关系新变化》，《亚太安全与海洋研究》2016 年第 4 期。

身具有多样性和松散性特点，使得东南亚国家对美国的"再平衡"政策响应不尽一致。有些国家以"中国威胁"为借口，加强与美国的关系；也有些国家则以发展经济的需要，趋向于同中国发展关系。加上美国国内问题多、国外摊子大，美国对再平衡的投入有时也是"心有余而力不足"。从长远看，东南亚国家对美国的"再平衡"战略将趋于"不予重视"，对"再平衡"政策所持的"谋求利益、有所限制、约束"的感知趋于扩大。①

二　日本对东盟共同体的全方位外交

在东盟共同体成立前后，包括日本在内的各大国，全面加大对东盟及东南亚各国的外交力度。日本现政权继续把东南亚作为其地区战略的重点，以经济援助为主要工具，并以所谓"积极和平主义"、"价值观外交"等理念，对东南亚展开全方位的外交。尤其是加大了与东南亚在海洋安全领域的合作，明显表现出与中国争夺地区主导权的意图。东盟共同体宣告成立后的一年中，日本更是在政治、经济、人文等领域攻势不断。

（一）首脑外交稳固政治联系

通过首脑外交以及部长（大臣）等高级别接触，抓顶层设计，是战后日本对东南亚外交卓有成效的做法。鉴于按东盟内部设计的路线图，2015年年底之前东盟共同体将宣告成立，马来西亚举办东亚峰会及东盟首脑会议期间，除通过东盟与中日韩（"10＋3"）、日本与东盟（"10＋1"）首脑会议之外，安倍晋三首相分别与印尼、新加坡、柬埔寨、老挝、越南、马来西亚、泰国、菲律宾等国领导人举行双边会谈，并把这种首脑间交流的势头一直保持到刚刚过去的 2017 年。

2016 年日本与东盟各国首脑外交继续活络，9 月上旬安倍首相奔波于中国杭州与老挝万象间，利用 G20 峰会、东亚峰会、东盟与中日韩（"10＋3"）峰会、第八次日本—湄公河地区首脑会议（地点破例在老挝）等场合，在全体会议之外分别与东南亚地区的越南、老挝、菲律宾、缅甸（国家最高顾问昂山素季）进行了首脑级会谈。

在东盟共同体成立节点上，安倍政权密集与东盟及各成员进行首脑会谈，凸显其强化与东盟关系、巩固在东南亚地区优势地位的外交考量。东盟

---

① 贺圣达：《东南亚地区战略格局与中国—东盟关系》，《东南亚南亚研究》2014 年第 1 期。

共同体宣告成立前后两年中，日本的东南亚外交重点确定为缅甸、菲律宾、越南以及湄公河次区域。日本领导人与越南主席陈大光（5月28日、7月15日）、菲律宾总统杜特尔特（6月30日、9月6日）以及轮值主席国老挝领导人（5月28日、9月6日）举行了两次以上的会晤。与缅甸实际上的最高领导人昂山素季（9月7日、11月2日）也实现了两次会晤。[1]

（二）经济外交强化合作关系

东盟共同体能否如期实现路线图规定的目标，各国的经济发展和民生福祉的改善至关重要。东盟共同体近期的主要任务，是缩小东盟内部的经济发展差距。东盟10国的经济发展水平和人均收入水平差距巨大，中南半岛五国中除泰国外的新加盟成员，经济和社会发展水平相对落后。东盟共同体自身发展以及与外部世界的互联互通，具有庞大的资金、技术和智力需求。

2013年以来，日本在东盟投资额上连续三年超过中国。另外日本还通过经济援助，针对重点领域、重点地区和重点国家开展经济外交活动。重点领域为基础设施投资，重点地区为湄公河流域，重点国家为越南、缅甸以及年度轮值主席国。针对东盟共同体即将宣告成立的新情况，2015年5月21日，安倍首相在出席日本经济新闻和日本经济研究中心联合举办的"亚洲的未来"国际研讨会时表示：将强化"亚洲开发银行（ADB）"的作用，扩大融资力度，通过与"日本国际协力机构"（JICA）合作，建立为基础设施建设融资的新机制。日本将出资1100亿美元，为亚洲基础设施建设提供资金支持。安倍首相还多次提到"质量"一词，以60年前日本主导建设的水电站至今仍承担缅甸全国20%电力为例，展示日本建设的基础设施的质量优势。[2]

对作为重点援助地区的湄公河流域，将在2016~2018年提供总额7500亿日元的政府开发援助（ODA）。在《日本·湄公合作之新东京战略2015》的共同文件和"行动计划"中，表明日本的援助领域将包括硬件、软件、自然、人文四方面内容：硬件方面将强化产业基础设施及区域内外的硬件连接，建设需求庞大的高质量基础设施，包括产业基础设备，陆、海、空硬件连接等；

---

① 外务省：http://www.mofa.go.jp/mofaj/kaidan/sabe2/index.html。

② 外务省：「質の高いインフラパートナーシップ～アジアの未来への投資～」、http://www.mofa.go.jp/mofaj/gaiko/oda/files/000081296.pdf。

软件方面将立足产业结构升级和相关产业的人才培养，软件连接主要是指制度连接、经济连接以及人与人的连接；建设绿色湄公，实现高质量经济增长和可持续发展，包括防灾、气候变化、水资源管理、水产资源利用等；在人文领域，开展地区各国间合作、与国际机构与非政府组织（如亚开行）的合作、与相关国家合作（如日美合作、日中湄公河政策对话）。①

（三）基金外交夯实感情基础

早在东盟提出建立共同体构想初期（当时以 2020 年为期限，后调整为 2015 年年末），2005 年 12 月，时任首相小泉在与东盟首脑举行首脑会议时，提出为东盟一体化提供 75 亿日元的援助。次年 3 月，时任麻生外相与东盟大使及代表正式签署建立"日本·东盟统合基金"（JAIF）。② 2006 年 3 月，日本又为"东亚青少年交流基金"以及"日本东盟经济合作基金"分别出资 217 亿日元（当时约合 1 亿 9557 万美元）和 57 亿 7200 万日元（当时约合 5200 万美元）。之后又于 2009 年、2012 年、2013 年，分别以应对自然灾害、金融危机以及促进青少年交流等名义对基金注资。2013 年二次执政的安倍首相在与东盟领导人举行特别首脑会谈时，再次表明追加 1 亿美元资金（JAIF2.0），在海洋合作、防灾减灾、应对恐怖袭击以及强化东盟互联互通等四个方面提供支援。③

日本外务省网站关于"日本东盟统合基金"有详细介绍，"基金建立目的"一栏中归纳为五个方面：一是对致力于一体化的东盟各国提供支援；二是支援东盟安全保障共同体（ASC）、东盟经济共同体（AEC）、东盟社会文化共同体（ASCC）的活动，致力于缩小地区发展不平衡；三是促进日本与东盟间的合作；四是援助地区机构和准地区机构的活动；五是帮助日本和东盟实施其认为必要的活动。④ 东盟宣告成立的 2015 年前后，日本通过"日本东盟统合基金"实施在外交人员进修、医疗与福利设施建设、防灾减灾以及对各国技术人员培训等多方面的资金支持。

---

① 白如纯：《一带一路背景下日本对湄公河次区域的经济外交》，《东北亚学刊》2016 年第 3 期。

② 2008 年，日本政府把"日本东盟综合交流基金"和"日本东盟学术交流基金"一并归入"日本东盟统合基金"。

③ 外务省：「日·ASEAN 統合基金」、http：//www.mofa.go.jp/mofaj/area/asean/j_asean/jaif.html。

④ 外务省：http：//www.mofa.go.jp/mofaj/area/asean/j_asean/jaif.html。

三 应对日本调整东盟政策的思考

由于中国与东盟经济联系紧密带来的"挑战",以及南海争端引发中国与东南亚个别国家关系紧张带来的"机遇",日本有针对性调整对东盟政策。加上东盟共同体如期成立,近几年间,日本明显加大了对东盟和相关国家的外交力度。

长期以来,日本通过政府开发援助(ODA)以及东盟统合基金(JAIF)对东南亚国家施加影响。在政治和安全领域,日本希望加强与南海岛礁当事国的关系,实现牵制中国的目的。安倍首相在 2014 年 5 月提出所谓"海洋法制三原则",概括起来就是:基于法理的主张;不行使武力;和平解决争端。日本反复强调反对在南海进行大规模填海造陆和修筑军事设施等"改变现状"的行为,并对与中国有海洋争端的国家如越南、菲律宾等国提供巡视船等举动,明确表现出拉拢相关国家对抗中国的意图。

在经济领域,日本通过两国间合作(FTA/EPA)协定及与东盟整体的"日本东盟经济合作协定"(AJCEP),为在东南亚的日本企业提供支持。一度被日本寄予厚望的"跨太平洋伙伴关系协定"(TPP),由于新加坡、马来西亚、越南、文莱的正式参加和印度尼西亚的意向参加,以及中国被排除在外,曾使日本感到在东南亚的影响力将得到大幅提升。美国特朗普政权使被炒得沸沸扬扬的 TPP 搁浅,无疑令安倍政权大失所望。TPP 的搁浅将使东盟主导的"区域全面经济伙伴关系"(RCEP)协定的作用变得更为突出。RCEP 不仅在货物贸易领域实现关税削减,在服务贸易、投资、电子商务、知识产权等非关税领域也将制定各种新规则。日本驻东盟大使相星孝一撰文,指出日本政府支持东盟的一体化努力,希望对新规则的制定做出"贡献"。[①] 表明日本希望利用制定规则把握话语权,实现自身利益最大化的用意。

中国在处理与东盟关系时,日本因素也是重要的考虑之一。2016 年是中国与东盟建立对话关系 25 周年,也是中国—东盟教育交流年。在经历中国东盟关系"黄金 10 年"后,双方均致力于"中国—东盟自贸区升级版"和"区域全面经济伙伴关系协定"(RCEP)谈判的顺利达成。随着经济实力的不断

---

① 相星孝一:「ASEAN 共同体の発足と今後の展望」、『日本貿易会月報』2015 年 12 月号 No. 742。

壮大，中国的地区乃至国际抱负日益鲜明，这也是亚洲基础设施投资银行（AIIB）成立的主要背景和目的。中国支持东盟实现区域互联互通目标，希望通过泛亚铁路、中老、中泰铁路等项目，带动中国与东南亚国家友好合作。

（一）坚持以东盟为核心的一贯立场

中国最高领导层非常重视发展与东盟国家的友好合作。2013 年 10 月 3 日，习近平主席在印尼国会发表《携手建设中国—东盟命运共同体》的演讲，提出中国"愿同印尼和其他东盟国家共同努力，使双方成为兴衰相伴、安危与共、同舟共济的好邻居、好伙伴，携手建设更为紧密的中国—东盟命运共同体，为双方和本地区人民带来更多福祉"。[1] 在东盟共同体即将启程的 2015 年 11 月 7 日，习主席在新加坡国立大学发表演讲时重申，中国将坚定发展同东盟的友好合作关系，坚定支持东盟发展壮大，坚定支持东盟共同体建设，坚定支持东盟在东亚区域合作中发挥主导作用。[2]

特朗普胜选后，美国所主导的"跨太平洋伙伴关系协定"（TPP）出现困局，预期以东盟为主导的次区域经济一体化模式将被重视，这将有利于东盟提升在东亚乃至亚太合作中的地位。东盟曾主张美国主导的 TPP 和以东盟为核心的 RCEP 不互相排斥，并有助于推动亚太区域贸易自由化的进程，成为迈向亚太自由贸易区（FTAAP）的平行路径。东盟希望通过与中国、日本、韩国、印度、澳大利亚和新西兰签署双边自由贸易协定以及东盟—香港自由贸易协定（AHKFTA）等的谈判，并最终整合为"区域全面经济伙伴关系协定"（RCEP），东盟以区域共同立场和全球经济视野，实施战略性和一致性的对外政策，希望保持其主导地位。[3]

前提是东盟需要消除内部发展差距、培养区域认同等目标，也需要加强对话伙伴与国际社会的互动与合作。一方面，合作特别是互联互通和产业领域的合作，是解决东盟经济均衡发展难题的必要条件，而与国际社会的互动对于塑造东盟身份也是一个必不可少的过程。这对作为东盟近邻和密切合作伙伴的中国，意味着持续的合作机遇，特别是中国推动的"一带一路"倡

---

[1] 习近平：《携手建设中国东盟命运共同体：在印尼国会的演讲》，《新华社每日电讯》2013 年 10 月 4 日。

[2] 《东盟共同体推动地区一体化进程》，《人民日报》2016 年 1 月 1 日。

[3] 王勤：《走向 2025 年的东盟经济共同体》，《南洋问题研究》2016 年第 3 期。

议，为双方的合作双赢提供了机会。①

（二）借鉴日本在东南亚的经验教训

开展中国—东盟经贸合作，一定要吸取 20 世纪六、七年代日本与东盟关系的教训。当时日本从东南亚大量进口资源和原材料，然后向东南亚出口工业品，追求利益忽视感情投入的重商主义做法引发东南亚国家的民族主义情绪，一些国家掀起抵制日货浪潮甚至暴动，对当地政府施加压力。"福田主义"出台就是日本为安抚当地民众采取的补救措施。

中国—东盟经贸合作的层次与水平还相对较低，主要还停留在货物贸易阶段，相互投资、技术合作等相对较少。一些企业往往注重谋取眼前的利益，忽视环境保护及履行相应的社会责任。应该吸取日本当年的教训，调整生产、经营领域的短视行为，立足于维护中国与东盟的长期友好。东盟共同体建立后，东南亚一体化进程将加快。以互联互通为目标的铁路、公路、港口等基础设施建设等巨大的市场需求将为中国企业"走出去"提供更多机会。实现与东盟内部互联互通战略规划对接，是促进实施"一带一路"战略的关键。

（三）助力东盟一体化稳固中国东盟关系

东盟为推进一体化进程，成立了"东盟一体化发展合作论坛"，至今已举行多次合作对话。希望带动欠发达国家尤其是柬埔寨、老挝、越南、缅甸四个东盟后进国家吸引外资，加速经济社会发展。2015 年 9 月，来自东盟和中国工商界的 200 余名代表，针对 2015 年东盟共同体建立以及"一带一路"背景下投资者的投资战略与机遇等问题开展讨论。同年 10 月，以"互联互通议程——迈向一体化的东盟共同体"为主题的"第 6 届东盟互联互通研讨会"在马来西亚吉隆坡举行。2010 年制定的《东盟互联互通总体规划》以促进东盟基础设施、制度和人文领域的互联互通为目标，建设有利于进一步吸引投资，实现人员、货物和服务的自由流动。②

目前，中国是东盟第一大贸易伙伴，东盟是中国第三大贸易伙伴，与中国的双边贸易额占东盟对外贸易的比重从 1993 年的 2% 增长到 2014 年的 14.5%；与之对比，东盟与美国、日本和欧盟的贸易额占比呈现连续下降趋

---

① 王玉主：《东盟共同体：进程、态势与影响》，《学术前沿》2016 年第 10 期。
② 李玮莉、陈文：《东盟 2015 年回顾与 2016 年展望》，《东南亚纵横》2016 年第 2 期。

势：美国从 18% 下降到 8.4%、日本从 20% 下降到 9.1%、欧盟从 15% 下降到 9.8%。①

2015 年 11 月，中国与东盟就建设"中国—东盟自贸区升级版"达成一致。预计中国与东盟的合作将出现更快的发展。2016 年 3 月 23 日，"澜沧江—湄公河合作"首次领导人会议在海南成功举办，新的合作机制将为提升次区域发展和东亚区域经济合作发挥积极作用。

---

① 曹云华：《后东盟共同体时代的中国—东盟关系》，《学术前沿》2016 年第 10 期。

第五章
日本东亚区域经济合作的评价与展望

日本作为世界经济大国和东亚地区的主要国家，长期以来在区域经济发展以及一体化构建中起到了非常重要的作用。东亚地区是日本赖以生存和发展的主要舞台，要实现保持经济大国地位和成为"政治大国"的目标，日本就必须着眼于巩固战后长期以来所获得的地区外交成果，面对新的地区与国际形势适时调整其区域合作战略，进一步争取在政治与经济方面占据地区主导地位。在可预见的将来，日美同盟依然将是日本地区外交的有利依托，而加强与东亚国家的政治关系与经济联系将成为日本提高国际地位、增加外交独立性的重要手段。国际安全形势的变化、日本国内政局的变化、方兴未艾的东亚地区主义潮流以及中国在地区地位与作用的不断攀升等因素使日本的地区合作战略调整存在着一定的变数。

第一节　日本东亚区域经济合作的效果

以经济实力做后盾，日本在东亚区域合作中一度具有一枝独秀的优势地位。各时期日本在东亚区域经济合作中采取的政策措施，取得了积极的成效，这对日本经济、政治大国目标的实现以及完全保障方面起到的作用都是有目共睹的。即使在泡沫经济破裂、经济长期处于萧条的情况下，日本在资金、技术、管理等方面仍然具有很强的竞争优势。

一　经济与政治外交目标的实现度

经济与外交目标在不同时期具有不同的侧重，根据角度的不同，对其实现程度的考察可能会得出不尽一致的评价。日本对外关系的开展，其终极目标是使日本的国家利益最大化。日本区域经济合作政策目标是确保日本在本地区经济、政治利益的实现，进而为日本全球利益的实现提供保障。对日本区域经济合作政策的评估也是基于其经济与外交目标的实现程度做出的总体判断。在经济方面，对日本的东亚区域经济合作政策评价是亚洲金融危机前，目标达成度较高，亚洲金融危机后，目标达成度相对较低。在政治与外交方面，目标达成度相对较低。

（一）亚洲金融危机前后，经济目标达成度由高到低

日本战后重返地区外交舞台后，一直积极致力于区域经济合作，将亚太地区不同国家组合在一起，讨论和解决共同面临的发展问题。通过进行战争赔偿、政府开发援助、企业投资与经济合作等形式，完成与东南亚国家的和解。日本在实现了经济高速发展之后，在其带动下，首先是包括韩国、中国香港、新加坡、中国台湾在内的"四小龙"，而后是包括印尼、泰国、菲律宾、马来西亚在内的"四小虎"，均相继实现了经济的高速增长。以日本为先导、其余国家和地区经济"雁群"般依次起飞的"雁行模式"在东亚取得成功。

在经济主导地位得到巩固的同时，日本加大了包括"政府开发援助"（ODA）在内的经济外交力度，将对外援助作为日本进行区域经济合作的主要手段。因为无论是经济外交，还是对外援助，均基于战后日本外交的原则立场，即和平国家、亚洲国家以及经济大国等。战后日本的经济外交和对外援助均在上述原则立场的框架内拟制、实施、运作和调整。基于日本标榜的"和平国家"的基本立场，日本对外援助采取了"经济开发型"的形态；"亚洲国家"的定位，则决定战后日本对外援助的投向；作为"经济大国"，日本强大的经济实力决定了日本 ODA 的规模。

20 世纪 80 年代以后，日本政府宣称要成为"国际国家"，做出自己的"国际贡献"，要在国际社会发挥与经济实力相称的政治作用，特别强调要通过开展经济外交达到政治作用和安全效果。1980 年的日本《外交蓝皮书》宣称：ODA 是"为保障日本的综合安全而付出的建立国际秩序的代价"，也是为了"确保广义上的安全保障"所必不可少的。①

日本凭借雄厚的经济实力，大幅度增加了对外提供的战略型援助，大幅度提高了 ODA 的金额，扩大了 ODA 的规模。20 世纪 90 年代初，日本一跃成为世界上最大的对外援助国。1991 年，日本 ODA 达到 110 亿美元，首次

---

① 参见日本外务省网站，http://www.mofa.go.jp/mofaj/gaiko/bluebook/1980/s55 - contents.htm。

超过美国成为世界上最大的援助国。1991～1995 年日本连续五年保持了世界上"最大对外援助国"的地位。

东南亚地区是日本最早的区域经济合作对象，日本主要的援助对象便是东南亚地区，因为这里是日本地区外交的原点，也是日本经济利益最大的地区之一。日本一直将东南亚视为其能源和原料的重要来源地，20 世纪 70 年代以后，日本又陆续将失去竞争力的劳动密集型产业转移到东盟国家，通过垂直型国际分工形式，将东南亚变成了自己的生产基地，主要生产各种零配件。以后又将工厂直接搬迁到东南亚进行生产。东南亚作为日本对外输出资本的重要市场、重要的贸易伙伴而成为日本政府开发援助（ODA）的重点地区。在日本的 ODA 中，约有六成多集中于东盟国家。其中，印尼、菲律宾、泰国、马来西亚是 ODA 的主要受援国。日本向东南亚提供巨额援助的经济动机，即以 ODA 来带动日本对受援国的出口，并配合对外投资及保证受援国对日本所需资源和能源的供应。

经过一系列经济外交的努力，到 20 世纪 90 年代初期，日本成为东亚地区"雁行模式"中名副其实的领头雁。即使日本经济泡沫破灭后，日本对东南亚的投资额依然高出日本对中国的投资额，也高于美国及其他国家对东南亚的投资额。这一时期，日本成为世界经济大国，具备了影响世界经济的实力。1989 年，日本收购、兼并外企 659 家，其中 30 家属于美国最大的公司。而在世界 200 家最大的银行中，日本银行包揽了股票市价的前 10 名。经济实力的急剧膨胀，奠定了日本争夺亚太经济主导权的基础。以至于当时的日本副首相兼外相河野洋平说："日本绝对不屈服于美国的压力。"1991 年，美国开始筹划"北美自由贸易区"，最终建立泛太平洋自由贸易区，日本即着手建立以自己为首的"东亚经济圈"。由于东亚相当一部分国家采取钉住美元的单一货币体制，日本在冷战结束后亦开始加快构筑以亚洲为中心的"日元圈"。为此，20 世纪 90 年代前期，日元贷款的 75% 都集中在东亚地区。而在贸易领域，由于日美贸易长期不平衡，因而矛盾摩擦不断升级，谈判桌上虽然美国实施高压政策，日本不得不做出妥协与让步，但财大气粗得日本也敢于在很多场合说"不"了。

亚洲金融危机的爆发，为日本在东南亚发挥大国作用和施加政治影响提供了有利的契机。日本是在危机中对东盟国家提供经济援助最多的国家。日本除通过世界银行和亚洲开发银行提供巨额援助外，还提供直接的援助，甚至在小渊政府时期，日本还宣布从 1999 年起向东盟受灾国提供 1 万亿日元的低息贷款。值得指出的是，日本向东盟提供的这些援助是附带某些政治条件的，如小渊首相向东盟重新提出了桥本所提的要求。这一次，日本得到的回报是东盟不顾美国的反对，支持建立以日本为主导的"亚洲货币基金"，使日本发挥了更大的作用。另外，1998 年在亚太经合组织（APEC）吉隆坡会议上，东盟支持日本不开放渔业和林业两个部门的立场，使日本成了这次会议的大赢家。此外，日本公司还轻松进入了东盟国家一些不向外资开放的行业。

由此可见，从经济角度考量，日本在金融危机前的区域经济合作进程中，其经济目标的达成度是不容忽视的。

但是，亚洲金融危机使上述情况发生了逆转。在亚洲金融危机爆发之后，日本从自身角度出发持观望态度，但后来在以美国为首的 IMF 的压力下，日本遂采取积极姿态。日本提出了建立"亚洲货币基金"，目的是取得解决东亚金融危机的主导权，为将来进一步主导亚洲经济做铺垫，此举也得到了东盟诸多国家的支持。然而，该主张遭到美国的强烈反对，因为美国不会允许在亚洲出现将自己排除在外的经济组织。日本被迫放弃上述设想，并将解决危机的主导权交给了 IMF，实际上就是归美国控制。同时，由于经济萎靡不振，景气对策收效甚微，日本频受美国指责。克林顿甚至在 1998 年 6 月访华时，途经日本而不作片刻停留，日本虽然为备受冷落而大为不满，但又无可奈何。

在国际经济格局中，经济竞争对手间的角逐态势往往取决于本国经济实力的强弱。上述美攻日守态势的形成，源于日美两国经济形势的对比发生变化。（1）从经济实力来看，美升日降。对美国来说，东亚金融危机无异于其经济发展的一次机遇。通过此次亚洲金融危机，美国再次确立了在经济领域独大的局面，不仅稳坐金融霸主的宝座，还继续引领电子、信息技术发展潮流。日本则陷入了二战以来最严重的经济萧条，经济活动呈"螺旋形紧缩"，国内外大量不良债券无法按时收回，主要景气指标均跌破战后以来的最低水平；（2）亚洲金融危机后，日本对美国的经济依赖加重。在贸易领域，美国仍是日本的第一大贸易伙伴。日本大藏省 1998 年 5 月的贸易统计速报显示，日对美贸易黑字比上年同期增长了 41%，连续 20 个月保持了增加之势。在投资领域，日本对东亚投资减少、停止甚至从一部分国家撤资，但对美投资却保持不断上升之势，尤其是 1998 年以来的日本金融改革，促使其国内资本大量逃向美国。而在技术领域，亚洲金融危机后，美国斥巨资加强科学技术的研究开发，而日本则受实力所限没有太大的动作。日美经济形势的对比，向明显有利于美国的方向发展。

在日本的区域经济合作政策中，中国是必须要考虑的一个因素。1991 年，自时任外长钱其琛应邀出席东盟第 24 届外长会议开始，中国与东盟关系虽经历一些起伏，但基本保持了平稳发展的势头。特别是亚洲金融危机以后，中国作为负责任的大国，采取了及时果断而有效的措施应对危机。中国在自身经济面临巨大压力的条件下，坚持人民币不贬值。在周边外交中采取了"富邻、睦邻、安邻"政策，使得东南亚国家一度出现的"中国威胁论"失去了市场。进入世纪之交，中国以更积极的姿态推动东亚区域经济合作进程。2000 年，中国东盟自由贸易区计划提出，2001 年双方开始落实自由贸易区计划，中国东盟双边政治、经济等各方面关系均得到了深入发展。为了消除东盟国家对中国南海潜在冲突的担心，中国先是与有关各方发表了《南海各方行为宣言》，进而加入《东南亚友好合作条约》，将双边关系上升到战略合作伙伴层面。这样，一方面通过双边自由贸易区的建设，东盟被培养成为中国的一个重要出口市场和原料来源。另一方面，又通过一系列富有成效的合作措施将东盟塑造成为中国稳定的战略合作伙伴。此后，无论是 2004 年提出的"和平崛起"战略，还是 2006 年提出的"和谐世界"理念，其基础和目标都在和谐周边、和谐亚洲，而中国与东盟关系在其中都是十分重要的一环。中国强势崛起，使日本经济、政治、外交乃至安全方面又面临着新的挑战。

总之，亚洲金融危机发生后，日本在东亚主要是东南亚地区的影响力已经大不如前。

（二）政治与外交方面目标达成度相对较低

在政治与对外关系领域的"不得志"似乎成了日本永远的痛。不论在经济危机前还是危机后，尽管程度不同但这种痛感一直存在。

20 世纪 70 年代，日本实行"贸易立国"战略，对政治大国的追求不甚积极。但到了 20 世纪 80 年代后，随着经济超大国地位的确立，"政治大国"成为日本地区外交战略的目标。日本以美国对中南美各国、西德对欧洲共同体各国、欧洲共同体对非洲各国给予支援为样板，试图通过日本对亚太地区国家给予支援的方式，形成以日本为中心的地区合作架构。

日本深知，要做"政治大国"为国际新秩序的建立"发挥积极作用"，要取得中国的支持是很难的。在亚洲，首先要争取东盟的支持。因为东盟在经济上对日本依赖很强，不会不考虑日本的要求。东盟虽都是中小国家，但成员众多，"用一个声音说话"，其影响力不容小视。无论从地缘政治、历史因素还是从亚太地区政治格局来看，东南亚都是实现其政治抱负、发挥大国作用的基地。

日本与东亚尤其是与东盟国家的经济关系非常密切，相互依存度很高，日本在东亚地区合作中处于优势地位，但是日本与东亚国家间在政治领域建立起信任关系的过程相当复杂。即便是与长期经营的东南亚国家，在政治上的信任依然经历了一个漫长的过程，可以说至今也仍旧没能解决好。20世纪70年代，东南亚各国对它们与日本经济合作过程中的利益不对等表现出了强烈不满。1974年1月，日本首相田中角荣访问东南亚各国，因日本商品和资本大举进入该地区引起的摩擦，使得在泰国和印尼等国出现了大规模的反日浪潮。为消除与东南亚关系的不和谐，并使日本在政治上发挥与经济大国地位相称的作用，福田赳夫首相于1977年访问当时的东盟成员时提出了"福田主义"。其核心内容是：日本不当军事大国；与东南亚各国建立"心心相印"的友好信赖关系；以对等、合作者的身份支援东南亚。"福田主义"后来成了历任日本首相对东南亚政策的基调。

正因为如此，日本历届首相都非常重视对东南亚国家的出访。前首相桥本在1997年初访问东南亚时，曾提出与东盟要建立"跨世纪的深远关系"的所谓"桥本主义"，其实质是日本不满足仅充当东盟众多对话伙伴中普通一员的角色，要求东盟以"政治大国"的待遇来提升日本的地位，即允许日本定期参加东盟首脑会议，并单独而不是与别的对话伙伴一起与东盟举行双边会谈。对于日本"政治大国"的要求，东盟总的来说是支持的。东盟欢迎日本在亚太地区和联合国发挥更大的作用。但是，东盟对日本的戒心仍然很强。一是在地缘上，日本离东南亚很近；二是在历史上，东盟曾遭受日本的残酷侵略。东盟支持美国在东南亚和亚太的军事存在，却明确反对日本在亚洲发挥军事作用，对日本不断增加军费开支不无担忧。日美在1997年修改"防卫合作指针"后，日本试图将"周边事态"扩大到菲律宾附近，引起东盟的强烈不满。这些因素使得东盟拒绝了桥本首相提出的上述要求。

显然，东盟并不想给日本过高的外交地位。

2002 年 1 月，小泉首相循着当年福田赳夫的足迹访问了东盟的五个创始国。访问期间，新加坡和日本签订了双边自由贸易协定，也称"新时代经济伙伴关系协定（JSEPA）"。对新加坡而言，这不是第一份双边自由贸易协定。但是，日本签署的却是第一份此类协定，显示其有改变战略的构想。此外，小泉首相在新加坡发表的日本对东南亚新政策演讲中提出日本会在东盟"10＋3"，甚至"10＋5"（中日韩＋澳、新）的基础上，使区域合作朝建立"东亚共同体扩大构想"发展。从表面上看，小泉首相的"东盟＋5"没有多少新意。1999 年 11 月，韩国总统金大中在出席马尼拉举行的"东盟＋3"会议期间即提出了建立"东北亚经济合作体"的设想。2001 年，在"东盟＋3"会议上，金大中又主张将"东盟＋3"机制改为"东亚峰会"，并提出东亚合作的最终目标是建立包括政治、经济、安全等多个领域的"东亚共同体"。然而，东盟对上述提议十分谨慎，它们担心"东亚峰会"取代"东盟＋3"机制后，东盟的领导地位和核心作用就会丧失，因为"东亚峰会"将不再固定由东盟国家任主席和东道国。"东盟＋5"方案将澳大利亚和新西兰也纳入了"东亚峰会"机制，这种主张有其地区国际政治背景。1990 年 12 月，马哈蒂尔总理提出"东亚经济集团"（EAEG）设想时，美国起初并未表示关心。但 1991 年 7 月日本外相就该设想对马来西亚外长表示支持后，美国不仅公开反对而且动用了所有可能的外交资源使 EAEG 的设想无法实现。

日本开始与东盟之间的接触早于中国 20 多年。但是，日本通过谈判建立区域贸易协定的方式，努力将其与东南亚国家之间的经济关系制度化。这种努力是在以 1999 年西雅图世界贸易组织新一轮谈判无法展开（即对二战结束以来日本一直坚持的多边争端解决机制的失望）之后进行的。2000 年，中国宣布同东盟开始自由贸易区谈判，加上中国加入世界贸易组织在即（1999 年 11 月中美双方就中国加入世贸组织达成协议），日本倍感在东亚地区的经济合作领域来自中国的挑战。这样，中国和日本之间便争相与东盟展开建立自由贸易区的谈判。

美国反对任何亚太地区把它排除在外的区域经济合作设想，当然也反对更高层次的区域合作机制的出现，虽然克林顿政府在对外经济政策中较多地依赖了多边机制。美国反对 EAEG 的措施之一便是将 APEC 升级为非正式领导人峰会（以此保障美国的参与）。小布什政府延续了克林顿政府的传统，一直坚持反对没有美国参加的"东亚峰会"的立场。所以，小泉首相在新加坡的主张是力求在东盟主导、没有美国参加的东亚峰会上与包括美国的重要盟国澳大利亚和新西兰参加的东亚峰会之间求得平衡，因为这样能体现出日本在跨太平洋事务中的"桥梁作用"。

以日美同盟为基轴的外交是日本无法施展地区外交的主要制约因素。日本将区域合作看作维持日本国际政治地位和战略安全的重要手段。日本至今仍未摆脱意识形态的束缚、国内狭隘民族主义的牵制，仍顾忌美国、戒备中国。日本之所以加速同东盟国家双边经济伙伴协定的谈判进程，明显带有通过加强经济联系巩固同东盟国家的政治关系、稳固日本传统势力范围的政治和安全方面的意图，特别是这些国家基本上都处于马六甲海峡这一海路要道，建立紧密的双边经济合作关系对于保证日本海上航道安全具有重要的意义。

但是，日本经济连续多年低迷，前景不容乐观，这深深影响了日本，使其在东亚地区难以发挥作用。小渊和森喜朗时期的日本与东盟合作，由于受到自身经济因素的限制以及美国的牵制而进展曲折。因此，当中国和东盟宣布要达成在 10 年内建立自由贸易区协议时，确实让日本产生极大震撼。小泉纯一郎首相访问东盟和提出"东亚共同体"构想，便反映出日本在地区合作中因进展落后而被边缘化和遭孤立的担心，日本十分担心，如落后于中国，其就会像在欧洲参与合作的英国一样难以发挥作用，为避免在亚洲合作中重蹈类似英国的覆辙，日本要保持对东南亚的影响，不能做合作的旁观者。日本加强同东盟的关系和提出"东亚共同体"构想是要和中国争夺地区主导权，并限制中国影响的日益扩大。

众所周知，小泉内阁时期日美关系发展达到了罕见的热络状态。小泉首相在东南亚提出"东亚共同体构想"时指出，无论从安全保障还是从经济相互依存的方面来说，美国在本地区的作用都是不可小觑的，所以日本应该善用日美同盟，"东亚共同体"要与美国、印度、太平洋国家和欧洲保持紧密的联系，特别是需要增强美国在本地区的作用。当时，除小泉表示要进一步通过亚太经合组织同太平洋国家进行合作外，美国副国务卿阿米蒂奇也公开发言，表示期待小泉首相重新建立日本与东南亚的紧密关系，美国会在很大程度上支持"东亚共同体"构想。美国虽然将日本当作其推行亚洲战略的堡垒，但其更担心日本同亚洲建立更密切的关系，尤其是顾虑日本与东亚联合，会削弱美国在亚洲的地位和影响。"9.11"事件以后，在美国全球安全战略重心发生转移，在美国同欧盟各国产生歧见以及美韩关系不稳的状况下，美国有意让美日关系更顺利地得到强化与巩固。此结果正好符合日本的政治大国梦，乃至军事大国梦。日本努力强化同美国的同盟关系，希望早日能成为"普通国家"，在政治安全领域能得到美国强有力的支持。同时，美国还是日本最重要的海外市场，双方这种特殊的经济、政治关系联结，使日本在策划自己的东亚区域经济合作战略时，必然要认真考虑美国的态度与美国所能起到的作用。

从日本构建亚洲身份的发展轨迹来看，其亚洲身份不断游离与重构，并有意使之含混不清，这源自日本始终将作为他者的亚洲视为利益指向性的"标的"，充分体现了鲜明的"利己主义"性格。日本亚洲身份的界定和转换是以利益至上为准则，无休止地追求现实利益。日本始终与强者为伍的民族根性，使其成为观察"国际体系重心"所处位置的"风向标"。日本构建亚洲身份的特征体现为既可以依循己利，随时放弃，又可以因应时势寻求"回归"，亚洲身份之于日本具有鲜明的工具性特征。①

二 日本对东亚区域合作的正负面影响

（一）亚洲金融危机前的日本区域合作政策：积极面与消极面

亚洲金融危机发生前日本东亚区域合作构想以及采取的政策，既有其当时国际政治经济环境的限制，也有日本自身的政策考虑。对其效果的评价也因观察角度不同而有差异。总体看来，20世纪90年代中期以前，即亚洲金融危机发生前，日本的东亚（按日本一般说法是亚太地区）区域经济合作政策或构想有其积极的一面，也有其消极的一面。

日本东亚区域经济合作政策的积极一面归结为如下五点：一是对东亚地区的经济发展和技术进步发挥了推动作用。"东亚经济圈"构想下的雁行模式的成功，对20世纪90年代以前东亚经济增长起了重要作用，使该地区一度成为世界经济的亮点，即闻名世界的"东亚经济奇迹"；二是日本作为东亚地区唯一的发达国家，以其雄厚的资本优势成为本地区最大的投资国，是

---

① 田庆立：《日本"亚洲身份"构建的困境及其抉择》，《日本学刊》2009年第1期。

东亚各国引进外资进而实现技术进步、设备改造等的主要来源，日本对东亚各国的投资无疑促进了该地区的经济发展；三是东亚经济起飞之时，日本国内纺织业、重化工业等劳动密集型产业地位式微，而机械、电子等技术、资本密集型产业发展迅速，使产业结构升级换代加快。因此，日本对东亚"加工组装型产业"的投资，不仅顺应了东亚地区经济发展的需要，而且成为日本出口工业制成品和中间品的市场。这种劳动密集型投资依次从亚洲四小龙（NIES）扩展到东盟（ASAN），20 世纪 80 年代又扩展到中国，成为这些国家和地区经济高速增长的主要因素之一；四是因为经济成功的鼓舞，东亚各国对区域经济合作的认识进一步得到加强，尤其是东盟各国在此过程中不仅积累了经济实力，也在次区域合作等方面取得了共识，为此后一体化进程的加快做了铺垫；五是这种局面形成并持续了一个较长的时期，使东亚地区各国在经济领域的相互依存关系得到巩固，客观的相互依存现状促使各国间逐渐形成了主观上的共同认知，并导致政府间政策层面的关注与倾斜。

日本东亚区域经济合作政策的消极方面归结为三点：一是日本自身的限制。作为一个世界经济大国，日本在对外经济战略上，长期以来一直是面向全球，而非专注于东亚地区。日本的对外投资和出口市场主要是在美国和欧洲，日本大企业更注重对美、欧的投资，因为在那里资本回报率更高。日本大企业的眼光是全球性的，而非地区性的。从政府贸易政策来看，由于日本长期实行"贸易立国"方针，始终将注意力放在全球多边贸易体制上，一度对推动东亚区域经济合作兴趣不大；[①] 二是东亚经济奇迹是在以日本为"领头雁"的垂直型国际分工体系下产生的。这种"雁行模式"使东亚形成了"没有协议的一体化"，即在没有任何协定的状态下，东亚各国在市场力量推动下，被自发地纳入一个以日本为首的区域分工体系。"雁行模式"使日本和东亚地区获得了比世界其他地区更高的经济增长率。日本因此感到东亚地区"没有必要通过经济一体化协议来获取市场"，日本的这一信条直到20 世纪末"雁行模式"解体才发生变化；三是摆脱不了对美国的依赖，因为维护日美同盟是二战后日本对外政策的基轴。20 世纪 80 年代当谈及区域合作时，日本言必称"美国"、范围泛指"亚太"，唯恐引起美国对日本是

---

① 陆建人：《日本的区域合作政策》，《当代亚太》2006 年第 1 期，第 13～14 页。

否有意主导东亚的疑虑。即便在日本经济如日中天、踌躇满志地致力于政治大国目标之时，日本仍然游移在"对美一边倒"与"回归亚洲"或者对美、对亚外交孰重孰轻的摆动之中。当然，这并不意味日本外交的无所作为。作为战败国的日本，特殊的身份和处境决定了其外交政策选择的局限性。

20世纪80年代末90年代初，日本官方也曾经有过推动东亚经济合作的念头。但是，当马来西亚总理马哈蒂尔于1990年底正式提出建立包括日、中、韩与东盟在内的"东亚经济集团"（EAEG）倡议后，日本官方又变得犹豫不决了，因为美国表示了强烈反对。在美国的压力下，日本对东亚经济合作态度越来越谨小慎微，讳莫如深。有上述美国因素的制约，加之日本曾有过"大东亚共荣圈"的前科，所以日本对"东亚"一词在使用上也格外谨慎，所以如"亚洲主义"、"亚太主义"、"亚太经济合作"，等等，都是以"亚太"或"环太平洋"为范围，以免引起美国的不安和反感。

（二）亚洲金融危机后的日本区域合作政策：正反两面的效果

1997年亚洲金融危机爆发，应该成为日本在东亚地区发挥其影响的大好时机。日本提出了建立"亚洲货币基金"（AMF），并担当主要出资国的建议。此建议虽然得到泰国、马来西亚等国的支持，但由于美国及美国控制下的国际货币基金组织（IMF）的反对而流产。日本为了顾及美国的态度，失去了参与甚至主导东亚区域合作的机会。亚洲金融危机后，东亚区域合作迅速发展起来。但日本态度并不积极，主要也是为了顾及美国的立场。以"结构改革"为响亮口号的小泉纯一郎出任首相后，重提东亚各国加上澳大利亚、新西兰的区域经济合作设想，即扩大版的"东亚共同体"构想。但是除日本以外，绝大多数东亚国家均认为，东亚区域经济合作首先应该从东亚核心国家间的合作开始，即从东盟各国加中日韩（"10＋3"）的一体化过程开始。

东亚区域经济合作是在环太平洋区域合作之下的次区域合作，与环太平洋合作可以同时推进。日本的东亚经济合作政策之所以屡屡别出心裁，很大原因是受到美国政策的左右。东盟加中日韩的"10＋3"对话与合作机制尽管尚不成熟，但经过近10年的磨合，已经取得了相当大的成效。在2001年11月举行的第五次东盟与中国领导人会议（"10＋1"）上，双方领导人一致同意在未来10年内建立中国—东盟自由贸易区，这是东亚区域经济合作的第二步重大突破。

但日本极力谋求"扩大版"东亚范围内的合作。2005 年 12 月，日本政府为了摆脱亚洲外交的僵局，大搞"东亚共同体"外交，提出让澳大利亚、新西兰和印度三国参加首届东亚峰会。美国通过澳、新作为自己的分身与会，使日、澳、新成为美国在东亚峰会的发言人，以显示美国在东亚的影响力。此外，其通过吸收南亚大国印度与会，谋求扩大对己有利的支持。这样做一是安抚了美国，保住了"日美同盟"的面子；二是拉住澳大利亚、新西兰和印度这些民主国家，有利于扩大自由、民主的政治体制阵营。这对日本谋求区域经济合作主导权、发挥自身优势最为有利。此举也明显表露出了日本制衡中国在东亚峰会尤其是在东亚区域合作方面发挥影响力的意图。

2006 年 4 月，日本经济产业大臣二阶俊博提出"东亚经济伙伴关系协议（EPA）"战略，并表示将成为日本面对东亚区域经济合作新形势，在建构东亚共同体上取得主导权的核心战略，同时也将成为日本政府未来"全球战略"的基调。就经济伙伴协定（EPA）政策的具体内容而言，16 国中（东盟 10 国、中日韩、澳新印）只有日本具有明显的经济和规则方面的优势，这对其居于东亚经济合作的实际主导地位是很有利的。

其实，在目前东亚地缘政治与经济环境下，没有哪个大国能够单独主导东亚区域合作。中日作为东亚两个核心大国，在历史上曾先后被称为本地区最强国，目前又出现了国力均衡化趋势，因此在未来相当长的时期内都将难以接受对方的主导地位。有鉴于此，在亚洲金融危机之后，东盟以其平衡策略发挥了"小国领导大国"的作用，成功地主导了东亚经济与安全合作进程。另一方面，由于受到亚洲金融危机的冲击，东盟的实力和内聚力大为削弱，而中国的影响力迅速上升。东盟国家对中日任何一方乃至中日携手主导东亚合作仍然抱有警惕。因为仅就经济实力来看，东亚两个大国——中国和日本的地位与潜在推动力是有目共睹的。如果双方能够就东亚区域合作进程达成共识，则将能在这一进程中共同发挥更重要的推动作用。

但是，中日关系的不稳定性造成达成和解与合作的现实困难。鉴于中日与东盟的经济合作问题已引发了"争夺地区合作主导权"的议论，在这一前提下，东盟对"10 + 3"框架内的东亚区域合作的牵引作用，以及韩国对东北亚合作的推动作用就显得尤为重要。需要指出的是，日本还没有将东北亚和整个东亚的区域经济合作作为未来世界经济第三极的基础，它迄今所推行的策略，仍是力图围绕自身签订双边区域贸易协定和跨区域贸易协定（如与智利、墨西哥、澳大利亚等），充当区域经济合作中的"轮轴"（hub）。①

在推动建立自由贸易协定的过程中，日本逐渐认识到，建立经济伙伴协定可以实现趋利避害、更加有利于己的前景。日本逐渐将经济合作政策重点由建立自由贸易协定转向建立东亚经济伙伴协定的方向上来。有学者总结日本政策调整的原因如下。

第一，与自由贸易协定相比较，经济伙伴协定可以淡化农产品开放问题。农业是日本经济发展和对外贸易的软肋。"出于维护日本的国家利益考虑，在其强项的制造业方面尽量开拓市场，在农业方面缓而行之"。建立自由贸易协定不能回避的就是农产品市场开放问题，建立经济伙伴协定虽然也包括农产品开放，但由于它所包含的领域比自由贸易协定更加宽泛，因此可以相对淡化农产品问题。

第二，日本越来越重视并强调自由贸易协定的不足和经济伙伴协定的合理性，意欲在地区合作中发挥本国的经济优势。由于经济伙伴协定不仅要促进经贸往来，更强调协调经济制度，促进市场制度和经济一体化，这对经济层次较高的日本是极为有利的，便于发挥日本经济的整体优势和强项。

第三，便于日本掌握经济合作的主导权。日本前首相麻生曾表示：在经济上，切实实现消除国界障碍的状态才是实现经济伙伴协定的前提。而不是像自由贸易协定那样，进行有阻隔的对话。经济伙伴协定既可建立经济制度，又能变革、方便对话，在很多情况下，还能够帮助对方培养人才。这种宽领域、深层次的合作将促使发展中国家的经济体制与日本接轨并趋同，容易将发展中国家纳入与日本相同的经济体系之中，便于日本主导地区经济合作。

第四，经济伙伴协定比自由贸易协定给日本带来的经济利益更大。无论是建立自由贸易协定还是建立经济伙伴协定，均会给日本带来巨大的经济利益，但经济伙伴协定对日本更为有利，使其获取的经济利益更大一些。根据日本经济产业省测算，如果东亚经济伙伴协定以东盟和中日韩为对象，则区域内国内生产总值（GDP）可望增加 20 兆日元。其中，日本可望增加 4.2

① 李向阳：《东北亚区域经济合作的非传统收益》，《国际经济评论》2005 年 9、10 月号，第 28 页。

兆日元。如果包括澳大利亚、新西兰和印度，则区域内 GDP 可望增加 25 兆日元。其中，日本可望增加 5 兆日元。

第五，签订经济伙伴协定的实践证明了其可行性。实际上，日本在同外国谈判签订的关于推动自由贸易双边经济合作的条约中，虽然名称各不相同，有的甚至称为"自由贸易协定"，但从内容上看，基本都超越了自由贸易协定，属于经济伙伴协定的范畴。包括与新加坡、墨西哥、马来西亚、菲律宾、智利和泰国签订的经济合作协定等。[①]

目前，在日本经济伙伴协定的计划表中并没有中国。而排除中国，能否形成欧美之外以日本为核心的世界经济第三极？"即使是日本最终完成了与区域内多数国家（及区域外国家）的双边区域贸易协定，能够与美洲、欧洲两大集团相抗衡的第三极也难以出现。美国拥有与美洲任何一个国家签署双边区域贸易协定的能力，但它仍然在寻求整个区域内的合作。离开这一点，它将失去与扩大的欧盟相抗衡的能力。如果东亚的大国不选择相互合作，该地区将最终形成以双边区域贸易协定为主导的格局。因而，在全球经济竞争中，东亚国家整体被边缘化将是一个不可避免的结果"。[②]

第二节　东亚区域经济合作的不确定因素

明治维新后，日本加入了西方列强队伍。到战败前，曾长期凌驾于东亚各国之上。战败后有美国扶植，又很快栖身西方富国俱乐部。但不论从地缘、人种还是传统文化来看，日本都是一个典型的东方国家。其浓郁的亚洲（东亚）情结始终不曾也无法泯灭。立足地区、称雄东亚，过去、现在及可预见的将来都将是其与西方讨价还价的筹码。

可以预见，未来日本将继续作为本地区重要的经济大国，在地区经济、政治领域发挥作用。虽然不会摆脱追随美国的角色，但日美同盟的形式与内容将有新的变化，尤其在地区事务中，日本将以成为地区主导国家为目标，以推进东亚区域经济合作为重要手段，实施其大国战略。

---

① 周永生：《21 世纪初日本对外区域经济合作战略》，《世界经济与政治》2008 年第 4 期，第 72 页。

② 李向阳：《东北亚区域经济合作的非传统收益》，《国际经济评论》2005 年 9、10 月号，第 28 页。

一 鸠山版"东亚共同体"的虚实

作为一个概念,"东亚共同体"一词出现已有近二十年。如果从当年日本首相小泉出访东盟发表演说算起,到日本民主党政府首任首相鸠山再提"东亚共同体"为止,日本将"东亚共同体"作为区域经济合作目标的提法也近十余载。政权更迭使某些外交辞令或被暂时搁置或走入历史,但"东亚共同体"一度成为东亚地区时髦的外交用语。

(一)鸠山政权成立与东亚共同体"新论"

2009 年 8 月 30 日,日本民主党在大选中获得压倒性胜利,之后与社民党、国民新党组成了鸠山内阁。民主党在选举前提出的竞选公约中,大部分是有关日本内政问题的内容,对外交问题只是做了一般性的说明。但是鸠山履新不久即参加联合国大会并借机举办首脑会谈。鸠山首相此间的外交行动受到各方关注,原因之一是其对日本的亚洲外交,即一再强调将推进"东亚共同体"建设。在此之前,鸠山曾表示继承村山谈话的精神,显示了避免使历史问题政治化的姿态。继美国的日中、日韩首脑会谈之后,2009 年10 月上旬,鸠山再度趁出席中日韩首脑北京峰会之机,访问了韩国和中国。

在中日韩首脑会议上,鸠山阐述了日本新政权的立场:一是作为亚洲一员,在重视日美关系的同时,推进重视亚洲的政策;二是促进中日韩的实质性合作,以开放性、透明性与包容性为前提,以中日韩三国为核心推动东亚区域合作,首先是建设"东亚共同体"(East Asian Community,EAC)。此举表明了日本希望在中日韩主导下构建东亚共同体的意向。在具体行动上,鸠山提议在环境保护、气候变化、大学间交流、经济合作等领域推动三方合作。尤其特别提到,在经济合作方面"早日缔结日中韩投资协定","将关于日中韩 FTA 的民间研究成果提交政府层面加以讨论",表明了重视日中韩经济合作的态度。[①]

在三国首脑会议上,鸠山还提到东海油气田问题。以欧洲煤钢联盟(ECSC)为例,提议使东海成为"友爱之海"。对此,中国温家宝总理也阐述了中国方面的主张:使东海成为"和平、友好、合作的海。认为东海问题具有敏感性,有必要得到国民的理解与支持",但没有对鸠山的提议表示

---

① 外务省:「第 2 回日中韓サミット (概要)」、2009 – 10 – 10、http://www.mofa.go.jp/。

明确的态度。① 在日韩首脑会谈中，韩国李明博总统认为"东亚共同体"的基本方向是正确的，但前提是必须解决好几个相关事项。②

日本京都大学教授中西宽认为，鸠山政权关于东亚共同体构想，具体内容和包括的范围及形式模糊，所以邻国的暧昧反应也可以理解。中西宽教授还指出大概在民主党内部存在一个对外路线的最大公约数：一是对小泉时代"只要搞好对美关系，与亚洲关系自然就顺利"见解的批判；一是维持日美同盟关系，但需要保持一定距离，以便拥有一定的自主性。鸠山首相所倡导的"友爱"概念的发明者是其祖父鸠山一郎前首相。鸠山一郎是以当时的欧洲统合为对象提出这一概念的。③ 如果鸠山由纪夫首相的"友爱"外交是以欧洲一体化模式定位"东亚共同体"，则存在一定的危险性。但是，鸠山提起的"友爱"外交与"东亚共同体"构想的确给有些降调的区域合作论加了一次温。④

（二）关于"东亚共同体"的理解与定位

除了鸠山关于东亚共同体的最新说明外，早前日本一直将"东亚共同体"实现途径定位在东亚峰会，而非东亚区域经济合作相对比较成熟的"10＋3"机制。2005年"10＋3"首脑会议后发表的《吉隆坡宣言》，将构建"东亚共同体"作为该首脑会议的议题之一。强调了"10＋3"机制在建设"东亚共同体"中的地位，称其为构建东亚共同体的主要手段。而在稍后举办的第一届东亚首脑会议宣言中，与会各方将东亚峰会定位为在本地区共同体建设中发挥重要推动作用的角色。

因此，目前在东亚地区形成了两个建设"东亚共同体"的途径：一是东盟"10＋3"（中日韩）、一是东亚峰会（"10＋3＋3"）。在2005年7月召开的"ASEAN＋3"外长会议上，明确了同时保留"ASEAN＋3"首脑会议和东亚峰会，但是这种决定本身就带来了问题。已经存在"ASEAN＋3"首脑会议，进一步开设东亚峰会的意义到底何在？实现"东亚共同体"到

---

① 外务省：「第2回日中韩サミット（概要）（4）東シナ海資源開発問題」、http：//www. mofa. go. jp/。

② 外务省：「日韩首脑共同記者会見」、http：//www. kantei. go. jp/jp/。

③ 鸠山由起夫：「祖父・一郎に学んだ『友爱』という戦いの旗印」、『ボイス』2009年9月号、http：//voiceplus－php. jp/。

④ 〔日〕中西宽：「東アジア地域協力の現況」、http：//www2. jiia. or. jp/。

底以哪一个为主？对于两者的区别，也众说纷纭。

马来西亚外长表示，东亚峰会主要讨论安全保障和与国际机构的合作问题，而"10＋3"首脑会议主要讨论区域内政治、经济、社会和文化等领域的合作问题。印尼外长却表示，在东亚峰会上东盟各国是作为个体参加，而在"10＋3"首脑会议上却以一个整体参加。但是实际上这两者的区别仍然不明确，并存的意义也不明了。

日本的东亚战略集中在东亚峰会，而中国认为东亚峰会是促进"东亚共同体"的论坛，"10＋3"才是"东亚共同体"的主体。如果不能很好地协调中日之间的这一矛盾，很有可能会导致"东亚共同体"的流产，这正是东亚意识面临的新挑战。

应该说，东亚地区始终都没有形成关于"东亚"的一致的地理概念。一直以来，以太平洋为中心的环太平洋经济圈是本地区的主流，目前本地区由于遭受金融危机，在痛苦的记忆中选择了东亚。如果日本为了牵制中国利用"东亚共同体"，无疑会将"东亚共同体"推向空中楼阁。因为扩大后的"东亚共同体"首先在名称上不符合地理概念，其次会增加自由贸易区的建设难度。澳大利亚与美国一样是农产品出口大国，日本和韩国等几个东亚国家一直顽强地保护其农产品市场，日本和新加坡能够较早实现 JSEPA，原因就是在农业问题上较少冲突。尽管澳大利亚也是发达国家，但两国要签订 EPA，存在的主要障碍也是农业问题。

（三）东盟对"东亚共同体"的疑虑

面对日本毫无顾忌领导"东亚共同体"的意图，东盟国家存在一定顾虑，使"东亚共同体"的前景扑朔迷离。东盟成员均是小国，而且成员内部的目的也不尽相同，东盟国家最担心的是由于东盟外的大国的介入，使得东盟国家内部四分五裂，这将导致东盟失去团队力量，将会变得无足轻重。东盟国家最担心的就是东盟被埋没或是被边缘化。自认为是东盟核心国家的印度尼西亚坚持在共同体的建设中，使东盟作为一个整体发挥领导作用。

但是东盟国家也并不是铁板一块。马来西亚一再提议开设"10＋3"事务局和东亚事务局，并有人建议由马哈蒂尔担任第一届秘书长。而印尼唯恐设在雅加达的东盟事务局影响力下降，不愿意另开设其他事务局。东盟由于各国利益和观点不同，很难达成一致意见。同时，受东盟外大国的影响，今后意见相左的可能性极大。在这种情况下，即便是东盟领导东亚共同体建设，也意味着多个领导或者多国共同领导。但中日矛盾如果激化，在一定程度上就将领导的机会推给了东盟。作为东盟来讲，如何说服倾向于日本的印尼和倾向于中国的马来西亚，加强东盟团结是当务之急。在"东亚共同体"的建设中，东盟、日本都想成为领导，而在对中国的存在都具有戒备心理的现状下，"东亚共同体"的建设不可能一帆风顺。

问题很明显，各国在东亚认同上存在着分歧。俞新天教授在《东亚认同的发展与培育》一文中论述了"东亚核心价值观"，认为20世纪90年代中期东盟与中、日、韩三国联合应对地区挑战，经历了亚洲金融危机的考验，并决定到21世纪初建立"东亚共同体"，标志着东亚认同的产生与发展。但东亚认同的发展落后于经济合作的步伐。"也许至2020年左右，随着自由贸易区建设的进展，东亚认同也将达到新的水平"。①

二　美国因素影响中日在区域内合作

美国在东亚有着重大的现实与战略利益，它是影响中国、东盟、日本三角关系互动最重要的外部因素。美国对这一体系互动的影响主要是通过两个层面来实现的。第一个层面，由于体系互动处于东亚区域一体化趋势这样的大背景下，区域一体化进程直接影响着体系的互动，基于此，美国倚仗其大国影响力，通过左右东亚区域一体化进程，来制约体系的良性互动。第二个层面，美国通过对体系内某一行为体或某组双边关系施加影响，阻碍体系的良性互动。

首先看第一个层面的影响。关于东亚区域一体化问题，大致在首届东亚峰会前，美国一直持消极态度。早在1990年，敢于向西方国家特别是美国叫板的马哈蒂尔即倡议成立东亚经济集团。马哈蒂尔不希望西方国家过多插手东亚事务，因此他设想的这个集团将美国、加拿大和澳大利亚等国排除在外。美国认为这个集团将削弱亚太经合组织的作用，在东亚形成新的贸易壁垒，因而强烈抵制这个倡议。在这种情况下，马哈蒂尔于1991年将东亚经济集团重新界定为一个松散的经济协商论坛，即东亚经济核心论坛。为缓和美国的态度，他还建议将之纳入亚太经合组织机制之中。但是，美国的强硬态度仍没有改变，加之日本凡事都得看美国的脸色，该计划不得不被束之高

---

① 俞新天：《东亚认同的发展与培育》，《当代亚太》2004年第4期，第3～10页。

阁。东南亚金融危机爆发后，日本曾提出建立亚洲货币基金的构想，并承诺为这一基金提供 1000 亿美元的资金，这一义举受到危机国家的普遍欢迎，却遭到美国及其主导的国际货币基金组织的极力反对，反对的原因主要是担心日本借机扩大其在亚洲的势力，从而削弱美国与国际货币基金组织在这一地区的影响。迫于压力，日本的这一构想最终未能实现。

2004 年 8 月，美国国务卿鲍威尔在谈到拟议中的"东亚共同体"时还表示，美国不认为有此必要。他还警告说，虽然主权国家有这样做的自由，但它们的行动不应损害美国同亚洲朋友间的"良好而牢固的关系"。鲍威尔的评论反映出美国对东亚国家谋求新的地区一体化架构的警惕。不过，随着 2005 年 12 月第一届东亚峰会的召开，美国的基本态度发生了微妙的变化。2006 年 1 月，美国 APEC 高级官员麦克尔·麦克拉克就亚洲一体化进程发表评论称，美国不认为"10＋3"或东亚峰会会损害美国的利益，美国也不需要参加亚洲国家之间举行的每一次会议和对话，但是麦克拉克强调泛太平洋伙伴关系和机构的重要性。2006 年 5 月，助理国务卿希尔更明确表示，亚洲国家希望加强它们自己的地区架构，就像世界上其他地方的地区集团所做的那样，这是完全可以理解的。这种一体化制度建构的努力是亚洲内部发展着的经济与金融一体化的反映，这并不令人意外，美国对此表示欢迎。尽管美国的态度逐渐趋于务实，对东亚地区合作不再持明确反对态度，但是它企图影响地区合作进程，防止美国被排斥出东亚的心态并没有改变。

要消除美国的负面影响，就要考虑和照顾美国的合理关切，发展与美国的互利合作，探索建立美国与东亚合作进程的制度化联系，以减轻美国对被排除在外的担心，诱导和鼓励美国在东亚合作中发挥积极和建设性作用。首届东亚峰会发表《吉隆坡宣言》指出，"东亚峰会将是一个开放、包容、透明和外向型的论坛。"中国总理温家宝也在峰会上的讲话中强调，"中国支持东亚合作保持透明和开放。中国反对搞封闭的、排他的和针对任何特定一方的东亚合作。"美国固然不能在结构上成为"东亚共同体"的一员，但可以参与在诸多功能性领域的合作，如能源合作、非传统安全合作、东北亚合作安全机制建设，等等。这些合作既保持了东亚合作的开放性，又有助于增强地区合作的效果，使东亚和美国达到双赢。

就东亚的大国关系而言，中、日两国无疑是冷战后东亚区域内部最重要的大国，也是美国在东亚最具潜力的竞争对手。美国一方面利用美日同盟将日本发展军事力量的能力约束在可控制的范围之内，以此来缓解东亚其他国家对日本潜在威胁的担心，利用美日同盟、美韩同盟形成的合力对中国的崛起进行某种遏制，以迎合一度盛行的所谓"中国威胁论"，另一方面，美国又积极推行对华接触政策，试图将中国纳入以其为主导的国际秩序。美国运用政治、经济、外交等手段，使得中日两国都将它们与美国的关系放在了更加优先的地位，从而在东亚最重要的三边关系中占得先机。

根据基欧汉与奈的"相互依存"理论中对"敏感性"与"脆弱性"的分析，可以发现中日两国之间以及中日两国与美国之间在相互依存条件下，存在共同而且相似的困境，需要两国在区域合作的框架内寻求因应之策。

日本是个能源、资源极端缺乏的国家，其对外依赖性有目共睹。中国尽管地域广大，但巨大的人口规模以及随着经济的快速发展，同样显得力不从心。在资源、能源和市场方面，中日均显示出相互依存条件下的"敏感性"与"脆弱性"特点。一旦国际形势发生变化，所付代价对两国社会或政府均将产生重大影响。20世纪70年代三次石油危机，对美、欧、日等国家和地区的经济均造成了严重冲击，尤其是日本对油价上涨的敏感性暴露无遗，以至于经济的快速发展几度中断。

目前，中日两国均是能源、资源供给严重依赖国际市场的国家，同属于国际市场的主要需求者。作为相互依存根本特征的敏感性和脆弱性，决定了中日两国面临共同的需求与共同利益。两国应该通过相互协调与联合，维护共同作为资源与能源进口国的利益，防止资源大国任意提价或切断能源、资源供应链。同时，可以开展共同储备能源、资源及保护重要航路等领域的合作以确保供应。

在共同应对环境与气候变化等全球性问题方面，中日两国也存在合作的空间。中日在环保节能技术与市场上互有需求。日本是世界上节能技术、节能管理最为发达、最为先进的国家，但由于日本国内市场有限，环保、节能技术仅仅局限于日本国内，因此很难获得较好的经济和社会效益，也缺乏大的拓展空间。中国是能耗大国，与日本及发达国家相比，在环保与节能领域属于"后来者"，需要大量引进相关的技术、管理模式和理念，推动经济的可持续发展，中国是最需要引进节能技术和管理经验的发展中大国。在此领域两国具有十分广阔的合作前景。

　　中日两国在经济上的相互依存度高，存在很强的互补关系。日本是现实的世界经济强国，其工业产品具有世界竞争力。既然中国被称为"世界工厂"，说明中国的制造业受到创新能力的制约整体上还处于"加工"阶段。中日两国产业总体上仍属于互补关系而非竞争关系。当前及今后相当长的一段时间，中国以及东亚区域经济的发展仍有赖于日本的产业转移与技术升级。

　　从中日两国的经贸关系来看，邦交正常化以来，两国经贸关系的发展令人瞩目，中国已经成为日本经济发展的推动力以及扩张海外市场的主要对象。

　　中国经济发展也对日本经济的复苏起到了关键作用。即便是在低谷期，中日关系在经贸领域并没有受到影响反而发展迅猛，中国对日本经济的拉动力强劲。从统计上看，双边贸易总额由 1972 年的 10 亿美元增长到了最高纪录的超过 3000 亿美元。进入 2015 年以来，世界经济复苏疲软、缺乏动力，全球经济收缩，国际市场需求减少，加之中日关系恶化，双边贸易发展面临政治经济两个周期低谷叠加的困难，下行压力逐步加大。据中国海关统计，2015 年中日进出口贸易额 2786.7 亿美元，同比下降 10.8%，占中国外贸总额的 7.0%。其中中国对日出口 1356.8 亿美元，同比下降 9.2%，占中国出口总额的 6.0%；中国自日进口 1429.9 亿美元，同比下降 12.2%，占中国进口总额的 8.5%。中方逆差 73.1 亿美元。日本仍居欧盟、美国、东盟、中国香港之后，为我国第五大贸易伙伴。按国别排名，日本是中国第二大贸易对象国，进口排在韩国、美国之后，出口排在美国之后。2015 年，中国企业在日本承包工程新签合同额 41295 万美元，完成营业额 44346 万美元。此外，日本仍是中国国际服务的第四大发包市场。

　　据日本财务省统计，2015 年，日中贸易总额 32.65 万亿日元，同比微增 0.3%，占日本对外贸易的 21%。其中从中国进口 19.42 万亿日元，同比增长 1.3%；对华出口 13.23 万亿日元，同比减少 1.1%，时隔 3 年首次同比下滑。贸易逆差 6.19 万亿日元，增长 6.8%，创历史新高。按美元计算，2015 年，日中贸易总额为 2698.6 亿美元，同比减少 12.2%。其中日本对华出口 1092.9 亿美元，同比减少 13.6%，占日出口总额的 17.5%；从中国进口 1605.7 亿美元，减少 11.3%，占日进口总额的 24.9%。日方逆差 512.8 亿美元，同比减少 6.4%。尽管如此，中国仍是日本第一大贸易伙伴，第二大出口目的地和第一大进口来源地。①

中日两国之间也存在市场上的相互需求。作为两个人口众多的国家，日本的人均国民收入居于世界前列，中国的人均国民收入也在迅速提高。再加上两国经济和社会发展水平不同，需求层次互补性很强。日本比较依赖中国的中低档产品，包括轻工业产品、农产品等，而中国则依赖日本的高端技术产品，包括机床、汽车、高档家用电器产品等。因此，中日双边贸易和投资的潜力十分巨大。

由于中国与日本经济发展阶段的差距，日本也是中国可持续发展的可能依托。目前中国国内有很多区域、次区域开发计划，而日本拥有大量过剩的资金、先进的技术，但却缺少理想的海外投资场所。中日双方完全可以在中国国内区域开发方面进行大规模合作，建立区域、次区域的循环经济发展模式。事实上，日本对华高技术转让也领先于欧美国家，并一度长期成为中国最大的外资来源地之一。

因此，不论是中国的进一步发展还是东亚区域经济一体化，没有日本的积极参与和合作将无从谈起。而持续低迷的日本经济要想得到复苏和稳定增长，离不开中国这个巨大的市场，中国经济的进一步发展也离不开日本的技术和资金支持。没有经济的共同发展，一切有关政治、经济、安全等地区的共同利益均无从谈起。中日两国同处东亚区域经济合作框架中，如能与东盟、韩国能达成政策上的共识，将是一个令人鼓舞的结果。目前，在东亚区域经济合作中发挥核心作用的是东盟，中日韩三国虽是经济大国和强国，拥有具有国际竞争力的产业和技术创新能力，但在三方合作的政治基础尚未形成的条件下，任何一方的努力都显得势单力孤。

长期以来，日本将维护日美同盟作为推进东亚区域合作的前提，将中国视为潜在的竞争对手，这就决定了东盟在中国东亚区域经济合作战略中地位和作用的重要。中国在东北亚区域合作无望的情况下，先行与东盟谈判建立自由贸易区。但是应该看到，尽管双方的某些特定产业仍存在很强的互补性，但中国与东盟的产业层次存在竞争性，产业结构的动态变化总是按其收入水平呈现相似的形态。中国经济高速增长所形成的巨大消费市场有利于东

---

① 《中日经贸关系：2015 回顾与 2016 展望》，《中文导报》2016 年 6 月 8 日，http：//www.rbzwdb.com/hrxw/2016/06－08/9774.shtml。

盟扩大对中国的出口。2010 年 1 月 1 日，中国—东盟自由贸易区生效，产生了巨大的贸易创造效应。即促进相互间的投资，克服贸易保护主义带来损失，在更大的市场范围内进行更广泛的区域分工体系的建设。

中国与东盟建立自由贸易区，优先发展与东盟的合作，扩大对东盟的开放领域和程度，也促使日本更加注重东亚区域经济合作，起到了从整体上推进东亚经济一体化的实际效果。当中国同东盟达成自由贸易协定后，日本很快采取类似行动就是一个佐证。中国的东亚次区域合作战略除了旨在加快中国—东盟自由贸易区的建设外，也包括推动与韩国、日本建立东北亚自由贸易区的设想以及加强中国大陆与香港、台湾、澳门组成华人经济圈建设的尝试。东亚次区域的经济合作一方面可促进东亚经济一体化的建设步伐，另一方面也能为中国在东亚区域经济合作中争取到更多的主导权。

当前，日本与中国在推进东亚区域经济一体化进程中同样受到美国因素的诸多制约。由于历史与现实因素的限制，作为亚洲强国之一的日本无法像美国那样主导整个东亚区域的经济合作。中国尽管经济总量巨大，但由于人口多、底子薄，且融入世界经济的经验不足，而且，作为一个发展中国家，尚无能力单独推进东亚区域经济一体化进程。

进入新世纪以来，东亚的政治、经济和安全形势总体稳定，经过共同努力，东亚国家已经摆脱了金融危机的阴影，经济结构调整取得成效，产业升级步伐加快，东亚仍然是全球最具发展活力的地区和全球贸易的主要增长点。东亚能否顺应时代的发展潮流，依靠东亚各国政府和人民的智慧，创造性地走出一条适合区域特点地东亚经济一体化发展道路，是东亚国家能够在日趋激烈的国际竞争中赢得主动，最大限度地实现国家利益和区域利益相统一的关键。

作为东亚的一个成员，中国的发展前景与东亚的共同繁荣息息相关。中国经济的迅猛发展也为加强东亚经济联系和区域发展提供了重要机遇。中国市场规模、对外投资的扩大既是中国东亚区域经济合作战略成功的具体体现，也促进了东亚各经济体之间形成互利、互补、互助的新型合作关系。欧美区域经济一体化的实践表明，东亚区域经济合作能否有效进行并取得成果，直接影响东亚作为一个整体在世界经济中的地位。由于东亚地区在政治、经济、安全等诸领域存在复杂性，其区域经济一体化面临与欧美完全不同的环境。在实现经济一体化的战略上，各国目标也不完全一致。

由于中日两国在区内经济实力巨大，因而两国关系的好坏，不仅影响两国间经济合作，也会给本地区其他经济体造成连带影响。21世纪最初的几年，由于众所周知的原因，中日关系一度处于低谷状态，甚至使首脑间的交流处于停滞。直到安倍执政以后才出现回暖势头。在某种意义上说，这种不正常局面也成为东亚区域经济合作不能顺利进展的因素之一。

东亚是世界上大国分布最密集的地区，中国和俄罗斯是联合国安理会常任理事国和核大国，日本是仅次于美国与中国的经济大国，中国和俄罗斯还在国际和地区秩序方面提出了与美国霸权形成稳定竞争关系的多极化主张，从而使美国在东亚的霸权遭遇到了比世界其他地区更强有力的挑战。美国在东亚推行霸权稳定模式面临的一些先天困难表明，只要东亚国家形成了区域经济一体化所必需的共同政治意志和经济基础，美国的反对就不会从根本上动摇东亚区域经济一体化的发展目标。

三　东盟主导区域经济合作的局限性

成立于1967年的东盟如今已步入"知天命"之年。近50年间，东盟整体实力不断提升，在国际尤其是地区作用显著增强，成为地区及域外主要大国竞相笼络的对象。东盟实力增强主要表现在以下几点。

（一）成员和对话伙伴不断增加

东盟的前身是由马来西亚、菲律宾、泰国于1961年7月31日在曼谷成立的东南亚联盟。1967年8月，印尼、泰国、新加坡、菲律宾四国外长和马来西亚副总理在泰国首都曼谷举行会议，发表了《东南亚国家联盟成立宣言》即《曼谷宣言》，它标志东盟（ASEAN）作为地区组织正式成立。其后文莱（1984年）、越南（1995年）、老挝（1997年）、缅甸（1997年）以及柬埔寨（1999年）先后加入，使东盟成员除观察员国巴布亚新几内亚外，囊括了全部地区的10个国家。东盟十国的总面积约450万平方公里，人口约5.5亿。① 东盟现有十个对话伙伴：澳大利亚、加拿大、中国、欧盟、印度、日本、新西兰、俄罗斯、韩国和美国。②

（二）机构和机制日趋完善

东盟主要内部机构有首脑会议、外长会议、常务委员会、经济部长会

---

① 《东南亚国家联盟（东盟）及其主要合作机制》，新华网，http：//news.xinhuanet.com/。
② 参见《瞭望》2006年第44期，第18页。

议、其他部长会议、秘书处、专门委员会以及民间和半官方机构。首脑会议是东盟最高决策机构，自1995年召开首次会议以来每年举行一次，已成为东盟国家商讨区域合作大计的最主要机制，主席由各成员轮流担任。外长会议是制定东盟基本政策的机构，每年轮流在成员国家举行。常务委员会主要讨论东盟外交政策，并落实具体合作项目。东盟秘书处设在印尼首都雅加达，出版《东盟常务委员会报告》、《东盟通讯》等刊物。外长会议是东南亚国家联盟（东盟）组织机构的主要部分，是制定东盟基本政策的机构，但东盟的重大问题由东盟首脑会议做出决策。外长会议由东盟成员国家外长组成，每年轮流在成员国家举行会议。东盟外长会议还定期举行非正式会议，中国于1997年1月第一次出席，以后中国外长每年都出席东盟外长会议的后续会议。

东盟与地区其他国家间合作与交流的机制主要有：（1）东盟—中日韩（"10＋3"）外长会议，自2000年7月起，于东盟外长会议后举行。它是"10＋3"领导人非正式会议框架下的一个专业部长级会议机制；（2）东盟地区论坛（ARF），1994年在曼谷成立，是讨论亚洲安全的最大政府间论坛，主要就亚太地区政治和安全问题交换意见。论坛外长会议每年举行一次，会议一般不设具体议题，以漫谈的形式进行，也不产生决议、声明之类具有约束性的文件。参加会议的成员有东盟成员、东盟对话伙伴以及东盟观察员，此外还有蒙古国、朝鲜；（3）东盟与对话伙伴国会议，始于1978年，是东盟外长会议的后续会议。每年由东盟成员国和对话伙伴国的外长出席会议，主要讨论政治、经济、东盟与对话伙伴国的合作等问题。中国于1996年成为东盟全面对话伙伴国。

而东盟与中日韩（"10＋3"）首脑会议以及分别与三个国家领导人举行的三个（"10＋1"）首脑会谈以及东亚峰会成为目前东亚地区最高决策层的聚会平台。

（三）东盟一体化进程逐步加快

东盟一体化首先表现为经济领域的合作与整合。为了早日实现东盟内部的经济一体化，东盟自由贸易区（AFTA）于2002年1月1日正式启动，自由贸易区的目标是实现区域内贸易的零关税。文莱、印度尼西亚、马来西亚、菲律宾、新加坡和泰国六国已于2002年将绝大多数产品的关税降至0～5％。越南、老挝、缅甸和柬埔寨四国于2015年实现这一目标。在政治层面，东盟各国首脑一直致力于在制度和机制上为实现一体化准备条件。自1967 年东盟成立以来至 2009 年末，先后举行了 15 次首脑会议，重点讨论了各成员国在政治、经济等领域发展合作关系的问题，并取得了积极的成果。自 2001 年第七次首脑会议至今，首脑会议每年一次，共举办了七次，而 1967 年至 2000 年的 30 余年间共举办了五次，显示了东盟一体化进程与新世纪的到来步调一致。2003 年 10 月，东盟第九次首脑会议通过了"东盟共同体"宣言，确立了更为明确具体的目标，向更加密切的共同体迈进。这标志着东盟在政治、经济、安全、社会与文化领域内的全面合作进入了历史的新阶段。[①] 2004 年第十次东盟首脑会议签署了《万象行动纲领》和《东盟关于一体化优先领域的框架协议》两份文件，并通过了《东盟社会文化共同体行动纲领》和《东盟安全共同体行动纲领》两个文件。2005 年第11 次东盟首脑会议通过了关于制订东盟宪章的《吉隆坡宣言》，以加快实现东盟共同体的建设。2007 年第 12 次宿务首脑会议上，东盟国家领导人通过了关于制定东盟宪章的宣言，并决定成立高级别特别小组，负责起草东盟宪章。会议签署了有关在 2015 年前建成东盟共同体，签署了该地区第一份反恐公约。同年 11 月的第 13 次新加坡峰会上通过了《东盟宪章》和《东盟经济共同体蓝图》宣言。2009 年 2 月第 14 次峰会上，东盟十国领导人签署了《东盟共同体 2009 – 2015 年路线图宣言》等文件，重申将在 2015 年如期建成以政治和安全、经济以及社会文化共同体为支柱的东盟共同体。2009年 10 月 15 次东盟峰会上，发表了关于教育合作的声明，并启动政府间人权委员会，东盟共同体建设在积极推进。在同年 10 月东盟峰会举办的第十二次东盟与中日韩（"10 + 3"）领导人会议上，各国领导人重申将"10 + 3"机制作为实现东亚共同体长期目标的主要载体，由东盟在其中发挥主导作用。

2015 年 12 月 31 日，"东盟共同体"正式成立，成为东南亚一体化进程中的里程碑事件，也标志着东亚合作将迈上一个新台阶。东盟共同体是以实现经济、政治、社会文化三个共同体为目标的一体化架构，而东盟经济一体化是共同体能顺利达成的前提和基础，也是提升东盟在东亚乃至亚太合作核心地位的关键。

---

① 新华网，http://news. xinhuanet. com/ziliao/。

（四）在地区的作用增强

冷战后，东盟作为东亚区域合作的主要倡导者和组织者，积极为区域合作营造和谐气氛，创造了一幅小国推动大国走向多边合作的独特的国际政治景观。近年来，东盟积极开展多方位外交。1994 年，东盟发起了东盟地区论坛（ARF），首开东亚地区政府间多边安全对话之先河。1999 年，东盟又发起建立了"10+3"机制，与中日韩分别进行的三个"10+1"合作机制也应运而生。1997 年 12 月 15 日，首次东盟与中日韩领导人会议（"10+3"）在马来西亚举行，东盟各国和中日韩三国领导人就 21 世纪东亚地区的前景、发展与合作问题坦诚、深入地交换了意见，并取得广泛共识。在"10+3"合作进程中，外交、财政、经济、农林、旅游和劳动等六个部长级会议机制已经建立，促进了相关领域的合作，也有力推动了东亚地区经济一体化进程。

由于东盟主导地位的确立，东盟内部的合作方式——"东盟方式"逐渐扩展到东亚一体化发展进程之中。所谓"东盟方式"，指的是东盟处理成员之间关系的一系列基本原则和规范，其中最主要的两个原则是非正式性和协商一致。在非正式性原则下，地区合作保持了较低的制度化程度，很少建立西方式的由严密的法律体系保证的制度。在协商一致原则下，地区合作的决策机制回避了多数表决和强制执行，而是满足地区合作参与者的舒适感。①

虽然东盟一体化在快速推进，东盟与中日韩之间的合作关系正在不断加强，但是东盟在组织决策机制方面的局限，以及东盟成员之间在经济和社会发展水平方面存在的巨大差异，阻碍着东盟经济政治一体化进程，制约着东盟主导者角色的发挥。主要表现在以下几个方面。

1. 决策机制方面的局限性

基于共同的历史和现实考虑，东盟各国对主权问题高度敏感，影响了东盟组织机构和决策机制的建设。东盟的决策机构包括东盟首脑会议和东盟部长会议两个机构，这两个机构并不具备任何超国家机构的功能。东盟在政治合作方面强调用"一个声音说话"，主张用和平手段解决成员争端。在经济

---

① 孙学峰、陈寒溪：《中国地区主义政策的战略效应》，《世界经济与政治》2006 年第 5 期，第26~30 页。

合作方面则主要采取建设自由贸易区的形式，自由贸易区的建设不涉及各成员与地区外其他国家的经济合作。东盟首脑会议和东盟部长会议这两个机构的设立和运行，对维持东盟内部团结起到了积极的作用。但这种非制度性的协调无法约束各成员对东盟经济合作计划、政策的执行，无法有力推动经济一体化的进程。

2. 东盟成员国之间存在巨大差异

经济与社会发展很不平衡。20 世纪 80 年代之前，当时的东盟五国除新加坡外都是以农矿业为主的经济体。进入 20 世纪 90 年代东盟扩大之后，后来加盟的越、老、柬、缅四国经济相对落后，在推进贸易自由化的进程中受到较大的制约，阻碍了相互间经济合作的进一步深化。一体化进程的加快，会在东盟内部更快地导致增长极的出现，进一步拉大成员之间的差距。经济上的巨大差距和利益分配上的不尽合理，使得落后国家对区内经济合作和贸易自由化的态度不够积极。

此外，区域经济一体化进程涉及政治、文化、宗教等各领域的诸多问题，东盟各国在讨论经济问题时，要受到这些问题的困扰，这些因素的存在也阻碍区域经济合作的开展。

3. 狭隘的国家主义、民族利益至上成为地区凝聚力的潜在威胁

虽然建立"东亚自由贸易区"一直是东盟国家的抱负，但东盟国家（其他东亚国家也是如此）民族主义意识较强，对维护国家主权非常重视，对可能出现的让渡部分主权的制度性安排难以接受。当初，东盟在加入亚太经合组织（APEC）时，曾提出三个条件：避免法律方面带来的约束；不预设谈判权；未来协定不超过关贸总协定（GATT）的框架。东盟的用意很明显：保持其外交政策的独立性，避免成为大国的附庸。但这种保守政策导致的直接后果，是使真正意义上的区域经济合作之路充满坎坷。

尽管如此，在东亚区域经济合作的"10＋3"框架下，东盟国家依然是不可或缺的驾驶员和既得利益者。一个松散的非制度性合作框架，能够使东盟继续维持其领导地位并发挥核心作用。但作为弱小国家联合体，10国之间经济实力差距巨大以及互相之间各种利益冲突的存在，使得东盟长期充当区域合作的领导者，无论在经济、政治，还是安全等领域都明显力不从心。

第三节　区域经济合作面临契机与挑战

中国、日本和东盟三边互动已成为东亚地区国际关系的焦点。中日韩及东盟之间相互依存关系不断深化，东亚地区复杂的经济政治关系制约，日本的"东亚共同体"主张与中国的政策选择，以及东盟的政策不尽一致，给今后的研究提供了新的视角。毕竟"东亚共同体"概念已经出现并成为中、日、韩、东盟各国乃至国际社会的共同关注点，而东亚各国为实现经济的繁荣与地区的政治稳定也正在积极进行探索。

欧洲一体化的进展以及北美自由贸易区的推进，对东亚区域合作与区域经济一体化起到了刺激作用。但东亚地区的自身特点决定了其不同于欧美的发展进程。东亚地区主义发展到今天，已经基本形成了自己的风格：那就是它的开放性与灵活性，即在多元文明共存的地区通过经济合作加强政治互信，进而推动地区实现融合的大胆而有益的尝试。

一　日本东亚区域经济合作政策需要调整

日本东亚区域合作政策的制定与调整，是东亚区域经济合作能否顺利进展的关键因素之一。亚洲金融危机以来日本区域合作政策的转变，一是符合东亚地区主义发展的客观要求；二是日本根据自身实力与外部形势变化的主观因应。

东亚在扩大，正如澳大利亚、新西兰、印度加入东亚峰会一样，未来的东亚地区主义在规模与构成方面显示了不确定特征。尽管东盟与中日韩的合作成为东亚区域合作的主要内核，但是这个内核也存在着诸多变数：东亚在探讨自身整合的同时，又不能不在意与域外主要势力的沟通与协调；东亚国家民族主义的存在随时成为阻碍区域经济合作进展的干扰；朝鲜半岛的分裂格局、中国统一尚未实现、领土领海纠纷的不时上演成为冲突发生的潜在威胁；政治制度与文明的多元化、各国经济实力的巨大差异导致政策协调时常出现困难；等等。

与此同时，来自外部因素的制约也不容忽视。

经济方面，东亚各国开展经济贸易合作离不开欧美市场。无论是中日韩还是东盟各国都严重依赖对欧美的出口，因而东亚各国及地区组织，无论整体或单方面均与欧美保持形式上不同的经贸合作途径。在"经济利益至上"思维的驱动下，以地区整体达成对欧美的对抗态势显然短期内难以实现。

在政治方面，美国作为东亚地区传统而现实的影响力量，一直设法阻挠东亚区域经济一体化的进程。尽管因次贷危机引发的金融与经济危机导致美国经济实力相对下降，但美国的全球性影响力并没有大幅衰落。东亚区域经济合作甚至欧洲一体化都不乏美国因素的参与和潜在介入。尤其是美国对东亚经济的影响力及军事存在，对于该地区的政治局势和经济发展依然发挥着重要的作用。

在安全方面，东亚地区日美同盟与日韩同盟对美国实现其全球战略起到了关键作用。即使在东西方冷战结束后的今天，美国也继续对东亚地区施加影响。随着中国的崛起和在该地区影响力的增强，美国的主导地位受到前所未有的挑战。东盟以及日韩等国意识到了这一点，因而不仅通过主张建立开放的、多边贸易体系的方式加强同美国的联系，也在政治与安全领域利用美国作为制衡中国的筹码。

日本作为东亚主要国家及世界经济大国，其地区政策的制定与调整受多方因素的限制。总体来看，日美同盟关系的调整、对华关系的改善以及与东盟关系的定位等地区外交战略的实施，成为目前及未来日本东亚区域经济合作政策的主要背景，日本调整东亚区域合作政策，使之有利于区域经济一体化顺利推进，不仅将得到地区其他国家的欢迎，也符合日本自身发展的需要。

首先，日本从经济全球化与多边合作中得到利益是有目共睹的事实。

战后以来，日本依靠多边贸易（GATT/WTO）从欧美得到巨大的经济利益；与美国的同盟关系保证了日本作为"和平国家"的再度崛起；尽管因推行"以联合国为中心、与欧美相协调、作为亚洲一员"的传统外交政策，保证了资源与能源的供应、实现了对国家安全的维护及一定程度上满足了成为"政治大国"追求。但由于长期"脱亚入欧"形成的思维定式，自认为作为"东西方桥梁"的独特身份，使日本的区域合作政策在某种意义上充满了不确定性，即标榜的"亚洲一员"与一再强化"追随美国"政策之间充满矛盾性，导致其地区战略的摇摆与游移。

一直以来，日本的东亚经济一体化政策以日美同盟为基轴，以日本与东盟的合作为基础，以推进日本与地区内各国的双边伙伴计划为手段，希望建立一个以日本为主导的东亚区域经济一体化格局。日本的做法，固然有符合经济学的合理逻辑的一面，但与中、韩等国在政治上存在相互不信任也是其中的主要障碍因素。

其次，作为生存与发展的平台，东亚合作也是日本重点关注的对象。

日本与东亚地区国家间相互依存关系的发展，使日本在制定与调整区域合作政策时，既要顾及眼前利益又要着眼长远发展。东亚地区在 20 世纪七八十年代，形成了"雁行模式"并获得经济上的巨大成功，使作为"雁首"的日本认为尽管没有制度性的区域合作安排，也能保证自身获得经济、政治乃至安全方面的利益。从 20 世纪 70 年代开始逐步形成的"雁行模式"，即成熟产业先后向"四小龙"、东盟和中国转移，使日本和东亚在经济领域形成了相互依存的命运共同体。对日本来说，其发展离不开东亚的资源与市场；东亚各国的经济繁荣则借助日本作为"雁首"的牵引。过去东亚"雁行"发展过程中，日本对东亚的技术转移也存有过于谨慎、试图长期保持领先地位的"私心"。也许正因如此，在 2002 年之前，作为世界级经济实体的日本没有与任何国家签署双边自由贸易协定，政府方面也没有发表过类似于加强东亚区域合作方面的战略主张。

最后，日本区域经济合作战略也曾因金融危机的发生予以适时调整。

亚洲金融危机促成东亚地区各国自主意识增强，不再奢望美国及国际货币基金组织会提供及时而有效的援助。在联合应对金融危机的意识与行动方面，各方达成了默契。中国与东盟关系的快速进展，成为日本地区外交战略调整的催化剂：小泉首相东盟之行，发表对东盟政策的演讲，并签署"日新自贸协定（JSEPA）"，日本重新审视与其传统势力范围"东盟"的经济与政治关系，目标是建立"共行共进的共同体"，以日本东盟关系为平台，使澳、新等国成为东亚区域合作框架中的正式成员，希望印度甚至美国、俄罗斯也参与东亚区域合作框架，等等。

亚洲金融危机后日本实施的一系列地区经济合作政策，目的是继续取得日本对地区经济合作的主导权。在中国先于日本与东盟签订自由贸易协定并取得实质进展之后，日本在建立自由贸易区（FTA）的基础上，重点强化建立经济伙伴关系（EPA）战略。日本的意图在于：建立一个除中日韩以及东盟以外的澳、新、美的双边自由贸易协定网，以替代或者修改目前中国居于领先地位的东亚区域经济合作安排，最大限度实现维护日本国家利益并对抗崛起的中国。中国由于被放在双边经济伙伴关系的后排位置，将成为以日本为中心形成的双边伙伴关系网的"后来者"。建立双边自由贸易即经济伙伴关系，而不是专注于建立东亚区域经济一体化，这也迎合了美国的意愿，解决了日美间的相互顾虑。

当前或者在今后的很长一段时间内，东盟会继续担当东亚区域经济合作的主要引导者。如果东盟能够在"10＋3"框架下协调和推动中日关系出现实质性改善，同时中日两国以真诚和积极的态度来改变当前的政治经济关系，超越文化的鸿沟，消除历史的恩怨，正确估计各国在未来东亚的发展前景以及在全球经济中的地位，不寻求在东亚区域经济发展中的主宰和领袖地位，那么一个崭新的、以东盟为主要推动者，以中日（韩）为引导者的东亚，一个在"10＋3"自由贸易区基础上的东亚区域合作的新局面将令人耳目一新。

由于东亚经济一体化面临与欧美完全不同的国际和地区环境，各国在实现经济一体化战略时并不完全一致。东亚国家有必要进一步强化对国际收支、财政赤字、外汇储备、物价水平等宏观经济指标方面的信息交流，以建立相互监督机制和预警机制。在欧盟和北美模式的基础上，东亚国家需要探索新的东亚模式。二战后，欧洲实现统一的梦想花费了半个世纪的时间，东亚建立一体化组织可能需要更长的时间，东亚合作的进程只能是循序渐进。

二　寄望中日韩协力领跑东亚区域经济合作

当前，全球贸易格局正在发生变化，各经济体之间商谈和缔结 FTA 的热情依旧，世界经济的不确定性有增无减，全球贸易保护措施数量增多，花样不断翻新。形势的发展，客观上要求亚洲国家和地区加强经济合作，以促进自身经济的持续稳定发展。可以说，只要上述形势不发生大的变化、全球 FTA 潮流不息，今后包括日本在内的亚洲国家和地区仍将会积极参与和推进区域经济合作和一体化。

地处东北亚的中日韩三国，经济规模占东亚经济的 90% 左右。就经济实力而言，远强于东南亚 10 国。但是，迄今为止东亚合作进程始终是由东盟主导，中日韩三国只是尾随其后的参与者。其根本原因就在于，中日韩缺乏共同推动东北亚区域经济合作的共识。

相对于东南亚区域一体化的稳步推进，东北亚经济合作进展缓慢。自

1999 年起，中日韩领导人开始在东盟主持的"10＋3"峰会期间举行首脑会谈。2002 年 11 月首脑会议期间，时任中国总理朱镕基在中日韩峰会上提出了适时启动中日韩自由贸易区可能性研究的建议。2003 年 10 月 8 日，中日韩三国领导人在举行会晤时签署了《中日韩关于推进三方合作联合宣言》。中日韩三国在推动区域经济合作方面初步达成了一致。

中日韩经济互补性强、地理邻近，具备了推动区域合作的一系列有利条件和共同需求。但是，与中日韩实际具备的有利条件和潜力相比，三国在参与和推动东亚合作的进度方面依然不尽人意。中日韩在推动经济一体化的制度性合作方面远远落后于实际经济发展程度与需求，在推动东北亚次区域合作方面缺乏凝聚力。

在中日韩范围内，日韩两国早已就自由贸易区建设展开谈判，而中日间与中韩间尚未着手进行。1998 年，在韩国总统金大中的倡议下，日韩双方开始以民间研究会的形式探讨缔结自由贸易协定的问题。2003 年 10 月，日韩共同研究会提出了关于 FTA 谈判的最终报告。同年 12 月 22 日，日韩在首尔就 FTA 问题进行了首次政府间谈判，决定设立六个领域工作组进行谈判，并确定在 2005 年完成 FTA 谈判，约定今后将每两个月进行一次谈判。但日韩至今也没能实现这一目标，其中既有经济结构上的原因，也有其间政治关系冷却造成的负面影响。

中国一直对中日 FTA 谈判采取积极、开放的态度，而日本却采取了排斥中国、单独与韩国进行谈判的消极态度。2002 年底，就在朱镕基总理建议研究中日韩自由贸易协定的可能性后，日本媒体却将此视为"同日本争夺主导权"。另外，日本对国内农业的保护政策，也使其在推动东亚自由贸易区方面难以发挥积极作用。在中韩经济关系中，也存在着韩国对中国产品进口设置障碍的问题，如对中国农产品进口设置了"特别保护条款"等。

在日本经产省推动经济伙伴关系协定与自由贸易区协定（EPA/FTA）的顺序中，即按照日本——新加坡——墨西哥——东盟——韩国——泰国——菲律宾——中国台湾——中国的顺序，中国被置于最末端的位置。另一个主抓区域经济合作的机构外务省也主张先与韩国及东盟缔结自由贸易协定。这样，日本以"南联新加坡、北结韩国"、联络东盟的方式，实现以日本为主导的东亚区域经济合作框架。中国作为"后来者"自然处于被边缘化的地位。① 由此可以看出，迄今为止，虽然中日韩在推动东北亚区域经济合作方面具备了"天时"和"地利"的条件，但还缺乏更重要的条件即"人和"。

值得关注的是，2008 年 12 月，中日韩三国领导人在日本九州聚会，首次举行了独立于东盟会场外的首脑会谈并相约会谈制度化。2009 年 10 月的北京首脑会谈也首次以《联合声明》的书面形式，确认共同推进三国合作，致力于建设"东亚共同体"的目标。2008 年 10 月，中日韩与东盟召开的领导人会议确定了亚洲各国酝酿已久的设立共同基金计划，13 国领导人一致同意，将于 2009 年上半年成立总额 800 亿美元的外汇储备基金，其中中日韩三国将出资 80%，东盟 10 国出资 20%。2009 年 4 月，该基金规模又扩大到 1200 亿美元，并确定了各国的具体出资额度。其中，中日各 384 亿美元，韩国 192 亿美元，东盟国家 240 亿美元。共同外汇储备基金是东亚经济区域一体化过程中的一个重要进展，它可以使东亚国家根据自身情况，掌握更准确的信息，采取更有效的援助措施，而不必屈就于 IMF 的苛刻条件。东亚各国还通过会议协商就发展亚洲债券市场、扩大《清迈倡议》互换规模等达成了共识。

总之，缺乏大国主导是东北亚区域经济合作难以顺利进展的一个根本性原因。北美的单一大国主导、欧洲的大国合作主导、东盟的协商一致主导这三种模式在东北亚均不具备形成条件。② 若可以做乐观展望，开拓一个全新的途径即中日韩能合力推进，早日启动中日韩自由贸易区协定谈判，那么东北亚区域经济合作将上一个新台阶，东亚区域经济合作也能取得实质性进展。

中日韩三国之间已形成各层次的合作机制，在贸易、投资等领域具备良好的合作基础。但是，中日韩 FTA 从提出构想到启动谈判，已历时十年有余，说明三方自贸区建设面临诸多障碍和困难，具体体现在如下几个方面。

（1）相互之间缺乏必要的信任，特别是在历史认识、领土等问题上十分敏感。2012 年以来，中日、日韩关系因钓鱼岛、竹岛（韩国称独岛）争

---

① 乔林生：《日本的东亚经济合作政策浅析》，《日本学刊》2003 年第 5 期；徐梅：《日本"经济伙伴协定"战略新动向》，载于《日本：2006》，世界知识出版社，2007，第 76～78 页。

② 倪世雄：《当代西方国际关系理论》，复旦大学出版社，2001，第 326 页。

端而恶化，在这种情况下年内进行的三轮谈判可以说"外热内冷"，并未取得实质性进展。虽然三国近期一再表示，争取在预定的 2015 年之前并先于 RCEP 完成中日韩 FTA 谈判，但政治关系不稳定，难以为顺利推进中日韩 FTA 进程提供保障。

（2）美国深度介入亚洲事务。奥巴马执政以后，美国高调重返亚太，在经济上推动和主导 TPP，并极力拉拢日本等国家和地区加入，使原有的东亚区域经济一体化进程受到干扰，也使日本徘徊在 TPP 与 RCEP、中日韩 FTA 之间，不断权衡以寻找谈判筹码和利益平衡点，这无疑会给中日韩 FTA 的前景增添不确定性。

（3）经济利益诉求有所差异。中日韩三国的经济发展水平不同，产业结构各有比较优势和劣势。中国期待改善纺织品、农产品等市场准入、取消检疫认证等非关税壁垒、改善人员流动条件、加强技术和环保领域合作等。日本、韩国则期待降低汽车、电子、化工等工业品关税，加强知识产权保护，完善投资制度和环境，降低零部件、原材料成本等。

由此可见，上述东亚及亚太区域经济一体化要想顺利实现整合，除了需要解决好谈判中的敏感领域、各自内部问题之外，还需要处理好政治关系等问题。不仅如此，与欧美不同的是，本已落后的亚洲在推进区域经济一体化进程中，正处于经济国际化和 FTA 大潮之下，在参与和推动经济一体化方面，各国和地区普遍采取区域内与区域外并进的做法，出现"圈中有圈"、交织重叠的 FTA 网络，使合作机制日趋复杂化，从而给相互协调和整合增添新的难度，这也是近年来东亚一体化进程缓慢的原因之一。

三　多种一体化模式竞争对日本提出挑战

从东亚及亚太地区谈判中的几种多边 FTA 来看，直到特朗普主政白宫之前，人们的感觉是，TPP 进展较快，先行的可能性最大。奥巴马掌权时期的美国积极推进 TPP，不仅会得到新加坡等老成员的支持，而且存在较多敏感领域的越南，也可能会因与中国南海所有权争端而逐步接受对本国经济发展不利的要求，以靠近美国，进而牵制中国。不仅如此，TPP 还有可能吸引更多的国家和地区加入，如：韩国 2013 年 6 月发表"新通商路线图"，表示将强化与 TPP 成员的信息交流。中国台湾、菲律宾等也表示过参加 TPP 的兴趣和意愿。如此看来，中国周边的主要国家和地区有的已经成为 TPP

成员，有的表现出加入意愿。但是，要想尽早完成 TPP 谈判，在一些高度敏感的议题上恐怕会降低标准，采取延长过渡期、渐进税率等做法。

但是一个让人大跌眼镜的现实是特朗普执政的美国竟然失约了。首当其冲感到失落且发出"怎么会是这样"感慨的无疑是日本的安倍首相。如果 TPP 不能生效的话，那么地区合作的天平将毫无疑问地转向 RCEP（区域全面经济伙伴关系）。因为美国不参加 RCEP，那么在这个体系中，GDP（国内生产总值）数字最大的将不是美国，而是中国。从这个意义上看，对日本来说，TPP 必须作为一个独立体系并建立起来才最为有价值。由于 TPP 的成员均为 APEC① 成员，一旦 TPP 达成协议，就会架空 APEC。如果美国再与欧盟顺利完成 TTIP，其结果很可能是：美国标准基本取代 WTO 规则，成为世界贸易投资标准。但即使 TPP 最终失败，其作为美国在这一阶段重返亚太、高度介入亚洲事务的重大经济举措，对美国也会具有战略意义和深远影响。

RCEP、中日韩 FTA 与 TPP 的成员有部分重叠现象，相互之间存在一定的竞争关系。如果 TPP 先行达成协议，一种可能性是瓦解 RCEP 等一体化形式，另一种可能性是反过来刺激和催化 RCEP、中日韩 FTA。

总之，影响东亚及亚太区域经济一体化前景的因素不外乎有：领导人的决心、成员间的政治关系、主导方的领导实力、内外经济形势、各方谈判中的利益诉求和妥协程度以及改革开放的决心和力度等。而发展较快而顺利的一方，将会在亚太地区重构新的经贸规则和标准。

对日本而言，在国内巨大压力之下，出于巩固日美同盟、争取国际规则制定的话语权等考虑，其最终决定参加 TPP 谈判。美国在 TPP 问题上向日本施压，日本为进一步加强日美关系，抗衡中国，才决定参加和推动 TPP。2013 年 10 月，日本政府开始研究大米、牛肉等一向被视为"禁区"的领域，展现出妥协的姿态，这有利于减少推进 TPP 的障碍。但是，在安倍经济政策尚未真正持续见效、国民收入增长慢于物价上涨的情况下，日本以牺牲农业利益为代价来加入 TPP，遭到农协等团体的强烈反对。

---

① 成员包括澳大利亚、文莱、加拿大、智利、中国、中国香港、印度尼西亚、日本、韩国、马来西亚、墨西哥、新西兰、巴布亚新几内亚、秘鲁、菲律宾、俄罗斯、新加坡、中国台北、泰国、美国、越南。

同时，为满足经济界的利益需求，日本也不愿失去 RCEP 成员和中日韩充满活力和潜力的大市场，不会放弃参与 RCEP 和中日韩 FTA 进程，继续从几种多边 FTA 形式中寻找谈判筹码，以争取本国利益最大化。不管怎样，无论是加入 TPP 还是顺利参与 RCEP 和中日韩 FTA，日本都需要面对国内结构改革的课题，特别是改变现有的农业体制、提高农业劳动生产率、调整国内一些相关制度政策等。

四 东盟共同体助推区域经济一体化步伐

东南亚地区国际关系领域的一个显著特点，是一国乃至地区事务深受外部因素的影响，甚至被外部势力左右。二战结束后，东南亚地区仍未摆脱外部势力的渗透、干扰乃至控制。尽管东盟不断发展壮大，但大国以各种形式争夺势力范围及政治、经济与安全利益的现象一直存在，真正意义上的地区繁荣稳定并不如人愿。

以东南亚为对象展开地区博弈的主要外部势力包括美国、俄罗斯、欧盟等传统玩家以及中日印等新兴力量。近年来，中国与美国（美日同盟）之间的竞争成为新常态。迄今为止的东亚乃至亚太合作，最大影响因素是奥巴马政府推行重返亚太的"再平衡"政策，而东南亚是"亚太再平衡"的源头。2009 年希拉里参加"东盟地区论坛"时，高调宣告"重返"东南亚，并加入《东南亚友好合作条约》，成为奥巴马政府"亚太再平衡"的序曲，2011 年，美国首次参加东盟峰会。美国的亚太战略调整的一项重要内容，是以政治与安全问题为先导，以经济合作为辅助，维护美国在本地区的主导地位，保障美国在东南亚的政治经济利益。

东盟共同体宣布成立后不久的 2016 年 2 月，美国邀请东盟 10 国领导人举行特别首脑会议，东盟首脑讨论包括岛礁建设等南海紧张局势问题，并在会后发表《联合声明》，重申所谓维护"海上航行自由、飞行权利"以及反对南海的"非军事化"。奥巴马总统意图在他任期的最后阶段，通过强化与东盟国家的关系，推进作为其执政遗产的"亚太再平衡"战略。2016 年 3 月底，昂山素季领导的民盟掌权后，美国调整了对缅甸政策，部分放松了对缅甸的经济制裁；2016 年 5 月奥巴马总统访问越南时，宣布全面解除对越南的武器出口禁令，意在协助与中国存在领土（海）纷争的越南加强海空作战能力；同年 9 月，奥巴马在出席东亚峰会时顺访老挝。2016 年度的一系列外交努力使东盟和美国的关系得到加强。[①]

东盟十国经济社会发展的不平衡以及因传统文化、社会制度的不同所表现出的多样性和松散性特点，使得东南亚国家对美国的"再平衡"政策响应不尽一致。有些国家以"中国威胁"为借口，密切与美国的关系；也有些国家则以发展经济的需要，趋向于同中国发展关系。从长远看，东南亚国家将对美国的"再平衡"战略趋于"不予重视"，对"再平衡"政策所持的"谋求利益，有所限制、约束"的感知趋于扩大。[②]

东盟将继续作为区域合作的"核心"，需要满足也部分满足了如下几个重要条件：一是冷战后地区内中国和日本两个大国无法单独或共同主导东亚合作进程；二是"东盟方式"是东亚地区唯一的多边合作制度蓝本；三是东盟各国间的巨大差异及其为维护地区独立性而长期奉行的大国平衡战略，使东盟成为大国处理东亚事务的协调员；四是东南亚地区经济发展前景看好，被认为是新兴的世界经济发动机之一。[③] 如果东盟不是或者不能充当这个"核心"，东亚地区还真就缺一个"领头羊"。东盟的"平台"功能一旦为各方认可并持续存在，其作为"领导者"或"核心"的地位势必得到强化。

东盟国家为追求自身利益，一直积极调整区域经济一体化战略，探索区域合作的模式。关于东盟提出的 RCEP 的定位，在东盟峰会发表的指导性计划中，表明该计划将是一个现代化、综合性、高水平的合作模式。将本着互利互惠的原则且不替代已存在的自贸安排。涉及的主要领域有货物贸易、服务贸易、投资、技术合作、知识产权、竞争机制以及争端解决机制等。该协议具有高度的开放性，其他国家如有意愿可加入谈判。[④]

自 2013 年 5 月开始直到 2015 年 8 月，各方有关 RCEP 进行了三次经济部长级谈判，达成的共识是："在 2016 年前结束谈判，协定生效后废除关税商品的比例将达到 65%，十年后再增加到 80%"。[⑤] 尽管由于美国政权更

[①] 参见陆建人《南海问题引发的东盟对华关系新变化》，《亚太安全与海洋研究》2016 年第 4 期。

[②] 参见贺圣达《东南亚地区战略格局与中国—东盟关系》，《东南亚南亚研究》2014 年第 1 期。

[③] 参见顾静《东盟中心地位面临的变局及其重构》，《当代世界》2014 年第 3 期。

[④] 参见张蕴岭《在理想与现实之间：我对东亚合作的研究、参与和思考》，中国社会科学出版社，2015，第 148～150 页。

[⑤] 「RCEPの早期妥結を目指せ」、『日本経済新聞朝刊』、2016 年 11 月 11 日。

迭，TPP 成为悬念，RCEP 谈判的进展也存在一定变数，但经济全球化受挫的背景下，东盟主导区域经济合作的愿望和努力，或将使其成为具有超强凝聚力中心的另一个契机。

日本东亚区域经济合作政策的制定，反映了其外交决策之一斑。它一方面取决于经济全球化与区域经济合作潮流的驱动作用；另一方面取决于日本内政外交各层面的力量消长；还取决于包括中国在内的东亚国家在目前以及未来国际政治经济舞台上的地位和作用以及美国东亚政策的调整。基于上述考虑，今后中日两国在全面发展双边、地区及国际等各层次的互利合作，共同为两国、亚洲以及世界做出贡献方面尚有巨大的合作空间。两国在此过程中，相互获得利益并扩大共同利益，藉此推动东亚区域经济合作，促使其发展到新的高度。

参考文献

中文书目

1. 〔美〕罗伯特·基欧汉著《霸权之后——世界政治经济中的合作与纷争》，苏长和等，上海人民出版社，2001。

2. 亚历山大·温特著《国际政治的社会理论》，秦亚青译，上海世纪出版集团，2008。

3. 〔美〕罗伯特·基欧汉、约瑟夫·奈著《权力与相互依赖》，门洪华译，北京大学出版社，2002。

4. 胡鞍钢、门洪华主编《中国：东亚一体化新战略》，浙江人民出版社，2005。

5. 李玉潭：《东北亚区域经济概论》，吉林大学出版社，2001。

6. 刘世龙：《美日关系》，世界知识出版社，2003。

7. 王正毅、〔美〕迈尔斯·卡勒、〔日〕高木诚一郎：《亚洲区域合作的政治经济分析——制度建设、安全合作与经济增长》，上海人民出版社，2006。

8. 张鸿：《区域经济一体化与东亚经济合作》，人民出版社，2007。

9. 陈勇：《新区域主义与东亚经济一体化》，社会科学文献出版社，2006。

10. 峰君、祁建华：《新地区主义与东亚合作》，中国经济出版社，2007。

11. 王子昌：《东亚区域合作的动力与机制：理论分析与个案研究》，中国社会科学出版社，2004。

12. 宋成有、李寒梅：《战后日本外交史》，世界知识出版社，1995。

13. 樊勇明：《西方国际政治经济学》，上海人民出版社，2001。

14. 金熙德：《日美基轴与经济外交》，中国社会科学出版社，1998。

15. 孙承：《日本与东亚：一个变化的时代》，世界知识出版社，2005。

16. 高洪：《日本政党制度论纲》，中国社会科学出版社，2004。

17. 梁云祥、应霄燕：《后冷战时代的日本政治、经济与外交》，北京大学出版社，2000。

18. 包霞琴、臧志军主编《变革中的日本政治与外交》，时事出版社，2004。

19. 陈泽明：《区域合作通论理论·战略·行动》，复旦大学出版社，2005。

20. 鲁义：《中日相互理解还有多远》，世界知识出版社，2004。

21. 宋玉华等：《开放的地区主义与亚太经济合作组织》，商务印书馆，2001。

22. 阮宗泽：《中国崛起与东亚国际秩序的转型》，北京大学出版社，2007。

23. 俞新天等：《国际体系中的中国角色》，中国大百科全书出版社，2008。

24. 刘江永：《中国与日本：变化中的政冷经热关系》，人民出版社，2007。

25. 周永生：《经济外交》，中国青年出版社，2007。

26. 〔美〕亚历山大·温特：《国际政治的社会理论》，秦亚青译，上海人民出版社，2000。

27. 〔美〕亚历山大·温特：《国际政治的社会理论》，秦亚青译，上海世纪出版集团，2008。

28. 〔美〕卡尔·多伊奇：《国际关系分析》，世界知识出版社，1992。

29. 〔美〕约翰·奈斯比特：《亚洲大趋势》，外文出版社，1996。

30. 苏浩：《从哑铃到橄榄：亚太合作安全研究》，世界知识出版社，2003。

31. 耿协峰：《新地区主义与亚太地区结构变动》，北京大学出版社，2003。

32. 肖欢容：《地区主义：理论的历史演进》，北京广播学院出版社，2003。

33. 潘国华、张锡镇主编《东亚地区合作与合作机制》，中央编译出版社，2002。

34. 俞新天等：《国际体系中的中国角色》，中国大百科全书出版社，

2008。

35. 金熙德：《21 世纪初的日本政治与外交》，世界知识出版社，2006。

36. 上海社会科学院世界经济与政治研究院：《国际体系与中国的软力量》，时事出版社，2006。

37. 王缉思等主编《美国在东亚的作用——观点·政策及影响》，时事出版社，2008。

38. 朱宁：《胜算——中日地缘战略与东亚重塑》，浙江人民出版社，2007。

39. 乔林生：《日本对外政策与东盟》，人民出版社，2006。

40. 孙晓郁主编《中日韩经济合作的新起点》，商务印书馆，2004。

41. 金灿荣主编《多边主义与东亚合作》，当代世界出版社，2006。

42. 李一平、庄国土主编《冷战以来的东南亚国际关系》，厦门大学出版社，2005。

43. 冯昭奎：《日本：战略的贫困》，中国城市出版社，2002。

44. 王正毅：《亚洲区域合作的政治经济分析：制度建设、安全合作与经济增长》，上海人民出版社，2007。

45. 李玉潭、庞德良编著《经济全球化与东北亚区域经济合作》，吉林人民出版社，2009。

46.〔美〕卡尔·多伊奇：《国际关系分析》，世界知识出版社，1992。

日文书目

1. 山影進編『東アジア地域主義と日本外交』、日本国際問題研究所、2003。

2. 添谷芳秀『日本の東アジア構想』、慶應義塾大学出版会、2004。

3. 末広昭、山影進：『アジア政治経済論——アジアの中の日本をめざして』NTT 出版、2001。

4. 山本吉宣『国際的相互依存』、東京大学出版会、1987。

5. 東海大学平和戦略国際研究所『東アジアに共同体はできるか』、2006。

6. 谷口誠：『東アジア共同体——経済統合のゆくえと日本』、岩波新書 2004。

7. 毛里和子編『東アジア共同体の構築』（全四巻）、岩波書店、2007。

8. 小原雅博『東アジア共同体――強大化する中国と日本の戦略』、日本経済新聞社，2005。

9. 五百旗頭真『戦後日本外交史』、有斐閣、1999。

10. 木村福成・鈴木厚著『加速する東アジアFTA』、ジェトロ出版、2003。

11. 神余隆博『国際危機と日本外交：国益外交を超えて』、信山社、2005。

12. 世界銀行『東アジアの奇跡』、東洋経済新報社、1997。

13. 今川健編著『APEC 地域主義と世界経済』、中央大学出版部、2001。

14. 松野周治、徐勝、夏剛編著『東北アジア共同体への道』、文真堂、2006。

15. 吉岡裕著『地域主義と国際秩序』、農林統計協会シリーズ、2005。

16. 山本武彦編『地域主義の国際比較　アジア太平洋・ヨーロッパ・西半球を中心にして』、早稲田大学出版部、2001。

17. 経済企画庁国際的地域協力推進のための研究会編『地域主義台頭下での日本の選択』、大蔵省印刷局、1989。

18. 広部和也編『地域主義の制度論的研究』、不磨書房、2008。

19. 保城広至『アジア地域主義外交の行方』、木鐸社、2008。

20. 馬田啓一・木村福成編『検証・東アジアの地域主義と日本』、文真堂、2008。

21. 大庭三枝『アジア太平洋地域形成への道程―境界国家日豪のアイデンティティ模索と地域主義』、ミネルヴァ書房、2004。

22. 青木健・馬田啓一編著『検証 APEC：アジア太平洋の新しい地域主義』、日本評論社、1995。

23. 武石礼司『国際開発論――地域主義からの再構築』、幸書房、2006。

24. 深川由起子『国際協力その新しい潮流』、有斐閣、2001。

25. 井上寿一『アジア主義を問いなおす』、筑摩書房、2006。

26. ロバート・ギルピン著、古城佳子訳『グローバル資本主義　危機か繁栄か』、東洋経済新報社、2001。

27. 浜口伸明編『ラテンアメリカの国際化と地域統合』、日本貿易振興会アジア経済研究所アジア経済出版会、1998。

28. 大内秀明『東アジア地域統合と日本経済』、日本経済評論社1998。

29. 中村民雄『東アジア共同体憲章案：実現可能な未来をひらく論議のために』、昭和堂、2008。

30. 猪口孝編『日本のアジア政策：アジアから見た不信と期待』、TT出版、2003。

31. S. ユスフ、M. A. アルタフ著、関本勘次、近藤正規訳『グローバルな変化に向けた東アジアの政策イニシアティブ』、国際協力研究グループ、2006。

32. 青木健編著『政策提言・日本の対アジア経済政策　新たな経済関係の構築に向け』、日本評論社、2004。

33. 防衛庁防衛研究所編『東アジア戦略概観』、国立印刷局、各年版。

34. 荒井利明『東アジアの日米中：平和と繁栄をどう確保するか』、日中出版、2007。

35. ピーター・スミス、西島章次編『環太平洋圏と日本の選択：オープン・リージョナリズムへの道』、新評論、1995。

36. 小林進編著『新秩序を求める世界　台頭する地域主義』、サイマル出版、1992。

37. 名古屋大学国際経済動態研究センター叢書『アジアにおける地域協力と日本』、御茶の水書房、1999。

38. 山極晃編『冷戦後の国際政治と地域協力』、中央経済社、1999。

39. 谷口誠『東アジア共同体——経済統合のゆくえと日本—』、岩波新書、2004。

40. 神余隆博『国際危機と日本外交：国益外交を超えて』、信山社、2005。

41. 伊藤憲一田中明彦：『東アジア共同体と日本の行方』、NHK出版、2005。

42. 木村福成・鈴木厚編著『加速する東アジアFTA』、ジェトロ出版、2003。

43. 西口清勝『現代東アジアの展開—「奇跡」・危機・地域協力』、青木書店、2004。

44. 夏剛・西口清勝：『東アジア共同体の構築』、ミネルヴァ書房、2006。

45. 原洋之介『新東亜論』、NTT 出版、2002。

46. 金田一郎『環日本海経済圏』、日本放送出版協会、1997。

47. 野村総合研究所：『2010 年のアジア—次世代の成長シナリオ』、東洋経済出版社、2006。

48. 東海大学平和戦略国際研究所『東アジアに共同体はできるか』、社会評論社、2006。

49. 浦田秀次郎・日本経済研究センター編『日本のFTA 戦略』、日本経済新聞社、2002。

50. 日本国際政治学会編『国際政治研究の先端』、有斐閣、2006。

51. 阿部清司『国際経済相互依存論——新しい国際経済論の試み』、税務経理協会、1983。

52. 和田春樹『東北アジア共同の家：新地域主義宣言』、平凡社、2003。

53. 中逵啓示『東アジア共同体という幻想』、ナカニシヤ株式会社出版、2006。

54. 服部民夫『東アジア経済の発展と日本』、東京大学出版会、2007。

55. 山本武彦・天児慧：『新たな地域形成』、岩波書店株式会社、2007。

56. 篠田武司、西口清勝、松下冽編『グローバル化とリージョナリズム』、御茶の水書房、2009。

57. 石田浩・西口清勝編『東アジア経済の構造』、青木書店、2001。

58. 西口清勝・西澤信善編著『東アジア経済と日本』、ミネルヴァ書房、2000。

59. 阿部一知・浦田秀次郎：『日中韓 FTA』、東京日本経済評論社、2008。

中文论文

张蕴岭：《对东亚合作发展的再认识》，《当代亚太》2008 年 01 期，第 4 ~ 20 页。

肖欢容：《地区主义及其当代发展》，《世界经济与政治》2000 年 2 期，第 58 ~ 62 页。

秦亚青：《层次分析法与国际关系研究》，载《欧洲》1998 年第 3 期。

高洪：《略论鸠山联合政府及其对华政策》，《日本研究》2009 年第 3 期，第 3 ~ 8 页。

庞中英：《地区主义与民族主义》，载《欧洲》1999 年第 2 期。

耿协峰：《新地区主义核心价值》，《国际经济评论》2004 年 03/04 期，第 60 ~ 64 页。

李向阳：《新区域主义与大国战略》，《国际经济评论》2003 年第 4 期。

李向阳：《区域经济合作中的小国战略》，《当代亚太》2008 年第 3 期。

林晓光：《论日本民主党的对外政策》，《日本研究》2009 年第 4 期，第 23 ~ 27 页。

苏浩：《东亚区域合作机制的建立及其对地区国际关系的影响》，载袁鹤龄主编《全球化与地区化：亚洲地区经济发展的契机与挑战》，鼎茂图书出版股份有限公司（台北），2003，第 60 页；庞中英：《地区化、地区性与地区主义——论东亚地区主义》，载《世界经济与政治》2003 年第 11 期。

林晓光：《日本官方发展援助政策探析》，《现代国际关系》2003 年第 2 期，第 18 ~ 23 页。

白如纯：《日本地区政策调整的若干问题》，《日本学刊》2004 年第 6 期。

刘新华：《地区认同与东亚地区主义》，载《现代国际关系》2004 年第 5 期，第 18 页。

张蕴岭：《东亚合作与中国—东盟自由贸易区的建设》，载《当代亚太》2002 年第 1 期。

耿协峰：《新地区主义与亚太地区结构变动》，北京大学出版社，2003，第 36 ~ 37、82、95 页。

胡少聪：《东亚合作的进展及发展前景》，《国际问题研究》2000年第5期，第51～53页。

李俊久：《论日本对东亚的技术转移》，《当代亚太》2000年第5期，第37～41页。

庞中英：《地区化、地区性与地区主义——论东亚地区主义》，载《世界经济与政治》，2003年第11期；苏浩：《地缘重心与世界政治的支点》，载《现代国际关系》2004年第4期，第58～59页。

陈勇：《新地区主义与东亚一体化》，社会科学文献出版社，2006，第31页；肖欢容：《地区主义及其当代发展》，《世界经济与政治》2000年第2期，第58～62页。

庞中英：《东亚地区主义的进展与其问题——能否打破现实主义的思维牢笼》，载《东南亚研究》2003年第3期，第6页。

张蕴岭：《中国同东亚的经济一体化与合作》，《当代亚太》2006年第1期，第3～12页。

赵建民：《东北亚共同体：历史的启迪与未来追求》，《东北亚学刊》2003年第4期，第46～50页。

陆建人：《日本区域合作政策》，《当代亚太》2006年第6期。

〔日〕西口清胜：《东亚共同体的构筑与日本的战略》，《南洋资料译丛》2006年第6期，第1～26页。

白如纯：《日本对东盟政策与中日关系》，《日本学刊》2006年第6期，第81～93页。

宋国有：《试析日本的东亚地区秩序战略》，《国际论坛》2007年第6期，第61～65页。

赵银亮：《影响东亚经济合作的政治文化因素》，《东北亚研究》2003年1期，第63～67页。

鲁义：《中日关系的现状与两国媒体的作用》，《日本研究》2006年第1期，第17～22页。

时永明：《后冷战时期日本亚洲外交的布局》，《和平与发展》2007年第4期，第43～47页。

吴心伯：《美国与东亚一体化》，《国际问题研究》2007年5期，第47～52页。

庞中英：《亚洲地区秩序的转变与中国》，《外交评论》2005 年第 4 期。

沈强：《从欧亚地缘政治形势看演进中的世界新格局》，《和平与发展》2005 年第 1 期，第 27 页。

李玉潭、陈志恒：《区域经济一体化时代的东北亚区域经济合作》，《东北亚论坛》2003 年第 2 期，第 1～8 页。

袁正清：《从安全困境到安全共同体：建构主义的解析》，载《欧洲研究》2003 年第 4 期，第 50 页。

李明明：《建构主义的欧洲一体化理论探析》，《欧洲研究》2003 年 3 期，第 48～58 页。

郭树勇：《试论建构主义及其在中国的前途》，《世界经济与政治》2004 年 7 期，第 21～28 页。

孙承：《大国关系与东亚合作》，《国际问题研究》2001 年第 4 期，第 24～29 页。

王毅：《思考二十一世纪的新亚洲主义》，《外交评论（外交学院学报）》2006 年 0 第 3 期，第 6～10 页。

王光厚：《冷战后东盟对华战略论析》，《国际论坛》2005 年第 2 期，第 39～44 页。

林晓光：《日本官方发展援助政策探析》，《现代国际关系》2003 年 2 期，第 18～23 页。

〔马〕林华生：《东亚经济共同体刚想：课题与展望》，《太平洋杂志》（*Pacific Journal*）2005 年第 8 期，第 79～90 页；张祖国：《日本积极推进 FTA 战略的若干问题》，《世界政治》2004 年第 9 期，第 136～141 页。

夏立平：《新东亚区域主义发展及其影响》，《当代亚太》2005 年第 6 期，第 23～24 页。

高兰：《全面解读冷战后日本国家战略的变革与影响——从模糊战略到清晰战略的转型》，《国际观察》，2005 年第 5 期，第 60～65 页；丁兆中：《战后日本文化外交战略的发展趋势》，《日本学刊》2006 年第 1 期，第 118～128 页。

秦亚青、亚历山大·温特：《建构主义的发展空间》，《世界经济与政治》2005 年第 1 期，第 8～12 页。

刘世龙：《冷战后日本的外交战略》，《日本学刊》2003 年第 5 期，第

23～38 页。

宋叶萍：《后冷战时期日本经济外交的特点及其战略转型》，《武汉大学学报：社科版》2003 年第 3 期，第 370～374 页。

袁正清：《从安全困境到安全共同体：建构主义的解析》，《欧洲研究》2003 年第 4 期，第 38～50 页。

门洪华：《大国崛起与国际秩序》，《国际政治研究》2004 年第 2 期，第 133～142 页。

苏浩：《地缘重心与世界政治的支点》，《现代国际关系》2004 年第 4 期，第 54～61 页。

李杰、吴永辉：《我国决策模式剖析》，《社会科学研究》2006 年第 6 期，第 58～62 页。

冯昭奎：《建设东亚共同体的十大关键因素》，《外交评论》2005 年第 4 期，第 9～18 页。

郑永年：《中国的崛起与亚洲地缘政治新格局》，《解放日报》2007 年第 1216 期。

沈海涛：《东北亚和谐区域的构建与日本外交的课题》，《现代日本经济》2006 年第 6 期，第 58～62 页。

王学玉：《论地区主义及其对国际关系的影响》，《现代国际关系》2002 年第 8 期，第 29～35 页。

喻常森：《太地区合作与国际新秩》，《中山大学学报：社科版》2004 年第 3 期，第 82～86 页。

苏浩：《地区主义与东亚区域合作机制的建立》，《外交学院学报》2003 年第 1 期，第 28～35 页。

臧秀玲、宋小霞：《日本政治文化对外交政策的影响》，《东北亚论坛》2006 年 1 期，第 78～83 页。

王帆：《东亚安全模式：共存并行还是置换》，《世界经济与政治》2005 年第 11 期，第 16～21 页。

何卫刚：《美国亚太战略解析》，《当代亚太》2004 年第 11 期，第 9～14 页。

罗建波：《东盟的对外战略》，《亚非纵横》2006 年第 1 期，第 42～45 页。

日文论文

石川幸一：「ASEANと中国のFTAは効果があるか」、『東亜』2007 年 9 月号 24 頁。

外務省：「平成十九年度わが国の重点外交政策」、『新国策』、2007 年 2—1 号 18 頁。

鈴木美彦：「新戦略宣言：自由と繁栄の弧　考」、『外交フォーラム』 2007 年 4 月号 28 頁。

岡崎久彦：「外交史における価値観」、『外交フォーラム』2007 年 4 月号 32 頁。

増田雅之：「東アジアにおける新たな地域主義の胎動—二つの多国間主義の有機的連携をめざして—」、『外交防衛』 volume 17。

宮城大蔵：「日本外交に内在する価値とは何か」、『外交フォーラム』 2007 年 4 月号 10 頁。

小原雅博：東アジア共同体論議にどう関わるか、『外交フォーラム』 2007 年 4 月号 64 頁。

特集：「40 歳を迎える ASEAN」、『外交フォーラム』2007 年 9 月号 18 ~ 34 頁。

若月秀和：「戦後アセアンをめぐる歴史的見取り図」、18 頁，引用同上。

山影進：「ASEAN はどう変わるか—40 年に節目に」、23 頁，引用同上。

中北徹：「日本がアジアと世界の架け橋に—アジアゲートウェイ構想とは」28 頁。

白如純：「東アジア地域協力における日中提携」、『東亜』2003 年 12 月号 39 ~ 49 頁。

宮城大蔵：「戦後日本とアジア主義」、『外交フォーラム』2007 年 4 月号 57 頁。

小倉和夫：「わが国のアジア外交と日中関係」、『東亜』2007 年 12 月号 10 頁。

井上淳：「グローバリゼーションと経済外交」、『外交フォーラム』

2007 年 10 月号 16 頁。

浦田秀次郎：「日本の将来像から経済連携協定（EPA）政策を考える」、『外交フォーラム』2007 年 10 月号 22 頁。

柴田明夫：「エネルギー資源をめぐる世界の新たな動き」、『外交フォーラム』2007 年 3 月号 24 ～ 29 頁。

対談：「日本のエネルギー資源外交政策を考える」、『外交フォーラム』2007 年 3 月号。

石川幸子：「ASEAN 統合からみえるアジア共同体の姿」、『外交フォーラム』2008 年 4 月号 76 ～ 91 頁。

伊藤剛：「アジア政策の語られ方」、『外交フォーラム』2008 年 4 月号 30 ～ 33 頁。

ギルバート・ロズマン：「指導者交代期のアジアにおける」、『日本外交』、2008 年 4 月号 71 ～ 75 頁。

白石隆：「日本のアジア外交を考えるために」、『外交フォーラム』2008 年 4 月号 61 ～ 63 頁。

青木保・近藤栄一：「アジア・アイデンテイテイの模索が始まった—文化から東アジア共同体の可能性」、『外交フォーラム』2008 年 4 月号 64 ～ 69 頁。

白石隆・黒田笃郎対談（第 4 回）：「東アジア地域戦略における日本の役割」、http：//www. rieti. go. jp/jp/special/dialogue/04. html。

関志雄：「中国の台頭と IT 革命の進行で雁行形態は崩れたか——米国市場における中国製品の競争力による検証」、『知的資産創造』2002 年 6 月 12 頁。

二村伸. アジアを読む：「日・メコン首脳会議メコン川流域開発の意義」、http：//www. nhk. or. jp/kaisetsu - blog/600/29457. html，2009 - 11 - 10。

中文网络

1. 中国社会科学院日本研究所，http：//ijs. cass. cn/files/xuekan/。

2. 中国社会科学院亚洲太平洋研究所，http：//iaps. cass. cn/xueshuwz/。

3. 国务院研究中心信息网，http：//www. drcnet. com. cn/DRCNet. Channel. Web/。

4. 新华网，http：//www. xinhuanet. com/。

5. 凤凰资讯，http：//www. ifeng. com/。

6. 联合早报网，http：//www. zaobao. com/。

日文网络

「外務省」，http：//www. mofa. go. jp/mofaj/。

「経済産業省」，http：//www. meti. go. jp/。

「国際協力機構　JICA」，http：//www. jica. go. jp/Index－j. html。

「国際協力銀行　JBIC」，http：//www. jbic. go. jp/japanese/index. php。

「国連広報センター」，http：//www. unic. or. jp/。

「日本国駐華大使馆」，http：//www. cn. emb－japan. go. jp/index. htm。

「首相官邸」，http：//www. kantei. go. jp/index. html。

「日本国際問題研究所 JIIA」，http：//www2. jiia. or. jp/。

www. kyodo. co. jp（共同通信社）。

www. asahi. com（朝日新聞社）。

www. yomiuri. co. jp（読売新聞社）。

附录
日本与东南亚主要国家 EPA 交涉过程

附表 1   日本与泰国 EPA 的交涉经过

年	月	交涉内容
2001	11	首相访日,为实施 FTA 的共同研究提案
2002	1	小泉首相访问 ASEAN,提倡"日本与 ASEAN 全面经济合作"
	4	日泰首脑会谈(海南岛):在设置工作会议上达成协议
	9	第一次工作会议(到 2003 年 5 月共计召开 5 回)
2003	6	日泰首脑会谈(东京):在调查特别委员会的设置上达成协议
	7	第一次调查特别委员会(产官学研究会,到 11 月为止共计召开三回,发布报告书)
	12	日本 ASEAN 及西方七国首脑会议:对开始交涉达成协议
2004	2	第一次交涉(国际):对"交涉框架"达成协议
	4	第二次交涉(东京):日本一方在各领域中的提示条文
	6	第三次交涉(泰国):泰国一方在各领域中的提示条文
	8	事务级会议(东京):交换物品报价
	9	第四次交涉(东京):谋求除敏感性品种外进行交涉
	10	日泰首脑会谈(ASEM,河内):除与美交涉外达成协议
	12	第五次交涉(国际):两国改订希望的协议
2005	2	第六次交涉(东京):物品向双方关心的品种集中的协议
	3	第七次交涉(泰国):农水产品大致达成协议,矿工业品从泰国开始改善报价
	4	中川经产相·他奴商务相会谈(东京):日本一方提示妥协方案
	5	中川经产相·他信首相,索姆吉斯特副首相会谈(国际)
	6	中川经产相·索姆吉斯特副首相会谈(东京)
	6	第八次交涉(东京):泰国一方提示回答方案
	7	经产省交涉官访问泰国,与泰国一方首席代表会谈
	7	第九次交涉(国际)
	7	中川经产相·索姆吉斯特副首相,他奴商务相会谈(国际,31 日)
	8	中川经产相表敬访问他信首相(1 日)
	9	日泰首脑会谈(东京):大致达成协议
2006	2	第七次事务级会议,全部解决争议点
	2	他信首相解散下院,延期 4 月 3 日的署名
	9	因军事武装政变他信政权倒台
	12	泰国政府召开日泰 EPA 的公听会
2007	2	泰国立法议会就日泰 EPA 进行审议
	4	日泰首脑会谈(东京):日泰在 EPA 上署名
	11	日泰 EPA 生效

资料来源:根据日本外务省、经济产业省、泰国外务省、商务省的主页制成,转引自东茂树『FTA 的政治经济学』、亚洲经济研究所、2007。

附表 2 日本与泰国 EPA 的达成协议内容

物品贸易	泰国一方,完全废除汽车零部件,钢铁等的关税
	日本一方,废除大部分的矿工业品和一部分农林水产品的关税
关税手续	推进两国间的信息交换·协作
ペーパーレス贸易	贸易交易公文的电子化,等等
相互承认	确认电气制品领域的相互承认的框架,促进贸易
服务贸易	规定透明化,维持规定的现状
	泰国一方,放宽关于制造业相关服务的外资规定
投资	规定内包括国民待遇,禁止表演要求,等等
	泰国一方,考虑在将来的 FTA 中给予日本第三国待遇
人员流动	日本一方,放宽泰国烹饪师,教育指导员的如果·就业条件
	泰国一方,放宽关于日本人的滞留和取得劳动许可的条件
知识财产	为强化制度设置协议机构,实施协作
政府筹措	交换信息。设置协议机构
竞争政策	对反竞争行为的适当措施。实施两国间的协作
协作	在农林水产业等 9 个领域里推进两国间的协作。因商业环境的提高,劝告设置官民一体的委员会。在促进贸易·投资里实施汽车,钢铁,食品等 7 个协作计划

资料来源:根据日本外务省、经济产业省资料制成,转引自东茂树『FTA 的政治经济学』、亚洲经济研究所、2007。

附表 3 日本与菲律宾 EPA 的交涉经过

2002	5 月	就创设首脑间日本菲律宾经济合作协定的工作会议达成协议
	10 月	第一次工作会议(到 2003 年 7 月为止召开五次)
2003	5 月	阿罗约总统,设置菲律宾调整委员会
	9 月	根据 JPEPA 合同调整团体(产学官研究会)开始讨论(到 11 月为止有两次)
	12 月	作成"Japan – Philippine Economic Partnership Agreement"报告书
2004	2 月	两国首脑间就签订 EPA 对政府间开始交涉达成协议
	4 月	第一次交涉(马尼拉)
	5 月	第二次交涉(东京)
	7 月	菲律宾总统选举,阿罗约再次当选
	9 月	第三次交涉(宿务)
	10 月	第四次交涉(东京)
	11 月	日本菲律宾经济联合委员会(东京)
2005	9 月	第五次交涉(马尼拉)
2006	1 月	以奥田日本经济团连会长为首的日本经济团连拜会阿罗约总统。
	3 月	请求早期签订 JPEPA
	9 月	在两国首脑会谈中就确认 JPEPA 大致达成协议。
	12 月	日本与泰国在 EPA 中大致达成协议
		下院的左派议员要求宣布 JPEPA 向最高法院提起诉讼
		左派政党围绕有害废弃物的处理等等向最高法院提起诉讼

| | 在两国首脑会谈（ASEM 赫尔辛基）中于 JPEPA 上署名 |
| | 日本国会批准 JPEPA |

资料来源：根据经济产业省（http://www.meti.go.jp，最终选取日为 2007 年 4 月 24 日），外务省（http://www.mofa.go.jp，最终选取日为 2007 年 4 月 24 日），菲律宾贸易产业省（http://www.dti.gov.ph，最终选取日为 2007 年 4 月 24 日）以及 Business World 等制成，转引自东茂树『FTA 的政治经济学』、亚洲经济研究所、2007。

附表 4　日本与马来西亚 EPA 的交涉经过

2003	1 月	小泉首相的 ASEAN 历访和提出日本与 ASEAN 进行全面地经济合作构想
	12 月	由马哈蒂尔总理推动的日本马来西亚经济合作构想
2004	2 月	在设置工作会议上达成协议
	12 月	日本马来西亚就 EPA 正式开始交涉达成协议
2005	1 月	第一次交涉：对交涉框架达成协议
	3 月	第二次交涉：讨论各领域的交涉方法
	5 月	第三次交涉：各领域的讨论规范化
	7 月	第四次交涉：关税·非关税壁垒以及日本提出投资·服务领域
	9 月	第五次交涉：马来西亚提出投资·服务领域
	11 月	第六回交涉：在选取市场,投资·服务以外的领域结束讨论
2006	1 月	次官级会议
	4 月	拉菲塔通产相和中川经产相的会谈：确认面向 5 月末大致达成协议的努力
	5 月	拉菲塔和中川经产相的会谈：在矿工业品,投资·服务领域大致达成协议
	7 月	日本马来西亚 EPA 署名
	7 月	日本马来西亚 EPA 生效
	12 月	日本马来西亚 EPA 大致达成协议

资料来源：根据经产省的主页 http://www.meti.go.jp（关于对外经济政策,关于推进 FTA·经济合作,日本马来西亚 EPA）制成。最终选取日是 2006 年 8 月 24 日。转引自东茂树『FTA 的政治经济学』、亚洲经济研究所、2007。

附表 5　日本与马来西亚 EPA 的达成协议内容 （市场选取除外）

服务贸易	· 在市场选取方面排除不利待遇 · 国民待遇 · 最惠国待遇
投资	· 国民待遇 · 最惠国待遇 · 禁止出口义务等的表演要求
知识产权	· 国民待遇 · 最惠国待遇 · 确保运用制度的透明性 · 启蒙知识产权保护

续表

竞争	· 对反竞争行为的措施 · 实施合作
扩充商务环境	· 设置框架 · 政府、民间团体、相关团体参加
两国间合作	· 在农林水产、教育·培养人才、信息通信技术、科学技术、中小企业、观光、环境 7 领域的合作

资料来源：根据 Department of Trade and Industry［2005］"Proposend Japan – Philippines Economic Partnership Agreement（JPEPA）"制成。转引自东茂树『FTA 的政治经济学』、亚洲经济研究所、2007。

附表 6 日本与印度尼西亚 EPA 交涉团队的构成

	分科会的对象领域	交涉负责人的出身省厅[1]	
	总括	分科会委员长	主要交涉官
1	物品贸易	商[2]	
2	原产地规则	商	农,林,渔,工
3	服务贸易	大	
4	关税手续	大	
5	投资	经	BKPM
6	自然人的移动	劳	
7	能源·矿物资源	能源矿物	
8	知识产权	法	
9	政府筹措	Bappenas	
10	竞争	KPPU	
11	扩充商务环境以及形成企业的信任	经	
12	合作	Bappenas[3]	
13	总则/回避·解决纷争/最终规定	外	

注：（1）省厅的正式名称按照以下规定。商：商业省，农：农业省，林：林业省，渔：海洋·渔业省，工：工业省，大：大藏省，经：经济负责调整大臣府，BKPM：投资调整厅，劳：劳动力·移居省，能源矿物：能源·矿物资源省，法：法务·人权省，Bappenas：国家开发计划厅，KPPU：竞争监视委员会，外务省。

（2）首席交涉官是外务省官员，由主管 EPA 的商务大臣任命。

（3）实际上由商业省做国家开发计划厅的代办。

资料来源：以印度尼西亚商业省，Bappenas，日本的经济产业省等资料为基础所作。转引自东茂树『FTA 的政治经济学』、亚洲经济研究所、2007。

后 记

在本书即将付梓之际，首先向给予我悉心指教的三位导师：中国社会科学院日本研究所所长高洪教授、日本立命馆大学西口清胜教授以及今昔老师表示衷心的感谢！先生们渊博的知识、严谨的治学态度与慈善的胸襟我将永志不忘！

感谢吉林大学李玉潭教授、北京国际关系学院鲁义教授、中国政法大学孙承教授、中央党校林晓光教授、中国社会科学院日本研究所崔世广教授与刘世龙教授、中国社会科学院日本研究所前所长李薇研究员等领导和学界前辈在学业上的启迪与精神上的支持与鼓励！

感谢中国社会科学院日本研究所副所长张季风研究员，经济研究室主任徐梅研究员，外交研究室主任吕耀东研究员、张勇副研究员，图书资料室韩永顺、林肖等同事以及辽宁大学日本研究所李彬老师在资料收集与校对过程中给予的大力协助。

感谢日本立命馆大学国际地域研究所前所长松野周治教授、立命馆大学经济学部方帆博士的多方关照！

感谢社会科学文献出版社对本书出版的大力支持以及刘学谦老师专业、细致的编辑工作！

最后，向所有关心、支持、帮助我的中日友好人士表达由衷的敬意！

白如纯

2017 年 12 月 12 日

图书在版编目（CIP）数据

平成时期日本的东亚区域经济合作／白如纯著．--

北京：社会科学文献出版社，2018.4

ISBN 978 - 7 - 5201 - 2307 - 5

Ⅰ.①平… Ⅱ.①白… Ⅲ.①区域经济合作 - 国际合

作 - 日本、东亚 - 研究 - 现代 Ⅳ.①F131.355.31

中国版本图书馆 CIP 数据核字（2018）第 037956 号

平成时期日本的东亚区域经济合作

著　　者／白如纯

出 版 人／谢寿光
项目统筹／祝得彬
责任编辑／刘学谦

出　　版／社会科学文献出版社·当代世界出版分社（010）59367004
　　　　　地址：北京市北三环中路甲 29 号院华龙大厦　邮编：100029
　　　　　网址：www.ssap.com.cn
发　　行／市场营销中心（010）59367081　59367018
印　　装／三河市东方印刷有限公司

规　　格／开本：787mm × 1092mm　1/16
　　　　　印张：12.75　字数：210 千字
版　　次／2018 年 4 月第 1 版　2018 年 4 月第 1 次印刷
书　　号／ISBN 978 - 7 - 5201 - 2307 - 5
定　　价／58.00 元